CARLA MITRANI

AMIGURUMI SUPER FRAUEN

Häkel-Anleitungen für 15 Frauen, die die Welt verändert haben

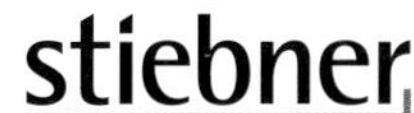
stiebner

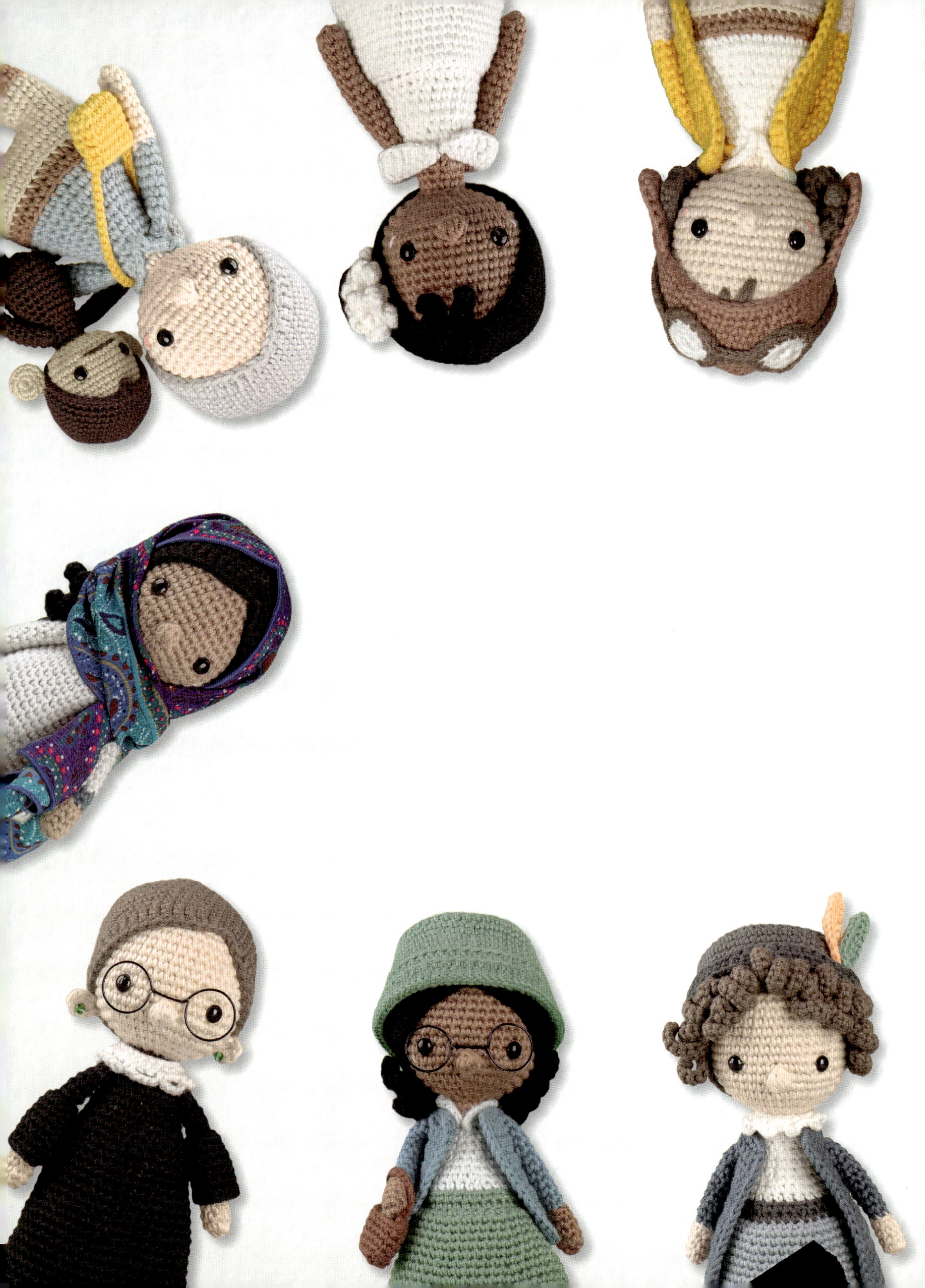

AMIGURUMI SUPER FRAUEN

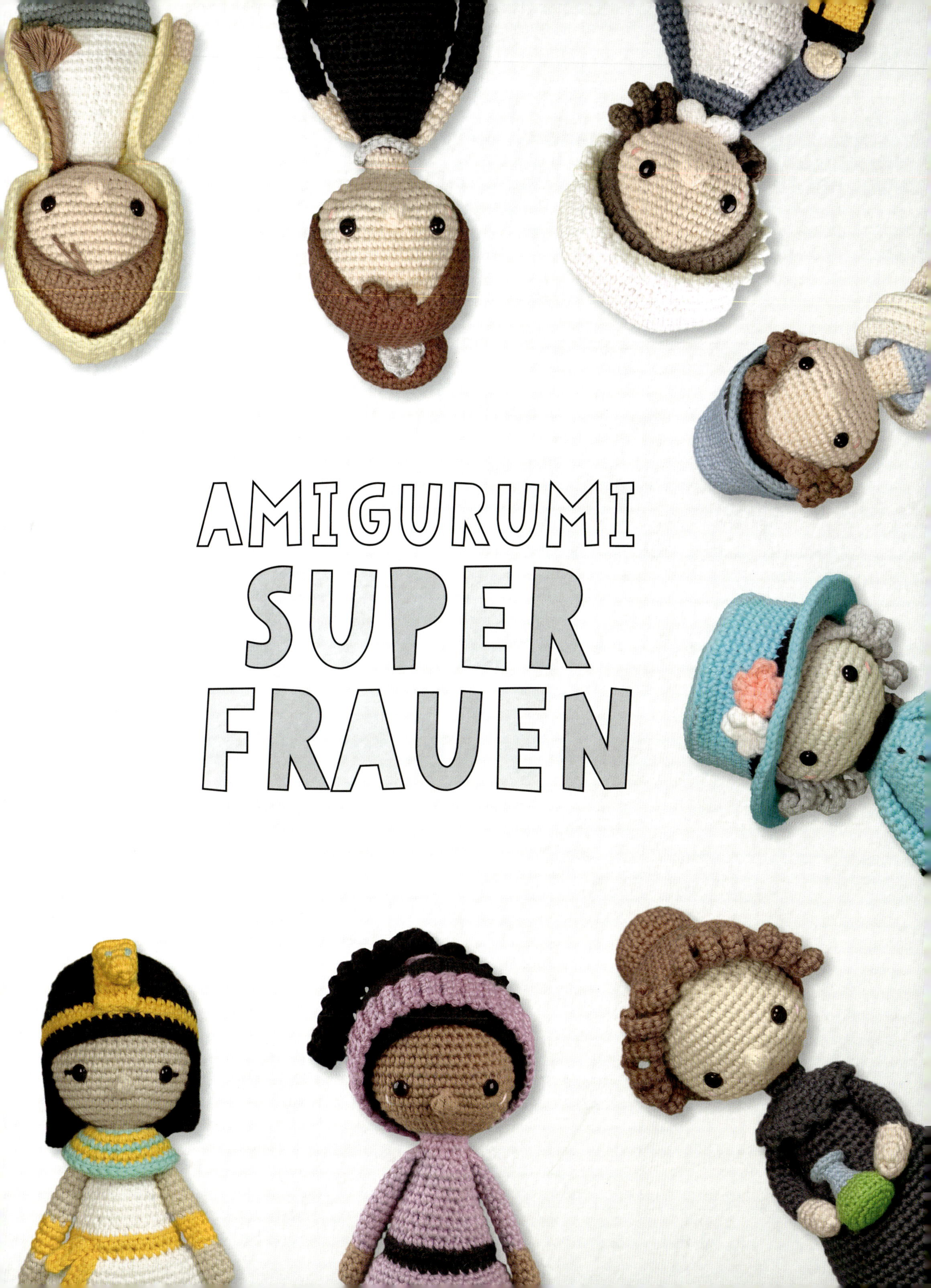

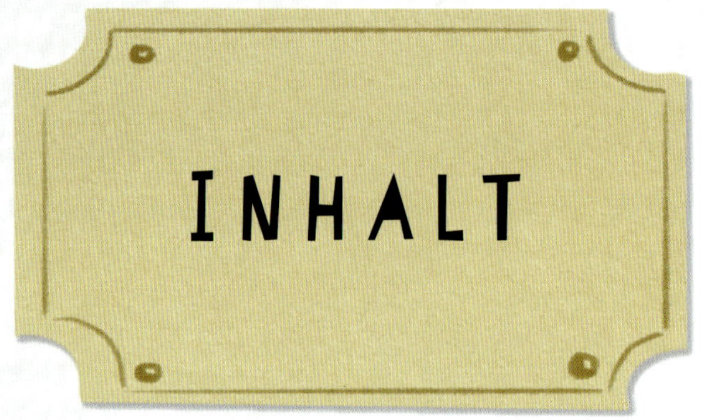
INHALT

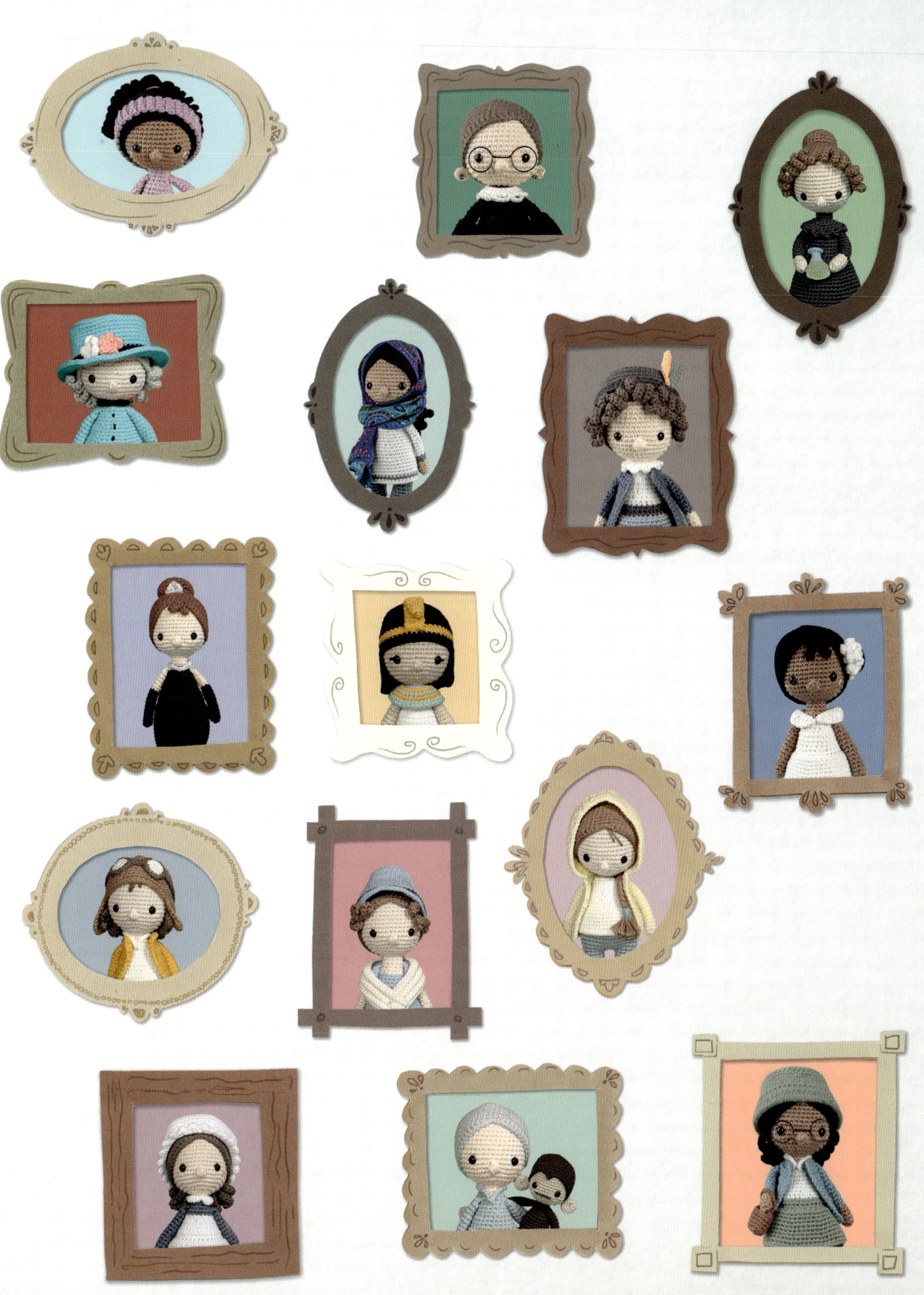

VORWORT

Es ist noch gar nicht lange her, dass Häkeln als altmodisch galt, als etwas im negativen Wortsinn Althergebrachtes, das eher mit Topflappen und Häkeldeckchen assoziiert wurde als mit dem Bild selbstbestimmter moderner Frauen.

Das hat sich gründlich geändert!

Das Häkeln wird neu entdeckt: von genau diesen selbstbestimmten modernen Frauen, die wie die in diesem Buch eindrucksvoll porträtierten weiblichen Ikonen wissen, dass es möglich ist, aus verstaubten Denkmustern auszubrechen, sich neu zu erfinden und sich dabei dennoch treu zu bleiben. Deshalb orientieren wir uns an diesen Superfrauen: weil sie für Generationen nachfolgender Frauen und Mädchen ein Vorbild sind.

Auch Carla Mitrani, der wir die hier vorgestellte Sammlung von Superfrauen verdanken, ist eine alle Widersprüche einer modernen Frau lebende und liebende Autorin, die mit diesem fabelhaften Buch ihren ganz eigenen Weg geht. Getreu dem Satz von Audrey Hepburn, die einmal meinte: »Nichts ist unmöglich, das (englische) Wort (impossible) selbst sagt ›Ich bin möglich‹ (I'm possible)!«

Lydia Tresselt

Lydia Tresselt ist die passionierte Häkeldesignerin hinter der Marke Lalylala (www.lalylala.com) und Autorin des 2017 erschienenen Buches »Lalylala's Beetles, Bugs and Butterflies: A Crochet Bedtime Story of Tiny Creatures and Big Dream« (dt. 2020 »Lalylalas Wunderland der Schmetterlinge – Eine Geschichte zum Häkeln und Träumen«).

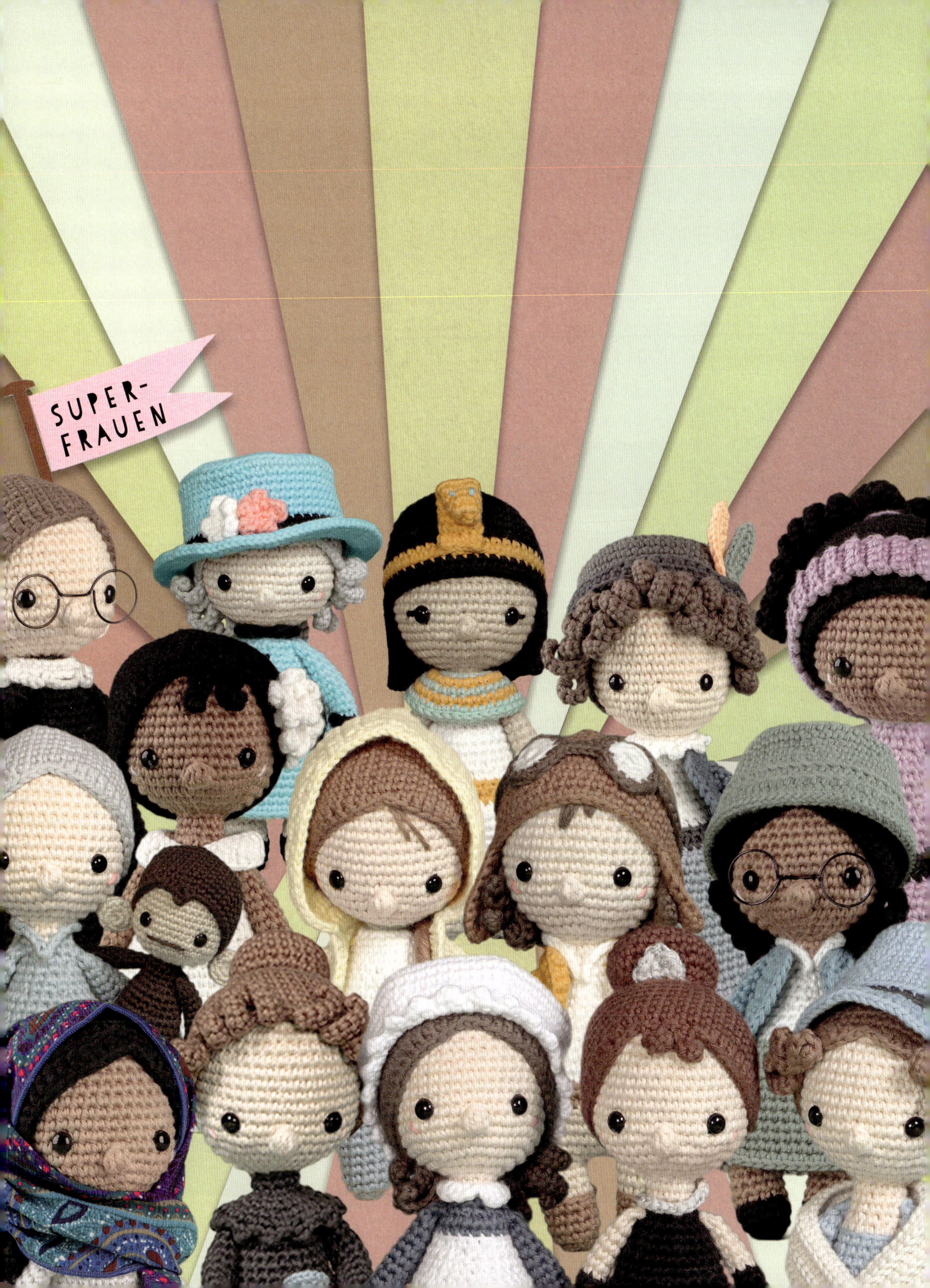
SUPER-
FRAUEN

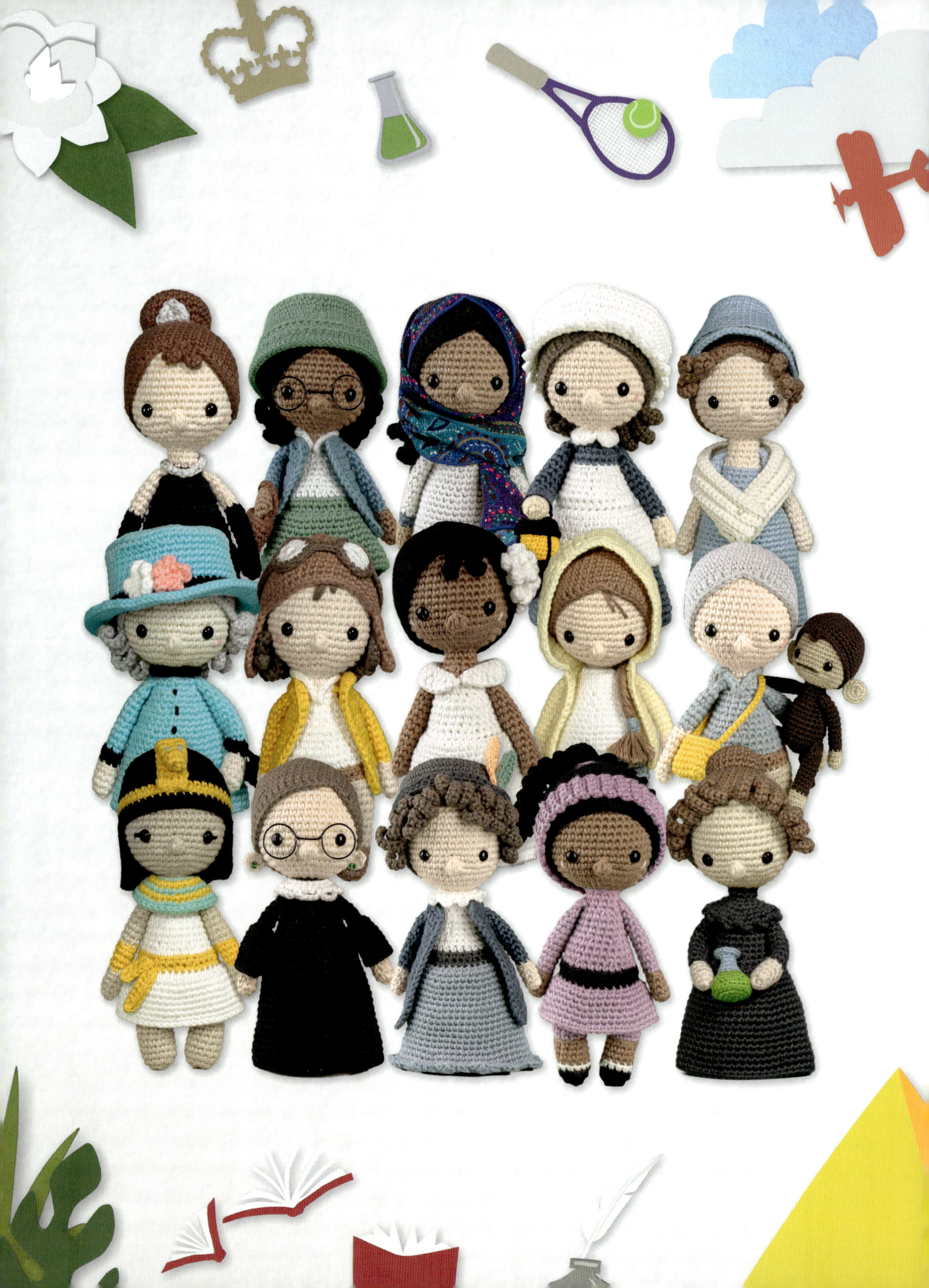

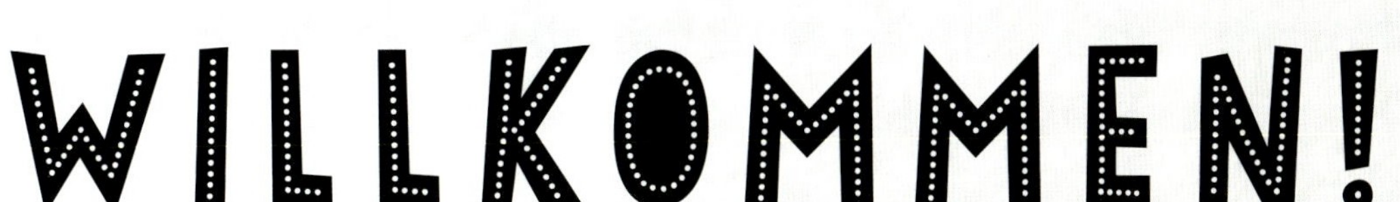

Hallo, liebe Mithäkelnde, Freundinnen und Freunde! Es ist mir eine echte Freude, euch bei dieser Sammlung gehäkelter Anerkennungen für einige der außergewöhnlichsten Frauen, die unsere Gegenwart geformt haben oder aktuell an unserer Zukunft arbeiten, begrüßen zu können. Wir mussten die Liste natürlich reduzieren und haben uns auf 15 gehäkelte Püppchen beschränkt, sodass ihr sicher feststellen werdet, dass viele fehlen. (Wer weiß, vielleicht machen wir ja mal einen zweiten Band?)

Aber jetzt ist erst mal der Anfang gemacht, und ich bin fest davon überzeugt, dass die hier vorgestellten Porträts repräsentativ dafür sind, welche Power Frauen haben und wie inspirierend ihre Lebensgeschichten sein können. Wobei ich mir wünsche, dass diese nicht allein an den Erfolgen gemessen, sondern vor allem als Beispiel dafür gesehen werden, wie sie im Streben nach der Verwirklichung selbst ihrer erstaunlichsten Träume die größten Hindernisse überwinden konnten.

Die in diesem Buch vorgestellten Frauen waren und sind nicht perfekt, aber sie alle waren visionär, mutig, talentiert, klug, beherzt und stark. Einige waren ihrer Zeit um Jahrzehnte voraus. Andere setzten Bewegungen in Gang, die sich weltweit verbreiteten und auch vielen vermeintlich Sprachlosen eine Stimme gaben. Deshalb fände ich es großartig, wenn ihr diese Puppen nicht zuletzt für euch selbst häkeln würdet, um euch immer daran zu erinnern, was (Lebens-)Träume bewirken können. Aber vielleicht häkelt ihr sie auch gern für eure Kinder, was euch die Möglichkeit gibt, quasi spielerisch ein Gespräch über die außerordentlichen Lebensgeschichten dieser femininen Vorbilder zu beginnen. Nicht zuletzt werdet ihr am Ende des Buches in der Lage sein, an den Vorlagen Änderungen vorzunehmen, die Haare länger oder kürzer zu arbeiten zum Beispiel oder die Farben zu verändern und so eure eigenen Superfrauen anzufertigen.

Lasst uns also zu Häkelnadel und Garn greifen und mit dem Häkeln beginnen!

Carla

HILFSMITTEL UND MATERIAL

HÄKELNADELN UND GARNE

Alle Puppen in diesem Buch werden mit einer Häkelnadel 2,5 mm und 8-fädigem Baumwollgarn (leichtem Kammgarn) gearbeitet. Ich häkle wirklich fest, und das ist auch wichtig, damit keine Löcher entstehen und die Füllwatte nicht zwischen den Maschen herausschaut. Wenn du eher etwas locker häkelst, solltest du besser eine dünnere Häkelnadel nehmen.

Ich arbeite nur mit 100 % Baumwollgarnen, weil ich Haptik und Finish der Baumwolle sehr mag. Sie gleitet beim Häkeln schön glatt durch die Hände und bildet keine Fussel wie Acryl oder Wolle, sodass diese Puppen langlebiger sind, wenn sie für Kinder bestimmt sind. Baumwolle bildet für ausgestopfte Puppen auch eine stabilere Struktur, die sich nicht dehnt, somit bleiben die Umrisse und der Umfang der Puppenkörper besser in Form.

Häkelnadeln

Stärken 2,5 mm und 2 mm. Die kleinere Häkelnadel wird für das Häkeln von Jane Goodalls kleinem Schimpansenfreund Flint benötigt, für Marie Curies Erlenmeyerkolben und für Florence Nightingales Lampe.

Baumwollgarn

8-fädiges weiches 100 %-Baumwoll-Kammgarn. Ich habe mit folgendem Garn von Hobbii gearbeitet:

Rainbow Cotton 8/8

- Material: 100 % weiche Baumwolle
- Gewicht pro Knäuel: 50 g
- Lauflänge: 75 m
- Garngruppe: Light

Für Janes Freund Flint, Marie Curies Erlenmeyerkolben und Florences Lampe habe ich mit dem folgenden Garn, ebenfalls von Hobbii, gearbeitet:

Rainbow Cotton 8/4

- Material: 100 % weiche Baumwolle
- Gewicht pro Knäuel: 50 g
- Lauflänge: 170 m
- Garngruppe: Super Fine

Wieviel Garn wird gebraucht?

Ein großer Vorteil beim Anfertigen der Puppen aus diesem Buch ist, dass für keine ein komplettes 50 g-Knäuel benötigt wird. Du kannst tatsächlich mit einem Knäuel in der gewählten Farbe zwei Puppen arbeiten. Hebe daher alle Reste auf, denn daraus können Röcke, Handtaschen oder Hüte gearbeitet werden!

WEITERE HILFSMITTEL UND WEITERES MATERIAL

Sicherheitsaugen für Spielzeug

Schwarzer Kunststoff, 8 mm für die Puppen und 6 mm für Flint, den Schimpansenfreund von Jane Goodall.

Aus Sicherheitsgründen solltest du die Augen besser mit schwarzem, dunkelgrauem oder braunem Garn aufsticken, wenn die Puppe für ein Kleinkind gedacht ist.

Füllmaterial

Polyester-Füllwatte – die Puppen müssen wirklich fest ausgestopft werden!

Schere und Nahtauftrenne

Gelegentlich muss etwas aufgetrennt und neu begonnen werden, und das ist überhaupt nicht schlimm!

Maschenmarkierer

Beim Rundhäkeln (Häkeln in Spiralen) ist es wichtig, den Anfang jeder Runde mit einem Maschenmarkierer zu kennzeichnen und diesen Maschenmarkierer beim Häkeln nach oben zu versetzen. Dafür eignen sich auch Briefklammern, Haarklammern oder Sicherheitsnadeln.

Stick-/Wollnadel

Zum Annähen der Arme, Haare und Accessoires an die Puppe. Nimm eine Nadel mit stumpfer Spitze, die das Garn nicht spaltet und die auch eine ausreichend große Öse für das gewählte Garn hat.

Stecknadeln

Sie können sehr hilfreich sein, um bestimmte Teile wie beispielsweise Haarknoten zu fixieren, während du sie annähst. Nimm Stecknadeln mit bunten Plastikköpfen oder Kugelstifte, damit sie nicht in der Puppe verschwinden. Autsch!

Hölzerne Essstäbchen

Die Geheimwaffe! Es gibt nichts Besseres als ein kaputtes Essstäbchen, um die Füllwolle in komplizierten, schwer erreichbaren Stellen gleichmäßig zu verteilen.

Handarbeitsbeutel und Federmäppchen

Das Beste am Häkeln ist, dass du dein aktuelles Projekt überall hin mitnehmen kannst! Sei also darauf vorbereitet, Häkelnadeln, Sticknadeln und Garne einzupacken und in Wartezimmern, öffentlichen Verkehrsmitteln oder Parks weiterzuarbeiten.

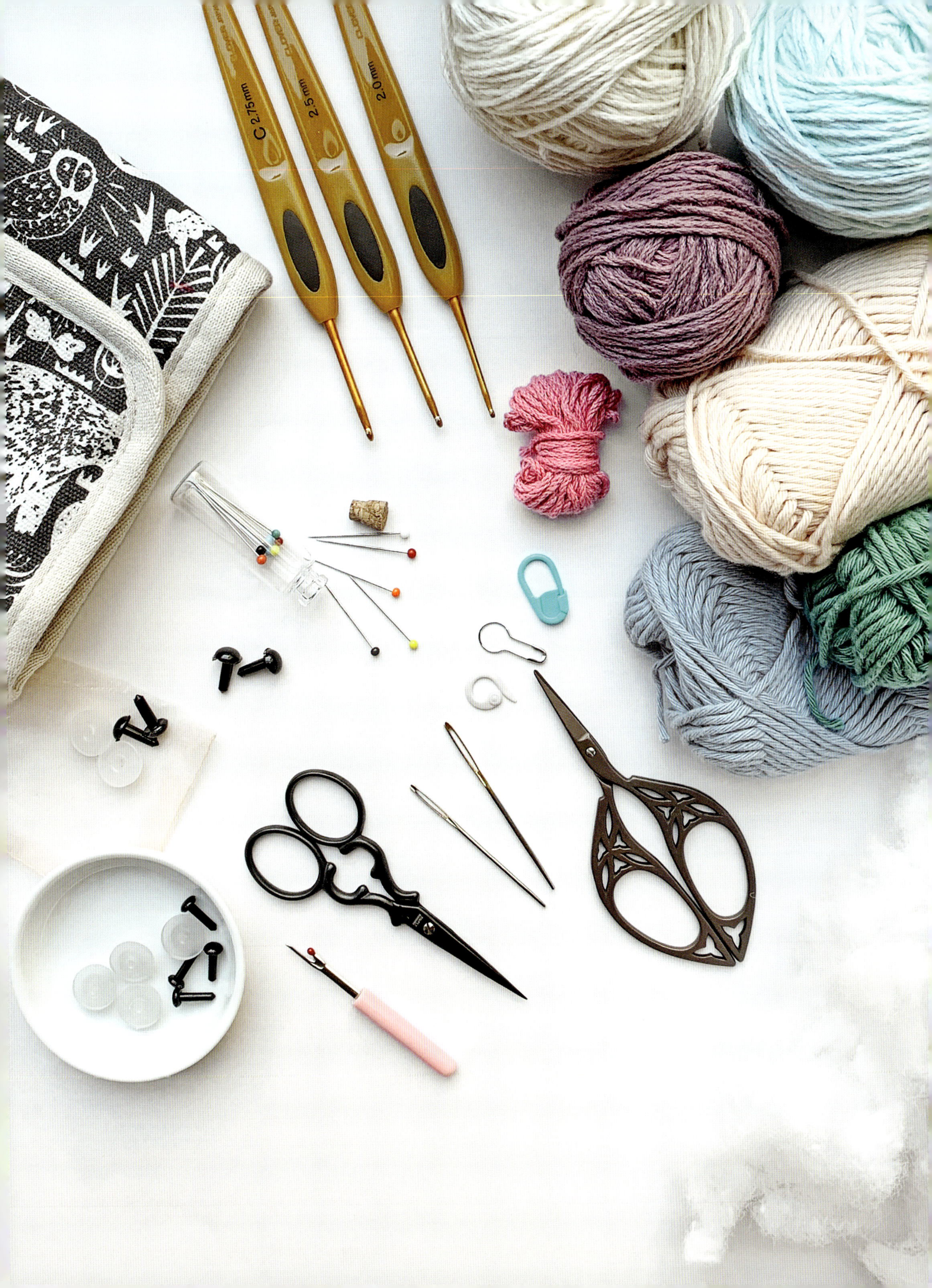
C 2.75mm
2.5mm
2.0mm

MASCHEN

ABKÜRZUNGEN

Lftm. = Luftmasche

fe. M. = feste Masche

2 fe. M. zus. abm. = 2 feste Maschen zusammen abmaschen

h. Stb = halbes Stäbchen

Stb. = Stäbchen

nur ins vMg. = nur ins vordere Maschenglied einstechen

nur ins hMg. = nur ins hintere Maschenglied einstechen

anf. = anfangen

wdh. = wiederholen

R. = Reihe

Rd. = Runde

Kettm. = Kettmasche

Noppen-M. = Noppenmasche

Oberflächl. fe. M. = feste Maschen nur auf der Oberfläche

* = kennzeichnet den Beginn eines Rapports. Die Anweisungen hinter dem * laut Anleitung wiederholen

VERWENDETE MASCHEN

LAUFKNOTEN
Der Laufknoten ist die Anfangsschlaufe der Anschlagskette aus Luftmaschen und zählt nicht als Masche. Mit dem Fadenende des Garns eine Schlinge legen. Mit der Häkelnadel in diese Schlinge fahren, Faden holen und eine weitere Schlinge durchziehen. An dem Fadenende ziehen, um die Schlinge auf der Häkelnadel festzuziehen.

LUFTMASCHE (LFTM.)
Mit einem Laufknoten beginnen, dann mit der Häkelnadel Faden holen und ihn durch die Schlinge auf der Häkelnadel ziehen, um eine Luftmasche zu bilden. So oft wiederholen wie in der Anleitung angegeben.

KETTMASCHE (KETTM.)
Die Häkelnadel in eine Masche einstechen, Faden holen und diesen gleichzeitig durch die Masche und die Schlinge auf der Nadel ziehen.

FESTE MASCHE (FE. M.)
Die Häkelnadel in eine Masche einstechen, Faden holen und diesen durch die Masche ziehen. Nun sind zwei Schlingen auf der Nadel. Erneut Faden holen und gleichzeitig durch beide Schlingen ziehen.

HALBES STÄBCHEN (H. STB.)
Faden über die Häkelnadel legen, dann die Nadel in eine Masche einstechen, Faden holen und durch die Masche ziehen (jetzt sind drei Schlingen auf der Nadel). Faden holen und in einem Zug durch alle drei Schlingen ziehen.

STÄBCHEN (STB.)
Faden über die Häkelnadel legen, dann die Nadel in eine Masche einstechen, Faden holen und durch die Masche ziehen (jetzt sind drei Schlingen auf der Nadel). Faden holen und durch die ersten beiden Schlingen ziehen (nun bleiben noch zwei Schlingen auf der Nadel). Faden holen und durch die verbliebenen beiden Schlingen auf der Nadel ziehen.

2 FESTE MASCHEN ZUSAMMEN ABMASCHEN (2 FE. M. ZUS. ABM.)
Durch das Zusammenhäkeln von zwei Maschen wird eine Masche abgenommen. Bei den Puppen im vorliegenden Buch wird die Abnahme einer festen Masche (2 fe. M. zus. abm.) als unsichtbare Abnahme gearbeitet. Siehe genaue Angaben und Fotos dazu im Abschnitt Techniken: Unsichtbare Abnahme einer festen Masche.

PICOT
Drei Luftmaschen häkeln. Nun eine feste Masche in die erste dieser drei Luftmaschen (die dritte Luftmasche von der Häkelnadel aus) häkeln.

FESTE MASCHEN NUR AUF DER OBERFLÄCHE (OBERFLÄCHL. FE. M.)
Mit dieser Maschenart arbeite ich üblicherweise einen »V«-Ausschnitt (siehe Techniken: Einen V-Ausschnitt oder Kragen häkeln). Nachdem du das Garn angesetzt hast wie in der Anleitung angegeben, häkelst du normale feste Maschen, anstatt jedoch in den oberen Teil der Masche einzustechen, arbeitest du über den Puppenkörper durch die Zwischenräume zwischen den Maschen, indem du die Nadel in den ersten Zwischenraum einstichst und sie dann beim nächsten Zwischenraum wieder herausführst und anschließend die feste Masche wie üblich beendest.

NOPPENMASCHE (NOPPEN-M.)
Mit dieser Masche arbeite ich üblicherweise die Nase der Puppen. Wenn du diese Masche nicht verwenden möchtest, kannst du die

Nase auch aufsticken, dafür nimmst du dasselbe Garn wie zum Häkeln und eine stumpfe Sticknadel. Die Noppenmasche ist eine Gruppe unvollendeter Stäbchen, die in eine Masche gearbeitet werden, wobei die letzte Schlinge jedes Stäbchens auf der Nadel bleibt und der Faden am Ende durch alle gemeinsam gezogen wird. Wie du eine Noppenmasche häkelst, sagt dir die folgende Schritt-für-Schritt-Anleitung:

Faden holen (**1**) und die Nadel in die Masche einstechen. Wieder Faden holen und durch die Masche ziehen. Du hast jetzt drei Schlingen auf der Nadel (**2**). Wieder Faden holen und durch die ersten beiden Schlingen auf der Nadel ziehen (**3**). Du hast nun ein unfertiges Stäbchen und es bleiben zwei Schlingen auf der Nadel.

Diese Schritte wiederholst du in derselben Masche noch vier Mal, sodass du in dieser Masche noch vier unfertige Stäbchen gearbeitet hast. Nun musst du sechs Schlingen auf der Nadel haben (**4**).

Zum Schluss Faden holen und in einem Zug durch alle sechs Schlingen auf der Nadel ziehen, um die Noppe zu arbeiten (**5**).

Sollte die Noppe am Ende auf der falschen Seite der Arbeit vorstehen (**6**), drückst du sie einfach nach außen, um die Nase zu formen (**7**).

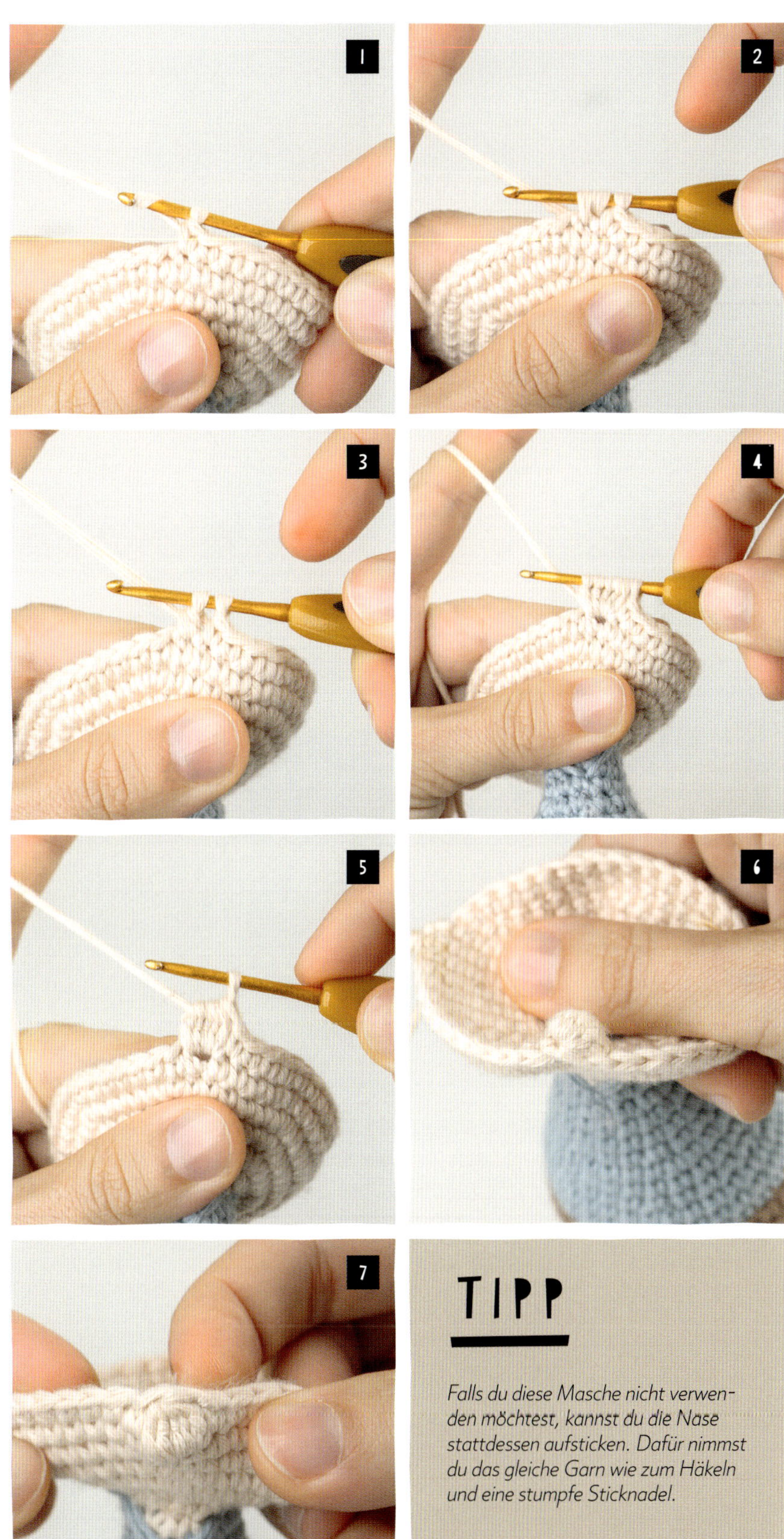

TIPP

Falls du diese Masche nicht verwenden möchtest, kannst du die Nase stattdessen aufsticken. Dafür nimmst du das gleiche Garn wie zum Häkeln und eine stumpfe Sticknadel.

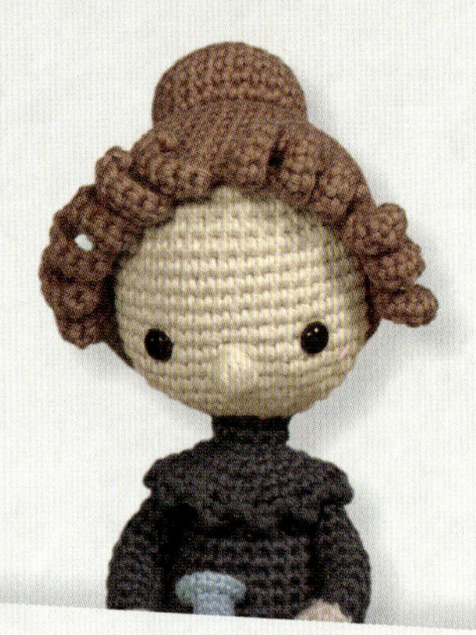
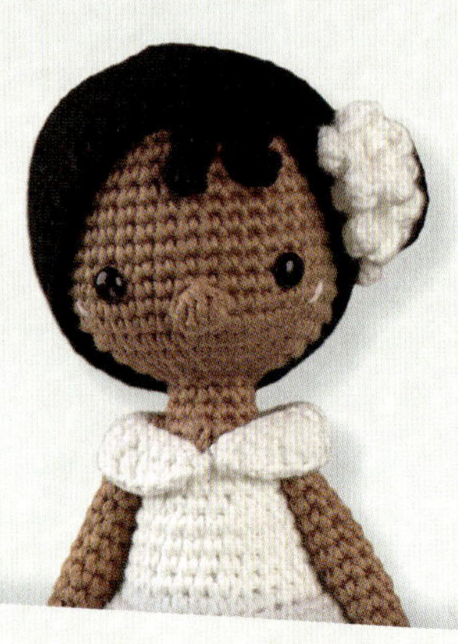
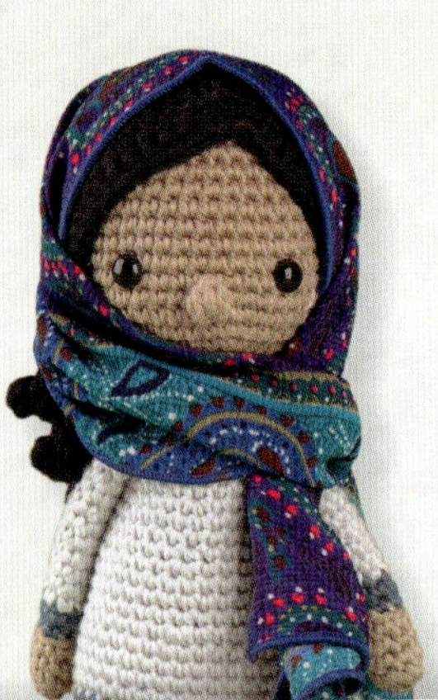
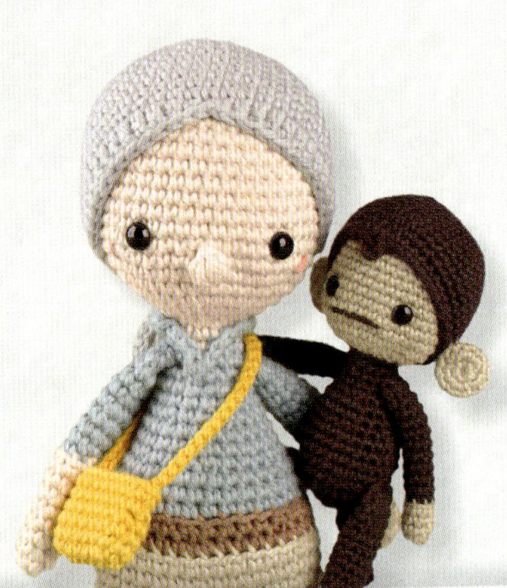
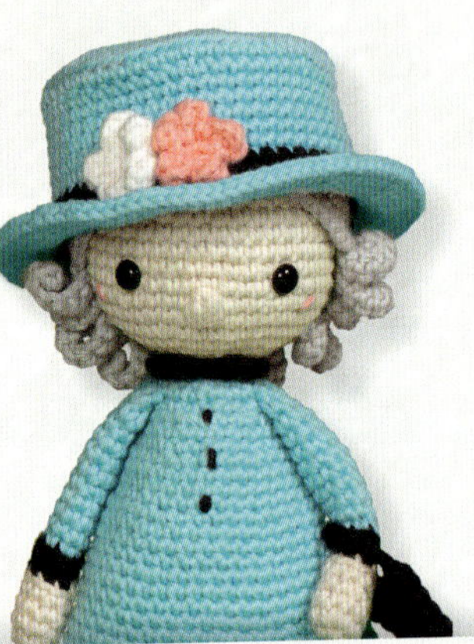
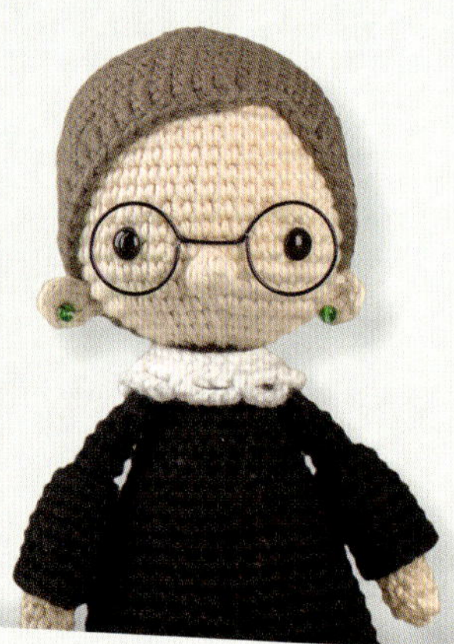
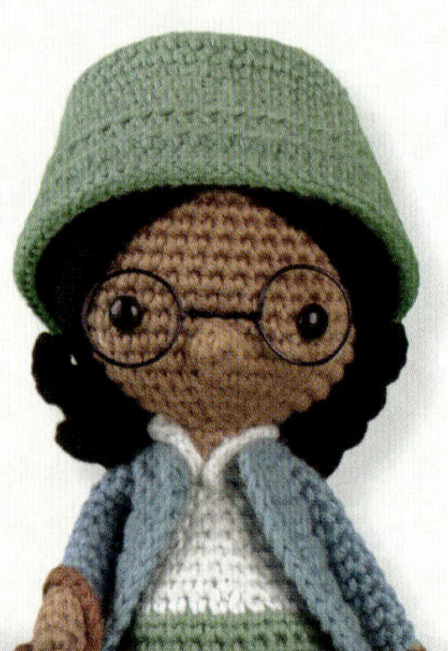

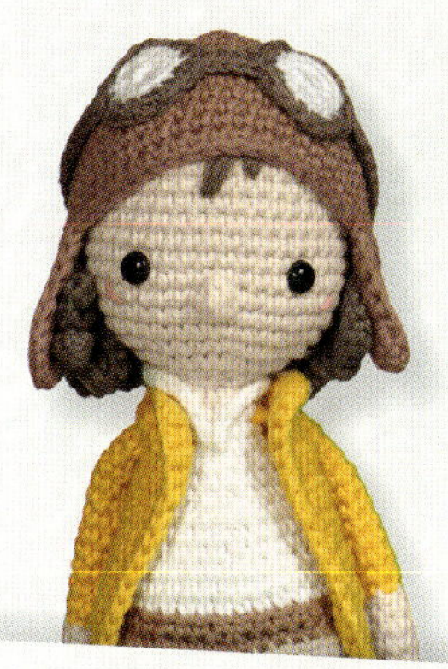
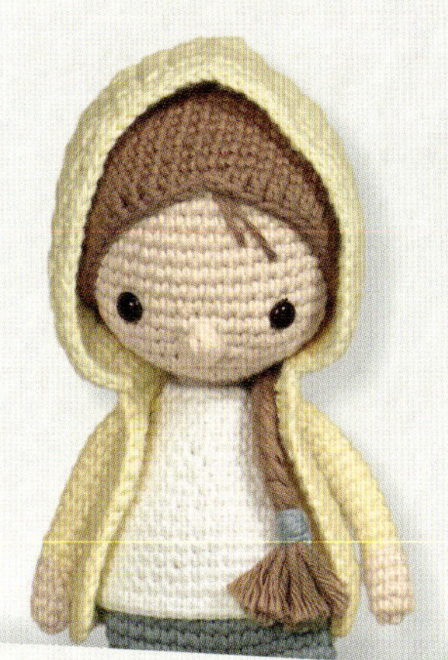
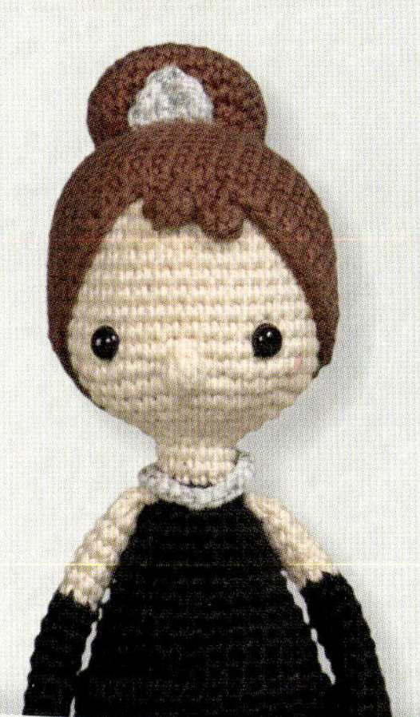
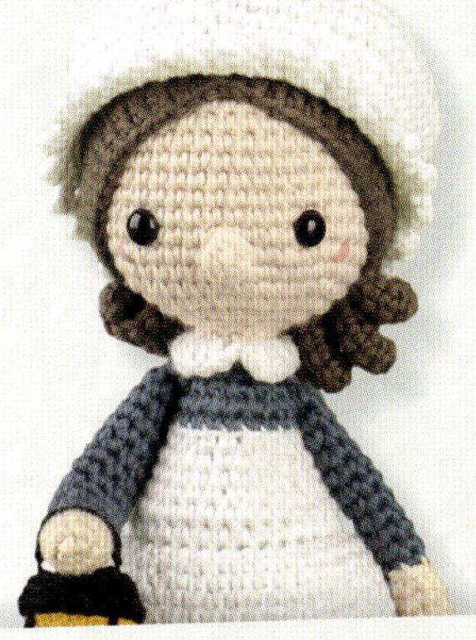
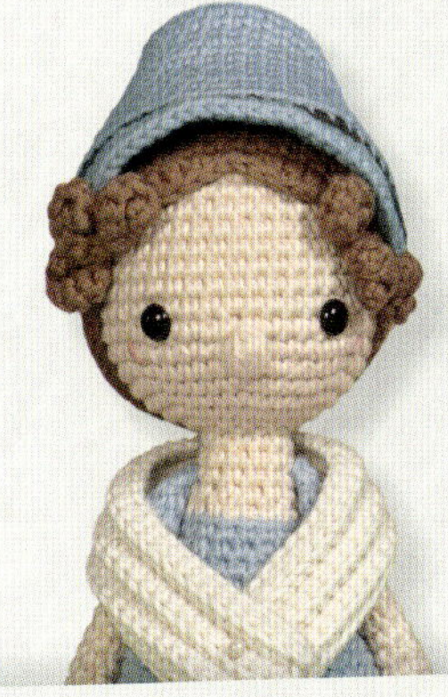

PROJEKTE

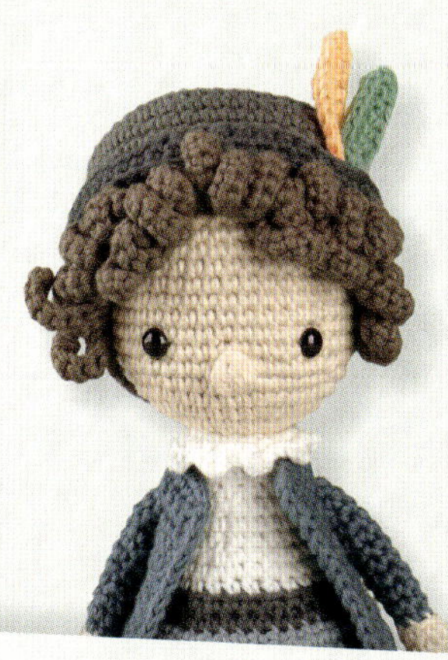
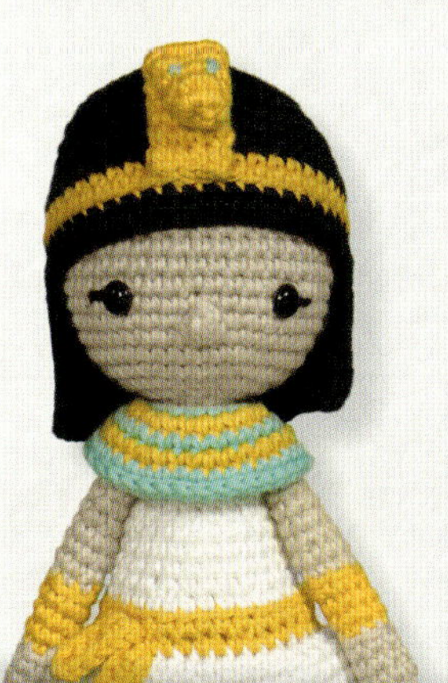
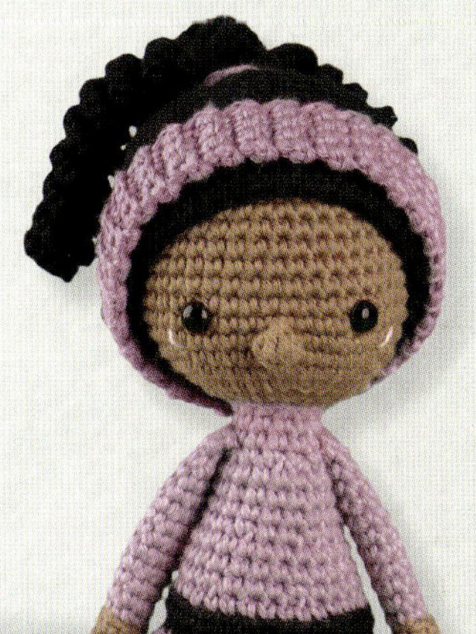

MATERIAL

Häkelnadel 2,5 mm

100 % 8-fädiges Baumwollgarn in den Farben: passende Hautfarbe, Weiß, Beige, Hellbraun, Braun, Senfgelb, kleine Menge Rosa

Stumpfe Sticknadel

8 mm Sicherheitsaugen

Maschenmarkierer

Füllwatte

FERTIGE GRÖSSE

20 cm

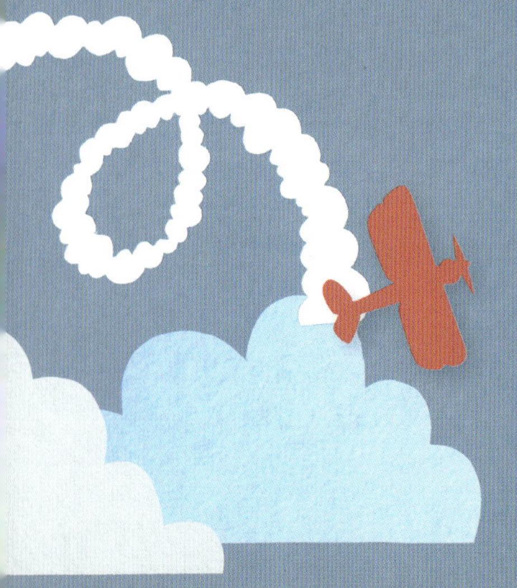

AMELIA EARHART

Warum wurde Amelia ausgewählt? Weil diese Flugpionierin ihre Träume so leidenschaftlich wie furchtlos verfolgt hat und sie niemals aufgab, trotz der gewaltigen Herausforderungen, die mit ihren Träumen verbunden waren. Sie wollte fliegen, und sie ist geflogen. Sie wollte den Atlantik mit ihrem Flugzeug überqueren, und sie hat es getan. Sie wagte es, Wege zu gehen, die noch keine andere Frau vor ihr gegangen war, und sie ermutigte andere, ihrem Beispiel zu folgen. Sie vertraute auf die wahre Stärke der Frauen, wohl wissend, dass diese in ihren Berufen ebenfalls glänzen können. Und obgleich sie bei ihrem letzten Abenteuer im Pazifik verschollen ging, ist und bleibt sie richtungsweisend für alle Träumerinnen.

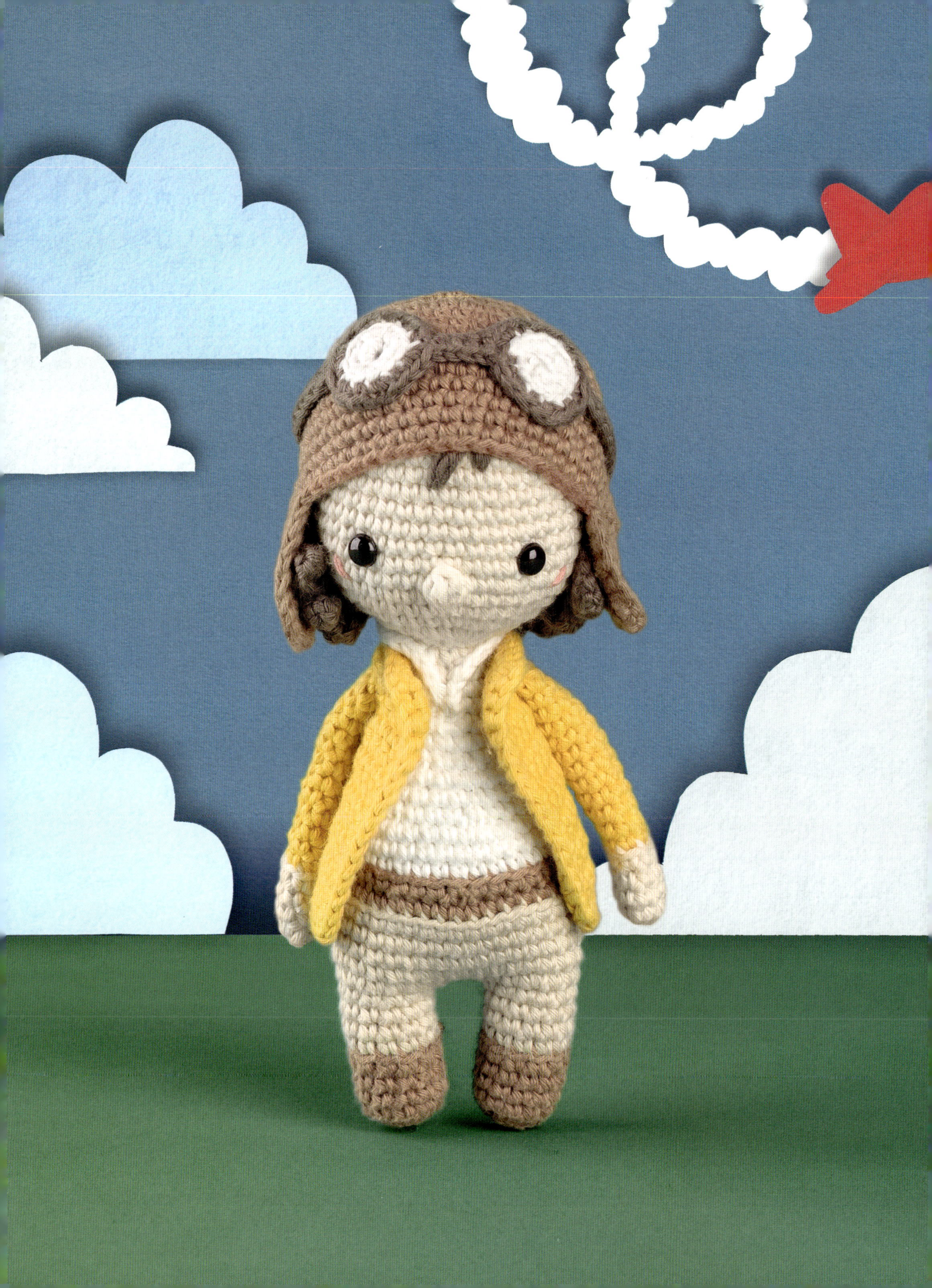

1. BEIN

1. Runde: Mit **Hellbraun** für die Stiefel 6 fe. M. in einen Fadenring (Magic Ring) häkeln. (6 M.).

2. Rd.: 2 fe. M. in jede M. (12 M.).

3.–6. Rd.: 1 fe. M. in jede M.

7. Rd.: Für die Hose zu **Beige** wechseln, 1 fe. M. in jede M., nur ins hMg.

8. und 9. Rd.: 1 fe. M. in jede M.

Faden abschneiden, durch die letzte M. ziehen und vernähen. Beiseitelegen.

2. BEIN

Wie das 1. Bein arbeiten, das Garn am Ende jedoch nicht abschneiden. Es wird direkt weitergehäkelt mit dem Körper.

KÖRPER

10. Rd.: Mit dem 2. Bein noch auf der Nadel, 3 Lftm. häkeln und diese mit einer fe. M. mit dem 1. Bein verbinden (siehe Techniken: Die Beine miteinander verbinden), an dieser Stelle die neue Rd. mit einem Maschenmarkierer kennzeichnen, 11 fe. M. entlang des 1. Beins, 1 fe. M. in jede der 3 Lftm., 12 fe. M. entlang des 2. Beins und 1 fe. M. in die andere Seite jeder der 3 Lftm. (30 M.)

11. Rd.: *4 fe. M., 2 fe. M. in die nächste M., ab * bis zum Ende der Rd. wdh. (36 M.)

12.–15. Rd.: 1 fe. M. in jede M.

16. Rd.: Für den Gürtel zu **Hellbraun** wechseln, 1 fe. M. in jede M., nur ins vMg.

17. Rd.: *4 fe. M., 2 fe. M. zus. abm., ab * bis zum Ende der Rd. wdh. (30 M.)

18. Rd.: Für die Bluse zu Weiß wechseln, 1 fe. M. in jede M., nur ins hMg.

19. und 20. Rd.: 1 fe. M. in jede M.

Jetzt die Beine fest ausstopfen.

21. Rd.: *3 fe. M., 2 fe. M. zus. abm., ab * bis zum Ende der Rd. wdh. (24 M.)

22. und 23. Rd.: 1 fe. M. in jede M.

24. Rd.: *2 fe. M., 2 fe. M. zus. abm., ab * bis zum Ende der Rd. wdh. (18 M.)

Jetzt den Körper fest ausstopfen.

25. und 26. Rd.: 1 fe. M. in jede M.

27. Rd.: *1 fe. M., 2 fe. M. zus. abm., ab * bis zum Ende der Rd. wdh. (12 M.)

28. Rd.: 1 fe. M. in jede M.

29. Rd.: 7 fe. M., zur **Hautfarbe** wechseln, 1 fe M., zu **Weiß** wechseln, 4 fe. M.

30. Rd.: 6 fe. M., zur **Hautfarbe** wechseln, 3 fe. M., zu **Weiß** wechseln, 3 fe. M.

31. Rd.: 5 fe. M., zur **Hautfarbe** wechseln, 5 fe. M., zu **Weiß** wechseln, 2 fe. M.

Auf der Vorderseite der Puppe sollte sich jetzt ein Dreieck in der **Hautfarbe** befinden.

Den Faden nicht abschneiden. Es geht weiter mit dem Kopf.

KOPF

32. Rd.: Zur **Hautfarbe** wechseln, 2 fe. M. in jede der ersten 5 M. (**weiß**), nur ins hMg., 2 fe. M. in jede der folgenden 5 M. (**hautfarben**), dabei in beide Maschenglieder einstechen, 2 fe. M. in jede der letzten 2 M. (**weiß**), nur ins hMg. (24 M.)

33. Rd.: *3 fe. M., 2 fe. M. in die nächste M., ab * bis zum Ende der Rd. wdh. (30 M.)

Jetzt den Halsbereich fest ausstopfen.

34. Rd.: *4 fe. M., 2 fe. M. in die nächste M., ab * bis zum Ende der Rd. wdh. (36 M.)

35. Rd.: *5 fe. M., 2 fe. M. in die nächste M., ab * bis zum Ende der Rd. wdh. (42 M.)

36. Rd.: 1 fe. M. in jede M.

37. Rd.: 27 fe. M., 1 Noppen-M. für die Nase (siehe Maschen: Noppenmasche), 1 fe. M. in jede M. bis zum Ende der Rd.

Darauf achten, die Nase genau auf die Mitte der Beine und das **hautfarbene** Dreieck am Hals auszurichten und die Positionierung falls nötig zu ändern.

Bevor es mit dem Kopf weitergeht, wird jetzt der Halsausschnitt von Amelias Bluse gearbeitet. Die Schlinge auf der Nadel mit einem Maschenmarkierer versehen.

Genaue Fotos zum Häkeln eines Halsausschnitts siehe Techniken: Einen V-Ausschnitt häkeln.

Das **weiße** Garn 2 Rd. unter der Spitze des **hautfarbenen** Dreiecks ansetzen.

In den Zwischenräumen zwischen den Maschen arbeiten und 2 oberflächl. fe. M. nach oben bis zur unteren Spitze des Dreiecks häkeln.

Nun der Diagonale des Dreiecks folgen und zuerst die rechte Seite häkeln. 1 oberflächl. fe. M. zwischen jede Rd. häkeln, die Nadel dabei in die Zwischenräume zwischen den Rd. einstechen, bis zu der Rd., wo sich die weißen vorderen Maschenglieder zeigen.

Nun 2 fe. M. in jedes vordere Maschenglied der Bluse häkeln, das an Amelias Hals grenzt, bis der Rand des Dreiecks auf der anderen Seite erreicht ist. (14 M.). 5 oberflächl. fe. M. zwischen die Rd. häkeln, dabei der Diagonale des Dreiecks bis zur Anfangs-M. folgen und in diese Anfangs-M. 1 Kettm. häkeln. Den Faden abschneiden, durch die letzte M. ziehen und vernähen.

Nun geht es mit dem Kopf weiter. Wieder das **hautfarbene** Garn dort ansetzen, wo die Arbeit am Kopf unterbrochen wurde.

38.–46. Rd.: 1 fe. M. in jede M.

47. Rd.: *5 fe. M., 2 fe. M. zus. abm., ab * bis zum Ende der Rd. wdh. (36 M.)

Jetzt damit beginnen, den Kopf auszustopfen.

48. Rd.: *4 fe. M., 2 fe. M. zus. abm., ab * bis zum Ende der Rd. wdh. (30 M.)

Eine Runde über der Nase die Sicherheitsaugen mit 8 cm Abstand voneinander anbringen, die Wangen mit **rosa** Garn aufsticken.

49. Rd.: *3 fe. M., 2 fe. M. zus. abm., ab * bis zum Ende der Rd. wdh. (24 M.)

50. Rd.: *2 fe. M., 2 fe. M. zus. abm., ab * bis zum Ende der Rd. wdh. (18 M.)

Fest ausstopfen.

51. Rd.: *1 fe. M., 2 fe. M. zus. abm., ab * bis zum Ende der Rd. wdh. (12 M.)

52. Rd.: 6 Mal (2 fe. M. zus. abm.). (6 M.)

Faden abschneiden, durch die letzte M. ziehen und vernähen.

ARME (ZWEI ANFERTIGEN)

1. Runde: In der Hautfarbe 2 Lftm., 4 fe. M. in die zweite Lftm. von der Nadel aus. (4 M.)

2. Rd.: 2 fe. M. in jede M. (8 M.)

3.–5. Rd.: 1 fe. M. in jede M.

6. Rd.: Für die Jacke zu **senffarbenem** Garn wechseln, 1 fe. M. in jede M., nur ins hMg.

7.–17. Rd.: 1 fe. M. in jede M. Die Arme müssen nicht ausgestopft werden.

18. Rd.: Mit den Fingern die Öffnung so zusammendrücken, dass jeweils 4 M. übereinanderliegen, beide Seiten zusammenhäkeln, indem 1 fe. M. in jedes dieser Maschenpaare gehäkelt wird (siehe Techniken: Die Arme schließen).

Faden lang abschneiden, durch die letzte M. ziehen und das lange Ende hängen lassen, um damit den Arm an den Körper zu nähen.

TIPP

Wenn du Amelias Kragen nicht mit den oberflächlichen festen Maschen häkeln möchtest, kannst du einfach zwei diagonale Linien in der Farbe ihrer Bluse aufsticken, um die Ränder des hautfarbenen Dreiecks an ihrem Hals zu markieren.

»Bedenken Sie bitte, dass ich mir der Gefahren wohl bewusst bin. Ich will es machen, weil ich es einfach machen will. Frauen müssen versuchen, Dinge ebenso zu probieren, wie Männer es getan haben. Und falls sie scheitern, soll ihr Misserfolg um so mehr eine Herausforderung für andere sein.«

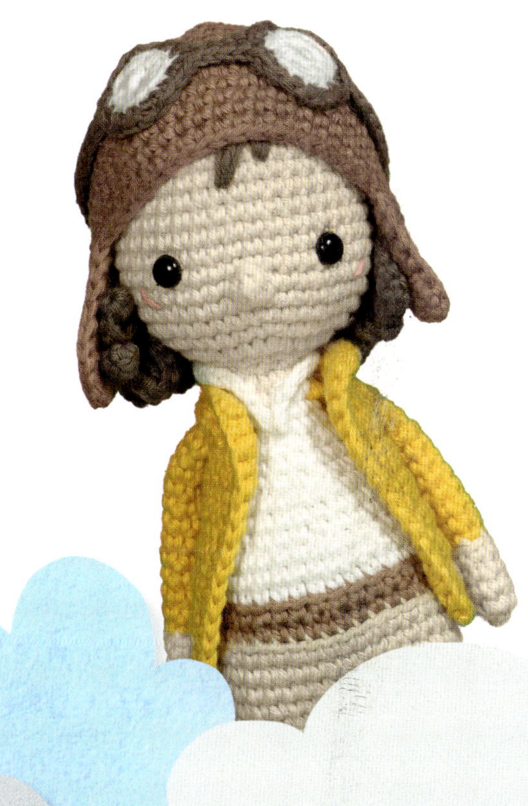

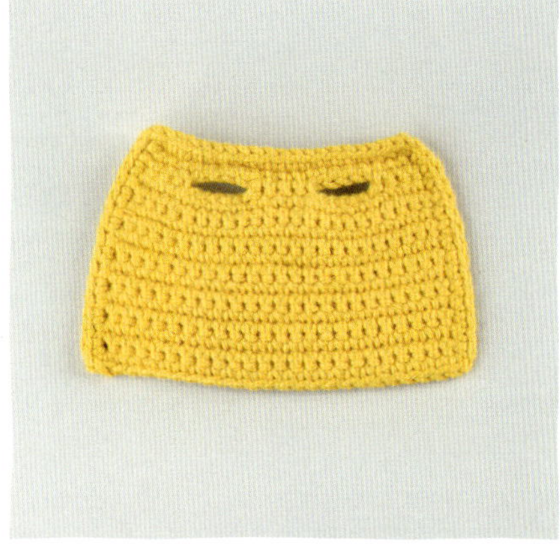

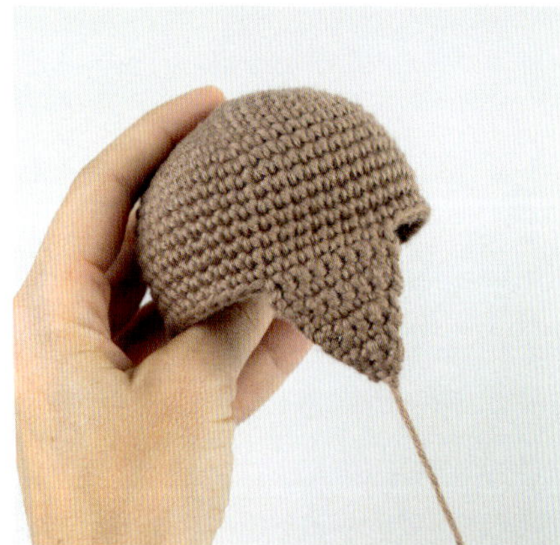

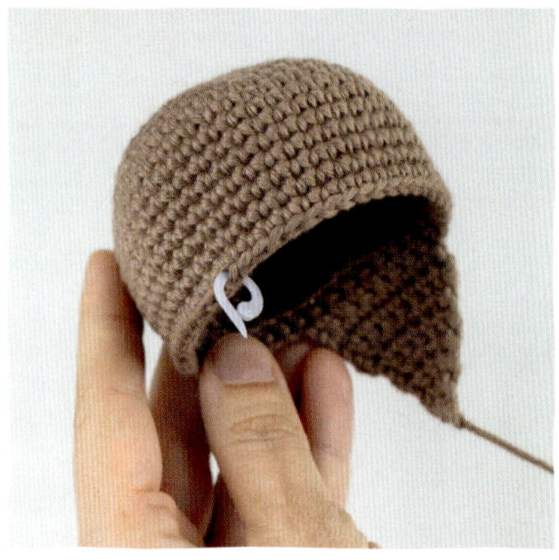

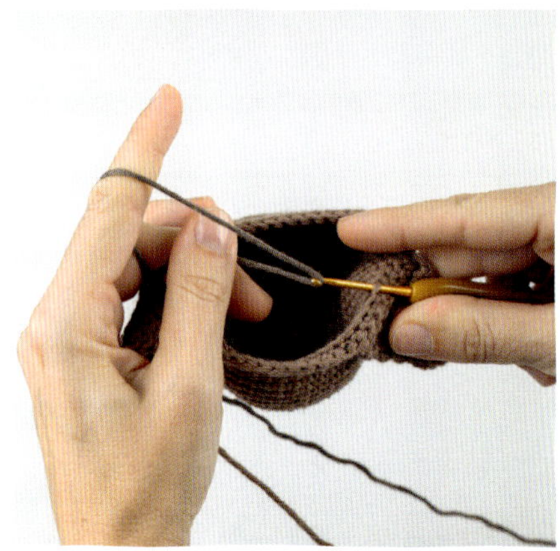

JACKE

Die Jacke ist eigentlich eine Weste, wenn du sie deiner Amelia aber anziehst, sieht sie in Verbindung mit den Armen wie eine Jacke aus. Die Weste wird mit **senffarbenem** Garn in Reihen gearbeitet.

1. Reihe: 21 Lftm., 1 fe. M. in die zweite Lftm. von der Nadel aus, dann 1 fe. M. in jede Lftm. bis zum Ende der Reihe, 1 Lftm., wenden. (20 M.)

2. R.: 4 fe. M., *6 Lftm., die folgenden 4 M. auslassen (so entsteht das Armloch), 4 fe. M., ab * einmal wdh., 1 Lftm., wenden.

3. R.: 4 fe. M., *6 fe. M. in die Kette aus 6 Lftm., 4 fe. M., ab * einmal wdh., 1 Lftm., wenden. (24 M.)

4.–14. R.: 1 fe. M. in jede M., 1 Lftm., wenden.

15. R.: 1 fe. M. in jede M., 1 Lftm., die Arbeit um 90 ° im Uhrzeigersinn drehen und 15 fe. M. an der Seite der Weste häkeln, dabei in die Zwischenräume zwischen den Reihen einstechen. An der oberen Ecke angekommen, 20 Kettm. in die verbleibenden Schlingen der Anschlags-Luftmaschenkette häkeln. Anschließend 1 Lftm., die Arbeit wieder um 90 ° im Uhrzeigersinn drehen und 15 fe. M. entlang der anderen Seite der Weste häkeln, dabei wieder in die Zwischenräume zwischen den Reihen einstechen (siehe Techniken: Umranden von flachen Teilen).

Faden abschneiden, durch die letzte M. ziehen und vernähen.

FLIEGERMÜTZE

1. Runde: In **Hellbraun** für die Mütze 6 fe. M. in einen Fadenring (Magic Ring) häkeln. (6 M.)

2. Rd.: 2 fe. M. in jede M. (12 M.)

3. Rd.: *1 fe. M., 2 fe. M. in die nächste M., ab * bis zum Ende der Rd. wdh. (18 M.)

4. Rd.: *2 fe. M., 2 fe. M. in die nächste M., ab * bis zum Ende der Rd. wdh. (24 M.)

5. Rd.: *3 fe. M., 2 fe. M. in die nächste M., ab * bis zum Ende der Rd. wdh. (30 M.)

6. Rd.: *4 fe. M., 2 fe. M. in die nächste M., ab * bis zum Ende der Rd. wdh. (36 M.)

7. Rd.: *5 fe. M., 2 fe. M. in die nächste M., ab * bis zum Ende der Rd. wdh. (42 M.)

8. Rd.: *13 fe. M., 2 fe. M. in die nächste M., ab * bis zum Ende der Rd. wdh. (45 M.)

9.–15. Rd.: 1 fe. M. in jede M.

16. Rd.: 3 fe. M., 20 fe. M., nur ins vMg., 22 fe. M.

Ab jetzt wird in Reihen gehäkelt, um die erste Ohrenklappe zu bilden.

17. und 18. Reihe: 8 fe. M., 1 Lftm., wenden.

19. R.: 2 fe. M. zus. abm., 4 fe. M., 2 fe. M. zus. abm., 1 Lftm., wenden. (6 M.)

20. R.: 1 fe. M. in jede M., 1 Lftm., wenden.

21. R.: 2 fe. M. zus. abm., 2 fe. M., 2 fe. M. zus. abm., 1 Lftm., wenden. (4 M.)

22. R.: 1 fe. M. in jede M., 1 Lftm., wenden.

23. R.: 2 Mal (2 fe. M. zus. abm.), 1 Lftm., wenden. (2 M.)

24. R.: 1 fe. M. in jede M.

Faden abschneiden, durch die letzte M. ziehen und vernähen.

Vom Beginn der ersten Ohrklappe 20 M. abzählen und das **hellbraune** Garn mit einem Laufknoten (Anfangsschlaufe) für die zweite Ohrenklappe ansetzen.

1. Reihe: 8 fe. M., 1 Lftm., wenden.

2. R.: 2 fe. M. zus. abm., 4 fe. M., 2 fe. M. zus. abm., 1 Lftm., wenden. (6 M.)

3. R.: 1 fe. M. in jede M., 1 Lftm., wenden.

4. R.: 2 fe. M. zus. abm., 2 fe. M., 2 fe. M. zus. abm., 1 Lftm. wenden. (4 M.)

5. R.: 1 fe. M. in jede M., 1 Lftm., wenden.

6. R.: 2 Mal (2 fe. M. zus. abm.), 1 Lftm., wenden. (2 M.)

7. R.: 1 fe. M. in jede M.

Faden nicht abschneiden. Eine Rd. fe. M. um den gesamten Mützenrand und die Ohrenklappen häkeln.

Nun den Faden abschneiden, durch die letzte M. ziehen und vernähen.

HAAR

Für das Haar das **dunkelbraune** Garn mit einem Laufknoten im ersten verbliebenen hinteren Maschenglied der 16. Rd. der Fliegermütze ansetzen.

1. Reihe.: 1 Kettm. ins erste hMg., 11 Lftm., 1 fe. M. in die zweite Lftm. von der Nadel aus, 1 fe. M. in jede Lftm. bis zum Ende der R. (10 fe. M.), *1 Kettm. ins nächste hMg., 11 Lftm., 1 fe. M. in die zweite Lftm. von der Nadel aus, 1 fe. M. in jede Lftm. bis zum Ende der R. (10 fe. M.), ab * bis zur letzten fe. M. wdh., 1 Kettm. in die letzte fe. M. (19 Haarlocken).

Faden abschneiden, durch die letzte M. ziehen und vernähen.

FLIEGERBRILLE

Zuerst die Brillengläser häkeln und diese dann zur Brille zusammensetzen.

1. BRILLENGLAS

1. Runde: Mit **Weiß** für das Brillenglas 6 fe. M. in einen Fadenring (Magic Ring) häkeln. (6 M.)

2. Rd.: 2 fe. M. in jede M. (12 M.)

Faden abschneiden, durch die letzte M. ziehen und Fäden vernähen. Beiseitelegen.

2. BRILLENGLAS

1. Rd.: Mit **Weiß** für das Brillenglas 6 fe. M. in einen Fadenring häkeln. (6 M.)

2. Rd.: 2 fe. M. in jede M. (12 M.)

3. Rd.: Für das Brillengestell zu **Dunkelbraun** wechseln und jede fe. M., nur ins hMg., *1 fe. M. 2 fe. M. in die nächste M., ab * bis zum Ende der Rd. wdh. (18 M.). Mit dem 2. Brillenglas auf der Nadel 4 Lftm. häkeln und mit dem 1. Brillenglas wie folgt verbinden: jeweils nur ins hMg. *1 fe. M., 2 fe. M. in die nächste M., ab * bis zum Ende des 1. Brillenglases wdh. (18 M.), 1 fe. M. in jede der 4 Lftm, zum Abschluss 1 Kettm in die erste M. der Rd.

Faden abschneiden, durch die letzte M. ziehen und vernähen.

HALTEBAND

1. Reihe: Mit **Dunkelbraun** 51 Lftm., 1 fe. M. in die zweite Lftm. von der Nadel aus, 1 fe. M. in jede Lftm. bis zum Ende (50 M.).

Faden lang abschneiden, durch die letzte M. ziehen und das lange Ende hängenlassen, um die Brille anzunähen.

FERTIGSTELLUNG

Die Fliegermütze auf Amelias Kopf nähen.

Auf ihre Stirn ein paar Locken sticken.

Die Arme seitlich an den Körper nähen (siehe Techniken: Die Arme annähen).

Die Arme durch die Armlöcher der Weste stecken. Die Weste mit wenigen Stichen fixieren.

Die Brille auf die Fliegermütze nähen, ausgerichtet auf Amelias Augen. Dann das Halteband um die Mütze legen und es seitlich an die Brille nähen.

Alle Fäden nach innen vernähen.

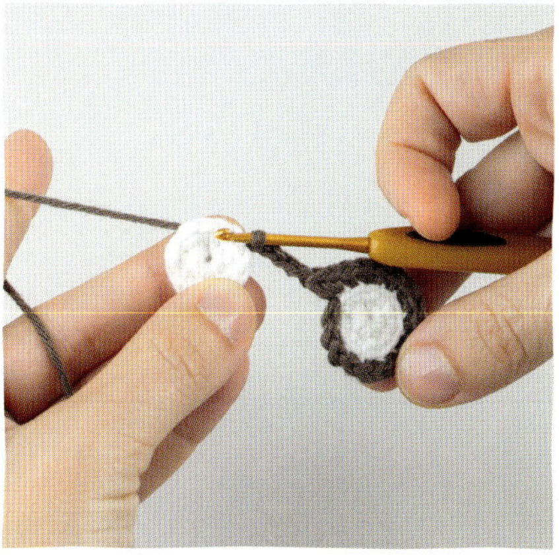

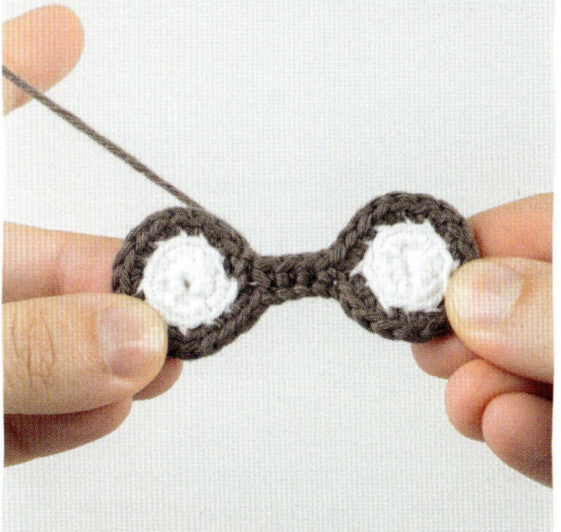

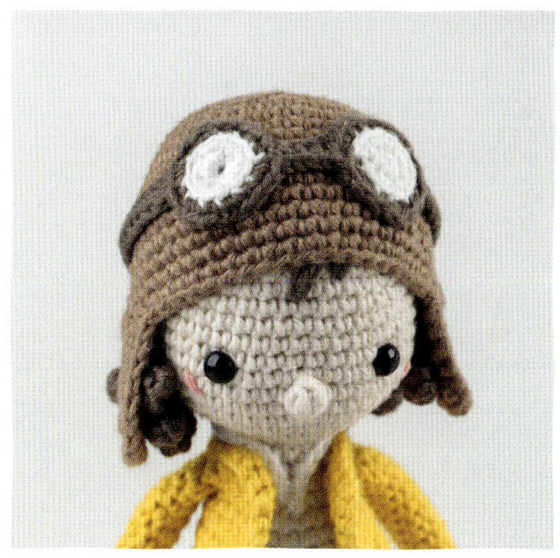

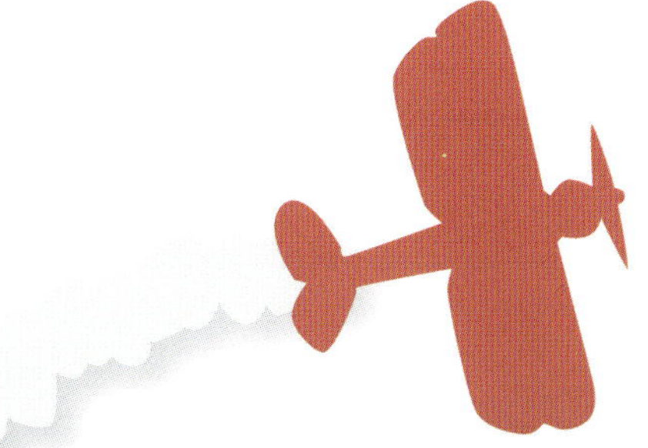

»Tue nie etwas, das andere tun können und tun werden, wenn es auch Dinge gibt, die andere nicht tun können oder werden.«

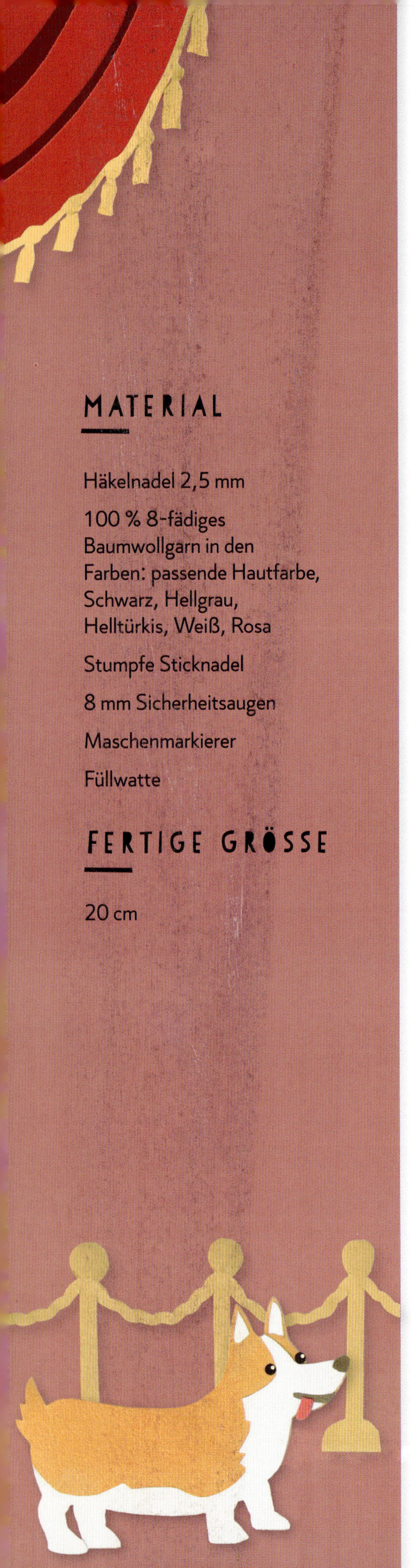

MATERIAL

Häkelnadel 2,5 mm

100 % 8-fädiges Baumwollgarn in den Farben: passende Hautfarbe, Schwarz, Hellgrau, Helltürkis, Weiß, Rosa

Stumpfe Sticknadel

8 mm Sicherheitsaugen

Maschenmarkierer

Füllwatte

FERTIGE GRÖSSE

20 cm

QUEEN ELIZABETH II

Warum wurde die Queen ausgewählt? Weil sie die am längsten amtierende Königin in der Geschichte des Vereinigten Königreichs ist, was bedeutet, dass sie ihr ganzes Leben dem Dienst für ihr Land gewidmet und sich selbst und ihre Interessen immer hintangestellt hat. Sie ist ein Vorbild für Hingabe und Pflichtgefühl, für harte Arbeit und Entschlossenheit, für Widerstandskraft und Anpassungsfähigkeit. Sie war eine privilegierte Zeitzeugin aller wichtigen Ereignisse im 20. Jahrhundert und hat ihr Reich erfolgreich moderner, offener und empfänglicher für eine sich verändernde Öffentlichkeit gemacht. Zugleich wusste sie aber stets auch die Tradition zu bewahren. Für mich ist sie *das* Symbol der britischen Kultur schlechthin.

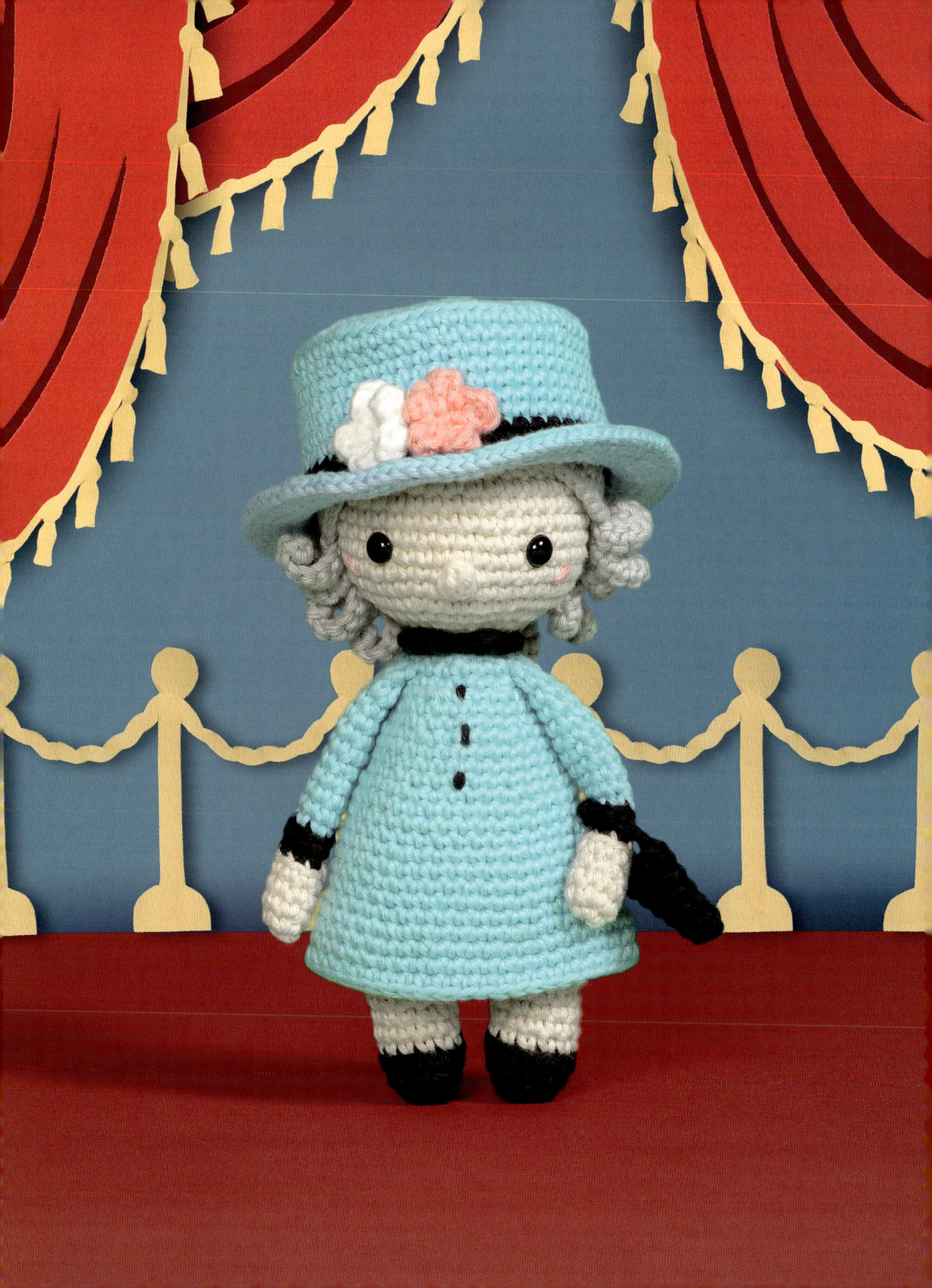

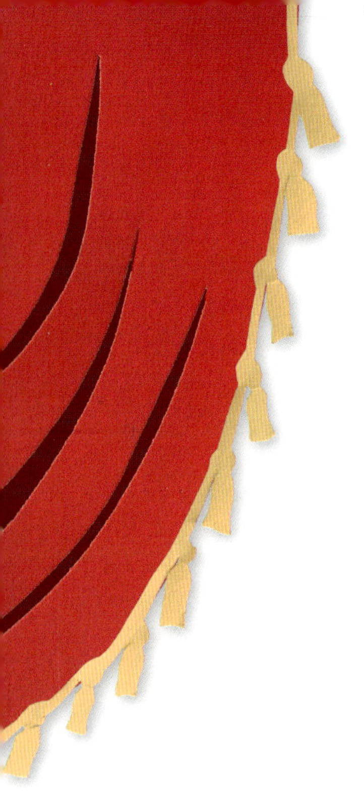

1. BEIN

1. Runde: Für die Schuhe 6 fe. M. in **Schwarz** in einen Fadenring (Magic Ring) häkeln. (6 M.)

2. Rd.: 2 fe. M. in jede M. (12 M.)

3. und 4. Rd.: 1 fe. M. in jede M.

5. Rd.: Zur **Hautfarbe** wechseln, 1 fe. M. in jede M., nur ins hMg.

6.–8. Rd.: 1 fe. M. in jede M.

9. Rd.: Für die Unterbekleidung zu **Weiß** wechseln, 1 fe. M. in jede M., nur ins hMg.

Faden abschneiden, durch die letzte M. ziehen und vernähen. Beiseitelegen.

2. BEIN

Wie das 1. Bein arbeiten, aber den Faden am Ende nicht abschneiden. Es wird direkt mit dem Körper weitergearbeitet.

KÖRPER

10. Rd.: Mit dem 2. Bein noch auf der Nadel, 3 Lftm. und diese mit 1 fe. M. mit dem 1. Bein verbinden (siehe Techniken: Die Beine miteinander verbinden), an dieser Stelle einen Maschenmarkierer für den Anf. der Rd. anbringen, 11 fe. M. entlang des 1. Beins häkeln, 1 fe. M. in jede der 3 Lftm., 12 fe. M. entlang des 2. Beins und 1 fe. M. in die andere Seite jeder der 3 Lftm. (30 M.)

11. Rd.: *4 fe. M., 2 fe. M. in die nächste M., ab * bis zum Ende der Rd. wdh. (36 M.)

12.–16. Rd.: 1 fe. M. in jede M.

17. Rd.: *4 fe. M., 2 fe. M. zus. abm., ab * bis zum Ende der Rd. wdh. (30 M.)

18.–20. Rd.: 1 fe. M. in jede M.

Die Beine jetzt fest ausstopfen.

21. Rd.: *3 fe. M., 2 fe. M. zus. abm., ab * bis zum Ende der Rd. wdh. (24 M.)

22. und 23. Rd.: 1 fe. M. in jede M.

24. Rd.: *2 fe. M., 2 fe. M. zus. abm., ab * bis zum Ende der Rd. wdh. (18 M.)

Den Körper jetzt fest ausstopfen.

25.–27. Rd.: 1 fe. M. in jede M.

28. Rd.: *1 fe. M., 2 fe. M. zus. abm., ab * bis zum Ende der Rd. wdh. (12 M.)

29 Rd.: Für den Mantel zu **Helltürkis** wechseln, 1 fe. M. in jede M.

30. Rd.: Für den Kragen zu **Schwarz** wechseln, 1 fe. M. in jede M., nur ins hMg.

31. Rd.: Zur **Hautfarbe** wechseln, 1 fe. M. in jede M., nur ins hMg.

Den Faden nicht abschneiden. Es geht direkt weiter mit dem Kopf.

KOPF

32. Rd.: 2 fe. M. in jede M. (24 M.)

33. Rd.: *3 fe. M., 2 fe. M. in die nächste M., ab * bis zum Ende der Rd. wdh. (30 M.)

Den Halsbereich jetzt fest ausstopfen.

34. Rd.: *4 fe. M., 2 fe. M. in die nächste M., ab * bis zum Ende der Rd. wdh. (36 M.)

35. Rd.: *5 fe. M., 2 fe. M. in die nächste M., ab * bis zum Ende der Rd. wdh. (42 M.)

36. Rd.: 1 fe. M. in jede M.

37. Rd.: 24 fe. M., 1 Noppen-M. für die Nase (siehe Maschen: Noppenmasche), 1 fe. M. in jede M. bis zum Ende der Rd. Darauf achten, die Nase auf die Mitte der Beine auszurichten und die Platzierung falls nötig zu ändern.

Nun beginnen wir mit dem Mantel – das ist einfacher, solange der Kopf noch nicht angenäht ist. Bringe einen Maschenmarkierer bei der Masche auf der Nadel an, um sie zu sichern, und schneide das Garn ab.

»Vor Ihnen allen erkläre ich, dass mein ganzes Leben, sei es lang oder kurz, dem Dienst an Ihnen und unserer großen königlichen Familie gewidmet sein wird, der wir alle angehören.«

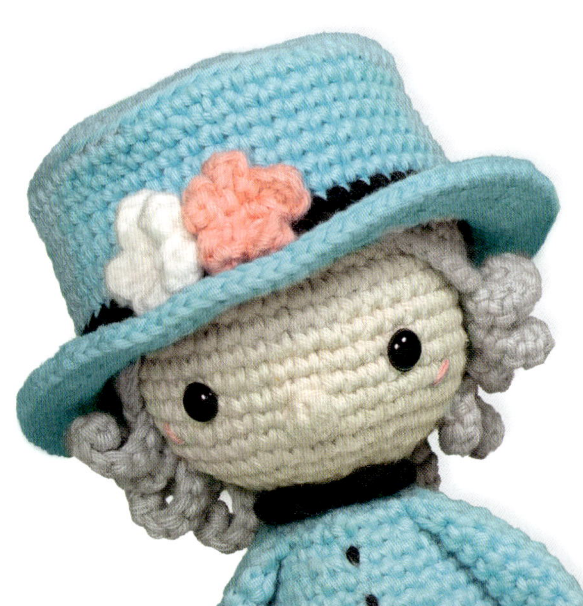

MANTEL

Den Körper auf den Kopf stellen und das **helltürkise** Garn in einem der vorderen Maschenglieder der 30. Runde hinten am Hals ansetzen.

1. Runde: *1 fe. M., 2 fe. M. in die nächste M., ab * bis zum Ende der Rd. wdh. (18 M.)

2. und 3. Rd.: 1 fe. M. in jede M.

4. Rd.: *2 fe. M., 2 fe. M. in die nächste M., ab * bis zum Ende der Rd. wdh. (24 M.)

5. und 6. Rd.: 1 fe. M. in jede M.

7. Rd.: *3 fe., 2 fe. M. in die nächste M., ab * bis zum Ende der Rd. wdh. (30 M.)

8.–11. Rd.: 1 fe. M. in jede M.

12. Rd.: *4 fe. M., 2 fe. M. in die nächste M., ab * bis zum Ende der Rd. wdh. (36 M.)

13.–15. Rd.: 1 fe. M. in jede M.

16. Rd.: *5 fe. M., 2 fe. M. in die nächste M., ab * bis zum Ende der Rd. wdh. (42 M.)

17.–19. Rd.: 1 fe. M. in jede M.

20. Rd.: *6 fe. M., 2 fe. M. in die nächste M., ab * bis zum Ende der Rd. wdh. (48 M.)

21.–23. Rd.: 1 fe. M. in jede M.

Faden abschneiden, durch die letzte M. ziehen und vernähen.

KRAGEN

Den Körper wieder umdrehen und das **schwarze** Garn in einem der vorderen Maschenglieder der 31. Runde hinten am Hals ansetzen.

1. Runde: 1 fe. M. in jede M., nur ins vMg. (12 M.)

2. Rd.: 4 fe. M., (1 h. Stb. und 1 Stb.) in die nächste M., 3 Stb. in die nächste M., 1 Kettm., (1 Kettm., 2 Lftm., 2 Stb. unten in die 2 Lftm.) in die nächste M., (1 Stb., 1 h. Stb.) in die nächste M., 3 fe. M.

Faden abschneiden, durch die letzte M. ziehen und vernähen.

Mit **schwarzem** Garn drei kleine Noppen als Knöpfe oben und mittig in einer senkrechten Linie auf den Mantel sticken.

Nun geht es mit dem Kopf weiter. Das **hautfarbene** Garn dort ansetzen, wo die Arbeit am Kopf unterbrochen wurde.

38.–46. Rd.: 1 fe. M. in jede M.

47. Rd.: *5 fe. M., 2 fe M. zus. abm., ab * bis zum Ende der Rd. wdh. (36 M.)

Jetzt damit beginnen, den Kopf auszustopfen.

48. Rd.: *4 fe. M., 2 fe. M. zus. abm., ab * bis zum Ende der Rd. wdh. (30 M.)

Eine Runde über der Nase die Sicherheitsaugen mit 8 cm Abstand voneinander anbringen, die Wangen mit **rosa** Garn aufsticken.

49. Rd.: *3 fe. M., 2 fe. M. zus. abm., ab * bis zum Ende der Rd. wdh. (24 M.)

50. Rd.: *2 fe. M., 2 fe. M. zus. abm., ab * bis zum Ende der Rd. wdh. (18 M.)

Fest ausstopfen.

51. Rd.: *1 fe. M., 2 fe. M. zus. abm., ab * bis zum Ende der Rd. wdh. (12 M.)

52. Rd.: 6 x (2 fe. M. zus. abm.). (6 M.)

Faden abschneiden, durch die letzte M. ziehen und vernähen.

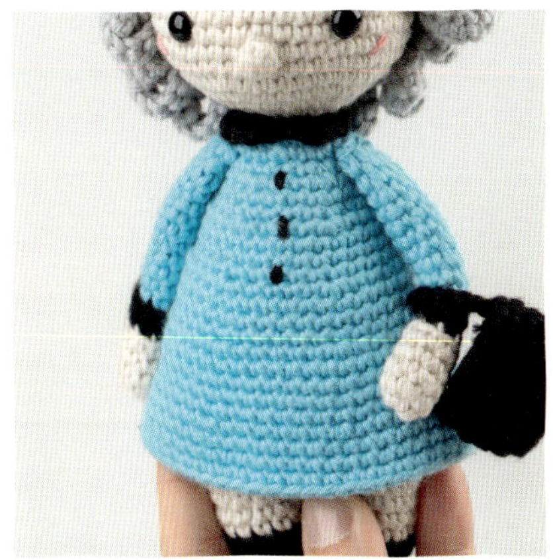

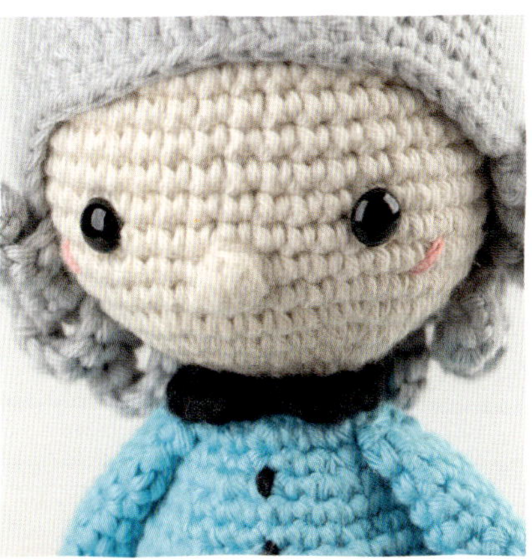

TIPP

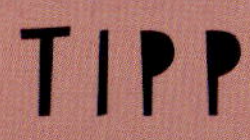

Üblicherweise sieht man Her Majesty mit farblich zu ihrem Outfit passenden Handschuhen. Du kannst daher den hautfarbenen Teil der Arme durch Weiß oder eine Farbe deiner Wahl ersetzen – und schon trägt die Queen Handschuhe!

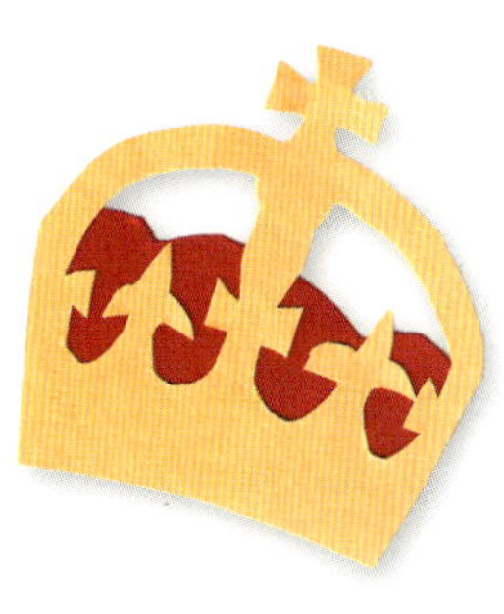

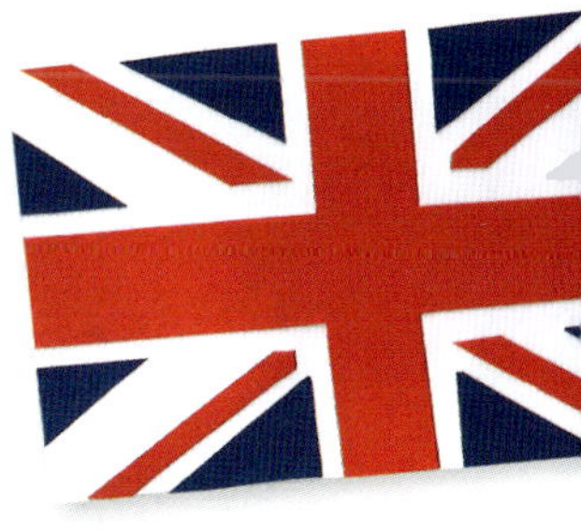

ARME (ZWEI ANFERTIGEN)

1. Runde: In der Hautfarbe 2 Lftm., 4 fe. M. in die zweite Lftm. von der Nadel aus (4 M.)

2. Rd.: 2 fe. M. in jede M. (8 M.)

3.–5. Rd.: 1 fe. M. in jede M.

6. Rd.: Zu **Schwarz** wechseln, 1 fe. M. in jede M., nur ins hMg.

7. Rd.: 1 fe. M. in jede M.

8. Rd.: Zu **Helltürkis** wechseln, 1 fe. M. in jede M., nur ins hMg.

9.–17. Rd.: 1 fe. M. in jede M.

Die Arme müssen nicht ausgestopft werden.

18. Rd.: Mit den Fingern die Öffnung so zusammendrücken, dass jeweils 4 M. übereinanderliegen, beide Seiten zusammenhäkeln, indem 1 fe. M. in jedes dieser Maschenpaare gehäkelt wird (siehe Techniken: Die Arme schließen).

Faden lang abschneiden, durch die letzte M. ziehen und das lange Ende hängen lassen, um damit den Arm an den Körper zu nähen.

HAAR

1. Runde: Für das Haar in **Hellgrau** 6 fe. M. in einen Fadenring (Magic Ring) häkeln. (6 M.)

2. Rd.: 2 fe. M. in jede M. (12 M.)

3. Rd.: *1 fe. M., 2 fe. M. in die nächste M., ab * bis zum Ende der Rd. wdh. (18 M.)

4. Rd.: *2 fe. M., 2 fe. M. in die nächste M., ab * bis zum Ende der Rd. wdh. (24 M.)

5. Rd.: *3 fe. M., 2 fe. M. in die nächste M., ab * bis zum Ende der Rd. wdh. (30 M.)

6. Rd.: *4 fe. M., 2 fe. M. in die nächste M., ab * bis zum Ende der Rd. wdh. (36 M.)

7. Rd.: *5 fe. M., 2 fe. M. in die nächste M., ab * bis zum Ende der Rd. wdh. (42 M.)

8. Rd.: *13 fe. M., 2 fe. M. in die nächste M., ab * bis zum Ende der Rd. wdh. (45 M.)

9.–16. Rd.: 1 fe. M. in jede M.

17. Rd.: 1 Kettm., 6 fe. M., 1 h. Stb., 10 Stb., 1 h. Stb., 6 fe. M., *1 Kettm. in die nächste M., 9 Lftm., 1 fe. M. in die zweite Lftm. von der Nadel aus, 1 fe. M. in jede Lftm., ab * bis zur letzten fe. M. wdh., 1 Kettm. (19 Haarlocken)

Faden lang abschneiden, durch die letzte M. ziehen und das lange Ende hängen lassen, um damit das Haar an den Kopf zu nähen.

HUT

1. Runde: Für den Hut in **Helltürkis** 6 fe. M. in einen Fadenring häkeln (6 M.)

2. Rd.: 2 fe. M. in jede M. (12 M.)

3. Rd.: 2 fe. M. in jede M. (24 M.)

4. Rd.: *3 fe. M., 2 fe. M. in die nächste M., ab * bis zum Ende der Rd. wdh. (30 M.)

5. Rd.: *4 fe. M., 2 fe. M. in die nächste M., ab * bis zum Ende der Rd. wdh. (36 M.)

6. Rd.: *5 fe. M., 2 fe. M. in die nächste M., ab * bis zum Ende der Rd. wdh. (42 M.)

7. Rd.: *2 fe. M., 2 fe. M. in die nächste M., ab * bis zum Ende der Rd. wdh. (56 M.)

8. Rd.: 1 fe. M. in jede M.

9. Rd.: 1 fe. M. in jede M., nur ins hMg.

10. Rd.: *6 fe. M., 2 fe. M. zus. abm., ab * bis zum Ende der Rd. wdh. (49 M.)

11.–15. Rd.: 1 fe. M. in jede M.

16. Rd.: Zu **Schwarz** wechseln, 1 fe. M. in jede M.

17. Rd.: 1 fe. M. in jede M.

18. Rd.: Zu **Helltürkis** wechseln, bei ALLEN Maschen nur ins hMg einstechen, 1 fe. M., *1 fe. M., 2 fe. M. in die nächste M., ab * bis zum Ende der Rd. wdh. (73 M.)

19. Rd.: 1 fe. M. in jede M.

20. Rd.: 1 fe. M., *2 fe. M., 2 fe. M. in die nächste M., ab * bis zum Ende der Rd. wdh. (97 M.)

21. Rd.: 1 fe. M. in jede M.

Faden abschneiden, durch die letzte M. ziehen und vernähen.

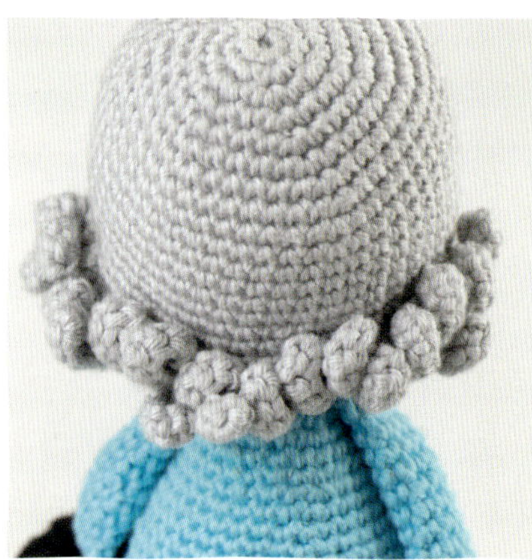

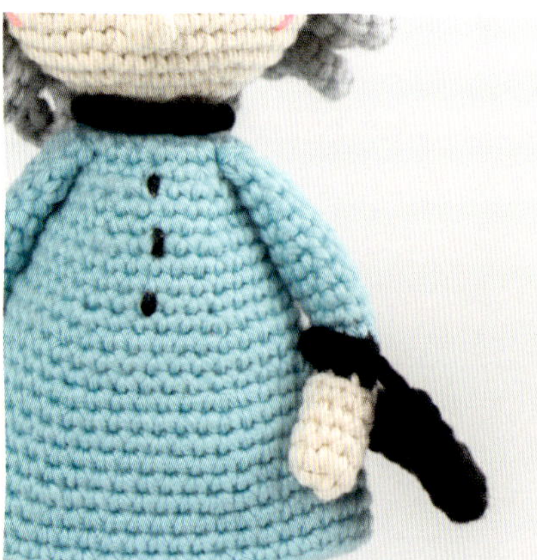

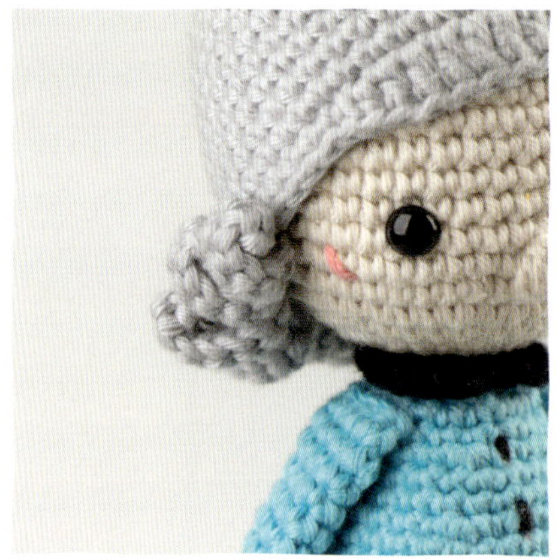

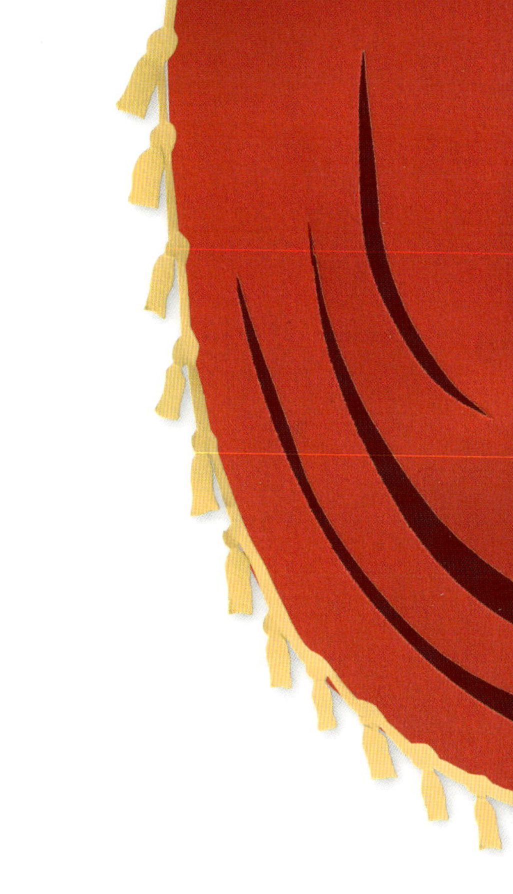

BLUMEN (EINE IN WEISS, EINE IN ROSA)

Genaue Fotos zur Anfertigung der Blumen siehe Techniken: Blumen häkeln.

1. Runde: In der gewählten Farbe 5 fe. M. in einen Fadenring (Magic Ring) häkeln. (5 M.)

2. Rd.: *1 Kettm. in die nächste M., 2 Lftm., Faden holen, Nadel in dieselbe M einstechen und Faden durch die M ziehen. Faden holen, Garn durch die ersten 2 Schlingen auf der Nadel ziehen. Faden holen, Nadel in dieselbe M. einstechen, Faden holen und durch die M. ziehen. Faden holen, Faden durch die ersten 2 Schlingen auf der Nadel ziehen. Faden holen, Faden durch die 3 restlichen Schlingen auf der Nadel ziehen, 2 Lftm., 1 Kettm. in dieselbe M, um das erste Blütenblatt fertigzustellen. Ab * noch 4 Mal wdh., um 5 Blütenblätter zu häkeln. Enden mit 1 Kettm. in die nächste M. (5 Blütenblätter).

Faden lang abschneiden, durch die letzte Masche ziehen und das lange Ende hängen lassen, um die Blume an den Hut zu nähen.

HANDTASCHE

1. Runde: Mit **schwarzem** Garn 7 Lftm., 2 fe. M. in die zweite Lftm. von der Nadel aus, 1 fe. M. in jede der nächsten 4 Lftm., 4 fe. M. in die letzte Lftm., wenden und auf der anderen Seite der Anschlagskette arbeiten, 1 fe. M. in jede der nächsten 4 Lftm., 2 fe. M. in die letzte Lftm. (16 M.)

2.–6. Rd.: 1 fe. M. in jede M.

Faden abschneiden, durch die letzte M. ziehen und vernähen.

HANDTASCHEN-HENKEL

Mit **schwarzem** Garn (am Anf. einen langen Faden hängen lassen) 15 Lftm. häkeln. Faden lang abschneiden, durch die letzte M. ziehen und das lange Ende hängen lassen.

Den Henkel an die Tasche nähen, hierzu die Fäden auf beiden Seiten verwenden.

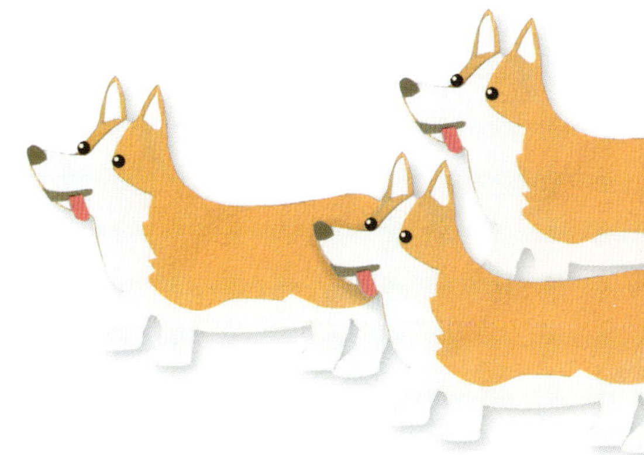

FERTIGSTELLUNG

Die Haare an den Kopf nähen (siehe Techniken: Das Haar annähen).

Die Arme seitlich an den Körper nähen (siehe Techniken: Die Arme annähen).

Die Blumen, leicht nach links versetzt, an den Hut nähen.

Die schwarze Handtasche am Arm platzieren und den Arm mit wenigen Stichen in der entsprechenden angewinkelten Position fixieren.

Alle Fäden nach innen in der Puppe vernähen.

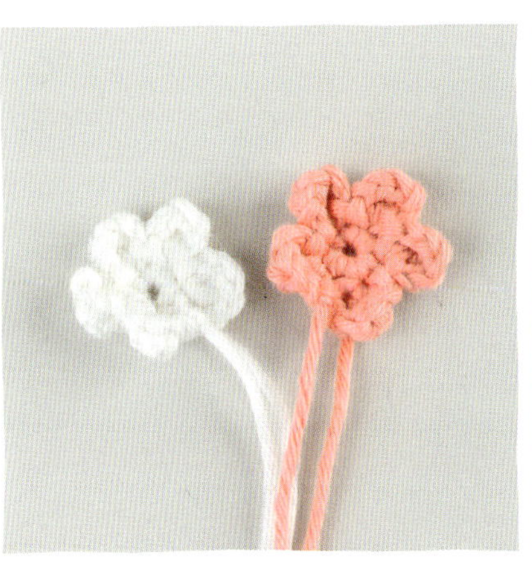

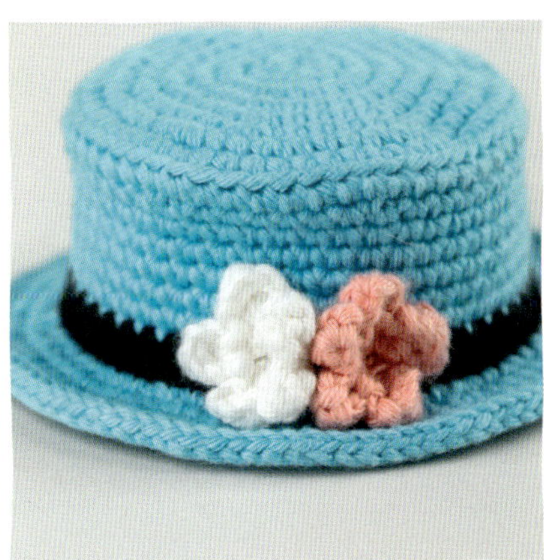

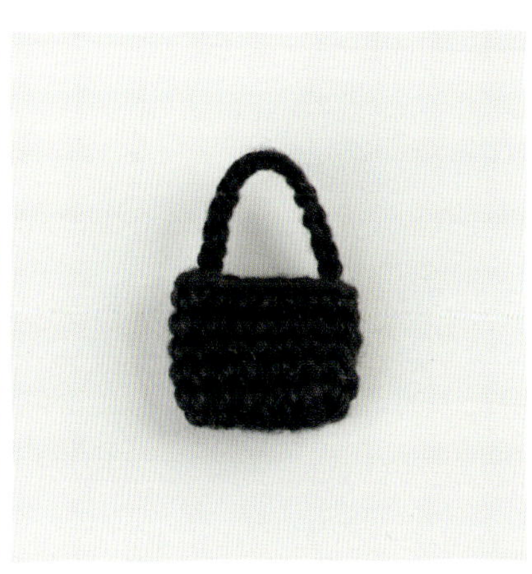

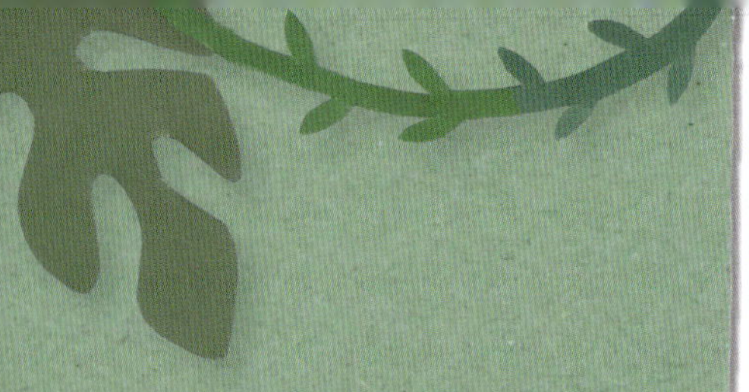

MATERIAL

FÜR JANE

Häkelnadel 2,5 mm

100 % 8-fädiges Baumwollgarn in den Farben: passende Hautfarbe, Hellblau, Beige, Hellbraun, Hellgrau, kleine Menge Rosa, Gelb (optional für die Umhängetasche)

Stumpfe Sticknadel

8 mm Sicherheitsaugen

Maschenmarkierer

Füllwatte

FÜR FLINT, JANES SCHIMPANSEN

Häkelnadel 2 mm

100 % 4-fädiges Baumwollgarn in den Farben: Beige, Dunkelbraun

6 mm Sicherheitsaugen

FERTIGE GRÖSSE

JANE

20 cm

FLINT

12 cm

Bitte beachten, dass der kleine Schimpanse Flint mit einer dünneren Häkelnadel und dünnerem Garn gehäkelt wird.

JANE GOODALL

Warum wurde Jane ausgewählt? Weil sie als weltweit führende Primatenforscherin neu definierte, wie Tiere in ihren natürlichen Habitaten erforscht werden können. Immer neugierig und unerschrocken, verbrachte sie viele Jahre isoliert mit wilden Schimpansen, tauchte ganz in deren Leben ein, um sie auf eine völlig ungewöhnliche und die Tiere nicht bedrohende Art und Weise zu beobachten. Ihre bahnbrechenden Forschungsergebnisse lieferten Antworten auf viele unbeantwortete Fragen zur Evolution des Menschen. Als weltweit engagierte Aktivistin kämpfte sie für das Tierwohl und für einen ethisch verantwortungsvollen Umgang mit allen Lebewesen. Ihre Stiftung setzt sich bis heute für den Erhalt der Umwelt ein.

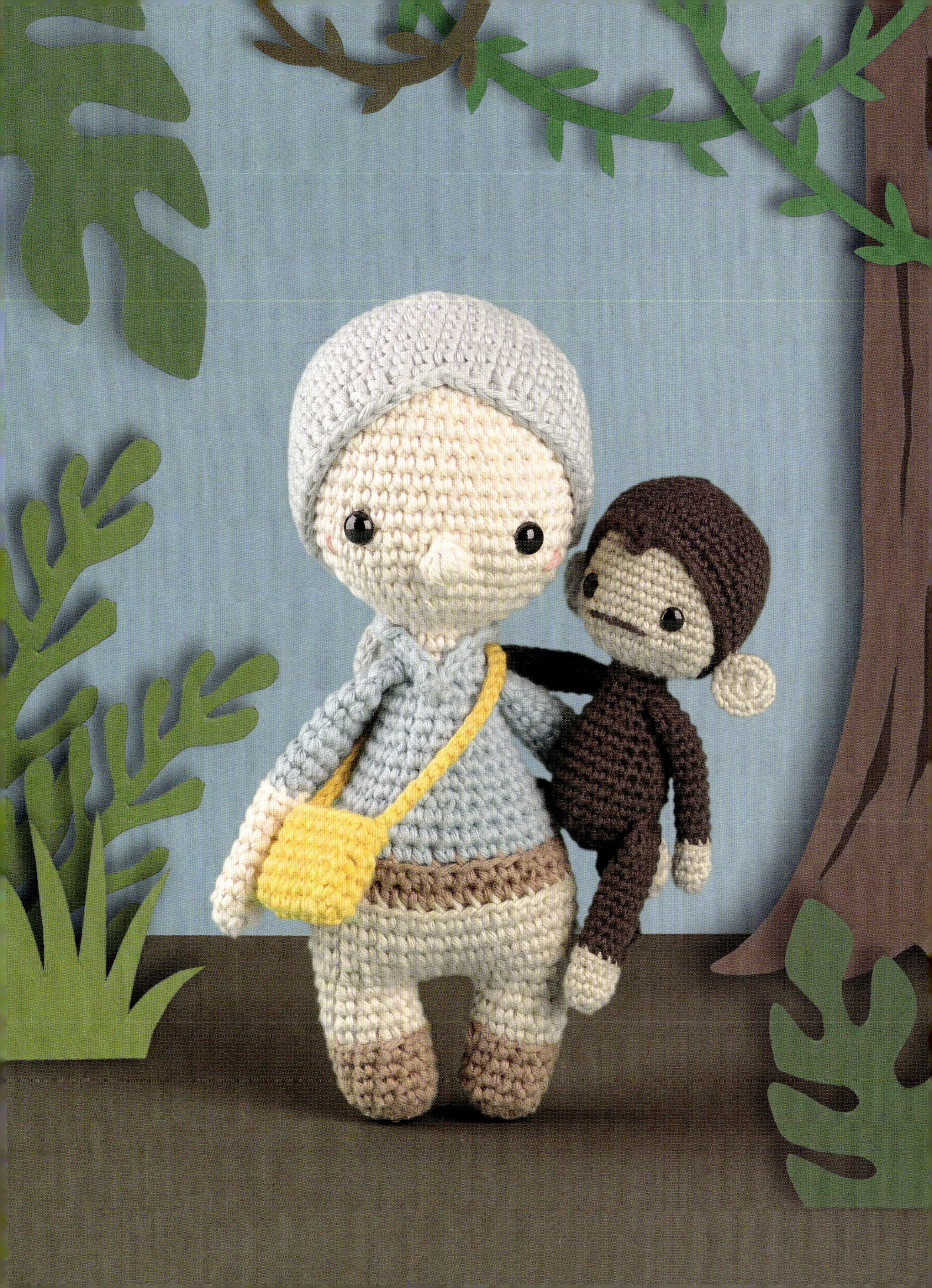

1. BEIN

1. Runde: Für die Stiefel in **Hellbraun** 6 fe. M. in einen Fadenring (Magic Ring) häkeln. (6 M.)

2. Rd.: 2 fe. M. in jede M. (12 M.)

3.–6. Rd.: 1 fe. M. in jede M.

7. Rd.: Für die Hose zu **Beige** wechseln, 1 fe. M. in jede M., nur ins hMg.

8. und 9. Rd.: 1 fe. M. in jede M.

Faden abschneiden, durch die letzte Masche ziehen und vernähen. Beiseitelegen.

2. BEIN

Wie das 1. Bein arbeiten, den Faden am Ende jedoch nicht abschneiden. Es geht direkt weiter mit dem Körper.

KÖRPER

10. Rd.: Mit dem 2. Bein noch auf der Nadel, 3 Lftm. und diese mit einer fe. M. mit dem 1. Bein verbinden (siehe Techniken: Die Beine miteinander verbinden). Hier einen Maschenmarkierer für den Anf. der Rd. anbringen, 11 fe. M. entlang des 1. Beins häkeln, 1 fe. M. in jede der 3 Lftm., 12 fe. M. entlang des 2. Beins und 1 fe. M. in die andere Seite jeder der 3 Lftm. (30 M.)

11. Rd.: *4 fe. M. 2 fe. M. in die nächste M., ab * bis zum Ende der Rd. wdh. (36 M.)

12.–15. Rd.: 1 fe. M. in jede M.

16. Rd.: Für den Gürtel zu **Hellbraun** wechseln, 1 fe. M. in jede M., nur ins hMg.

17. Rd.: *4 fe. M., 2 fe. M. zus. abm., ab * bis zum Ende der Rd. wdh. (30 M.)

18. Rd.: Für die Bluse zu **Hellblau** wechseln, 1 fe. M. in jede M., nur ins hMg.

19. und 20. Rd.: 1 fe. M. in jede M.

Jetzt die Beine fest ausstopfen.

21. Rd.: *3 fe. M., 2 fe. M. zus. abm., ab * bis zum Ende der Rd. wdh. (24 M.)

22. und 23. Rd.: 1 fe. M. in jede M.

24. Rd.: *2 fe. M., 2 fe. M. zus. abm., ab * bis zum Ende der Rd. wdh. (18 M.)

Den Körper jetzt fest ausstopfen.

25. und 26. Rd.: 1 fe. M. in jede M.

27. Rd.: *1 fe. M. 2 fe. M. zus. abm., ab * bis zum Ende der Rd. wdh. (12 M.)

28. Rd.: 1 fe. M. in jede M.

29. Rd.: 7 fe. M., zur **Hautfarbe** wechseln, 1 fe. M., zurück zu **Hellblau** wechseln, 4 fe. M.

30. Rd.: 6 fe. M., zur **Hautfarbe** wechseln, 3 fe. M. zurück zu **Hellblau** wechseln, 3 fe. M.

31. Rd.: 5 fe. M., zur **Hautfarbe** wechseln, 5 fe. M., zurück zu **Hellblau** wechseln, 2 fe. M.

Du solltest nun in der vorderen Mitte der Puppe ein Dreieck in Hautfarbe haben. Den Faden nicht abschneiden. Es geht direkt weiter mit dem Kopf.

»Jedes Individuum zählt. Jedes Individuum hat eine Rolle zu spielen. Jedes Individuum kann eine Veränderung bewirken.«

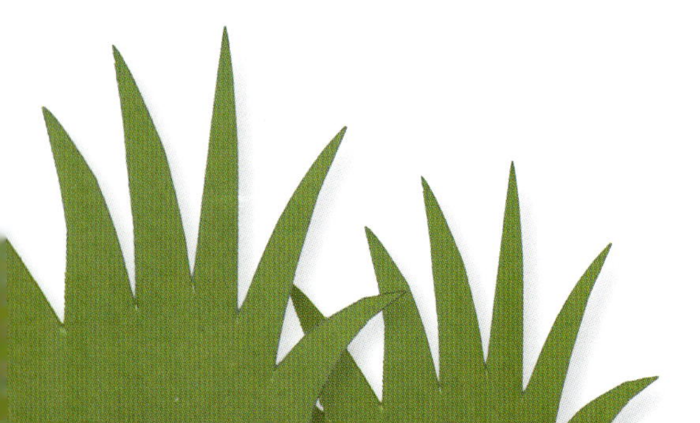

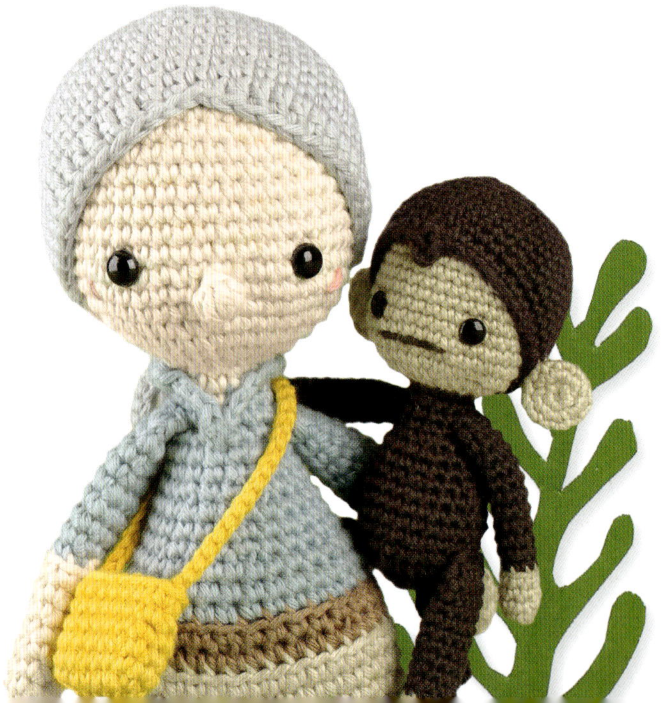

KOPF

32. Rd.: Zur **Hautfarbe** wechseln, 2 fe. M. in jede der 5 ersten M. (**hellblau**), nur ins hMg., 2 fe. M. in jede der folgenden 5 M. (**hautfarben**), dabei in beide Maschenglieder einstechen, 2 fe. M. in jede der letzten 2 M. (**hellblauen**), nur ins hMg. (24 M.)

33. Rd.: *3 fe. M., 2 fe. M. in die nächste M., ab * bis zum Ende der Rd. wdh. (30 M.)

Jetzt den Halsbereich fest ausstopfen.

34. Rd.: *4 fe. M., 2 fe. M. in die nächste M., ab * bis zum Ende der Rd. wdh. (36 M.)

35. Rd.: *5 fe. M., 2 fe. M. in die nächste M., ab * bis zum Ende der Rd. Wdh. (42 M.)

36. Rd.: 1 fe. M. in jede M.

37. Rd.: 26 fe. M., 1 Noppen-M. für die Nase (siehe Maschen: Noppenmasche), 1 fe. M. in jede M. bis zum Ende der Rd. Darauf achten, die Nase auf die Mitte der Beine und das hautfarbene Dreieck am Hals auszurichten und die Position falls nötig zu ändern.

Hier unterbrechen wir die Arbeit am Kopf, um den Ausschnitt von Janes Bluse zu häkeln. Die Masche auf der Häkelnadel mit einem Maschenmarkierer sichern.

Genaue Fotos dazu, wie ein Ausschnitt gearbeitet wird, siehe Techniken: einen V-Ausschnitt arbeiten.

Das hellblaue Garn 2 Rd. unter der Spitze des hautfarbenen Dreiecks ansetzen. Jeweils in die Zwischenräume zwischen den Maschen einstechen und 2 oberflächl. fe. M. häkeln bis zur unteren Spitze des Dreiecks. Nun der Diagonale des Dreiecks folgen, dabei die rechte Seite zuerst häkeln. 1 oberflächl. fe. M. zwischen jede Rd. häkeln, dabei die Nadel in die Zwischenräume zwischen den Rd. einstechen, bis die Rd. erreicht ist, wo sich die hellblauen vorderen Maschenglieder zeigen.

Nun 2 fe. M. in jedes vMg. der Bluse an Janes Hals häkeln, bis der Rand des Dreiecks auf der anderen Seite erreicht ist (14 M.). 5 oberflächl. fe. M. zwischen die Rd. häkeln, dabei der Diagonale des Dreiecks bis zur Anfangs-M. folgen und 1 Kettm. in die Anfangs-M. häkeln.

Faden abschneiden, durch die letzte M. ziehen und vernähen.

Nun arbeiten wir am Kopf weiter. Das hautfarbene Garn dort wieder ansetzen, wo die Arbeit am Kopf unterbrochen wurde.

38.–46. Rd.: 1 fe. M. in jede M.

47. Rd.: *5 fe. M., 2 fe. M. zus. abm., ab * bis zum Ende der Rd. wdh. (36 M.)

Jetzt damit beginnen, den Kopf auszustopfen.

48. Rd.: *4 fe. M., 2 fe. M. zus. abm., ab * bis zum Ende der Rd. wdh. (30 M.)

Eine Runde über der Nase die Sicherheitsaugen mit 8 cm Abstand voneinander anbringen, die Wangen mit rosa Garn aufsticken.

49. Rd.: *3 fe. M., 2 fe. M. zus. abm., ab * bis zum Ende der Rd. wdh. (24 M.)

50. Rd.: *2 fe. M., 2 fe. M. zus. abm., ab * bis zum Ende der Rd. wdh. (18 M.)

Fest ausstopfen.

51. Rd.: *1 fe. M., 2 fe. M. zus. abm., ab * bis zum Ende der Rd. wdh. (12 M.)

52. Rd.: 6 Mal (2 fe. M. zus. abm.). (6 M.)

Faden abschneiden, durch die letzte Masche ziehen und vernähen.

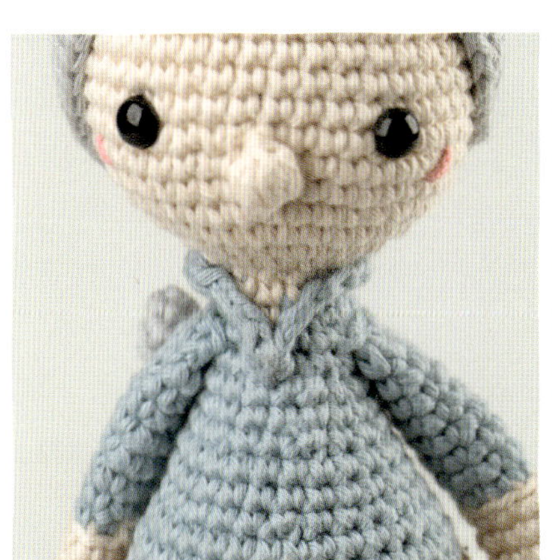

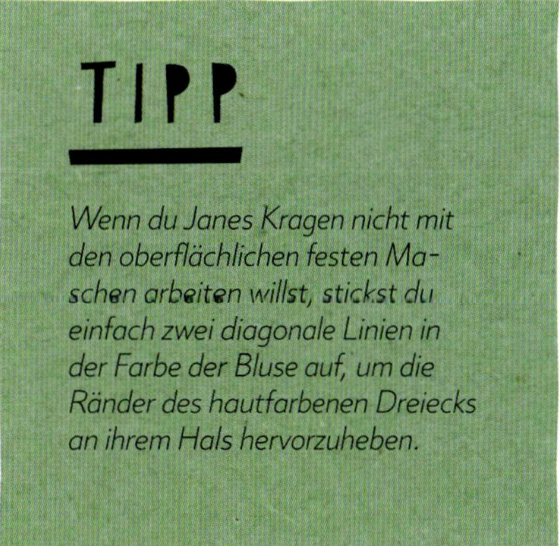

TIPP

Wenn du Janes Kragen nicht mit den oberflächlichen festen Maschen arbeiten willst, stickst du einfach zwei diagonale Linien in der Farbe der Bluse auf, um die Ränder des hautfarbenen Dreiecks an ihrem Hals hervorzuheben.

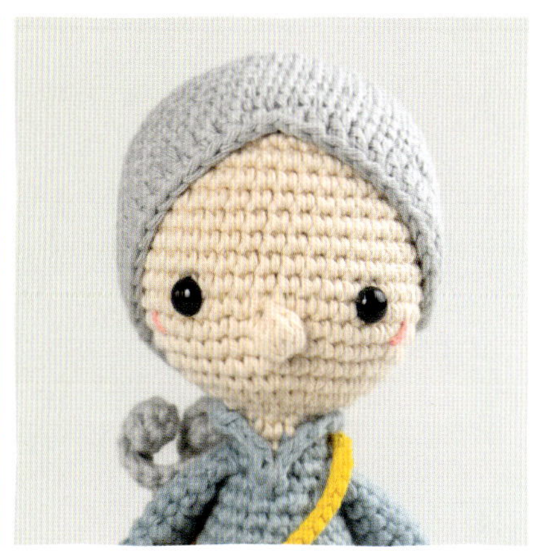

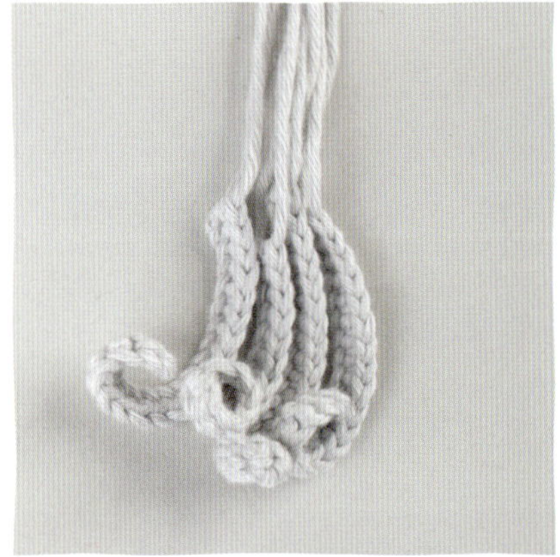

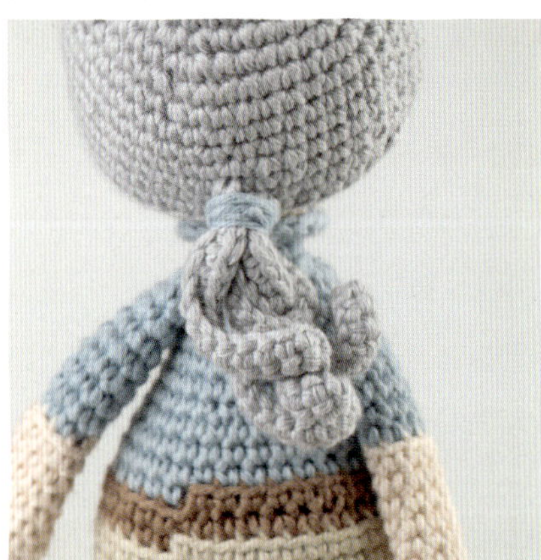

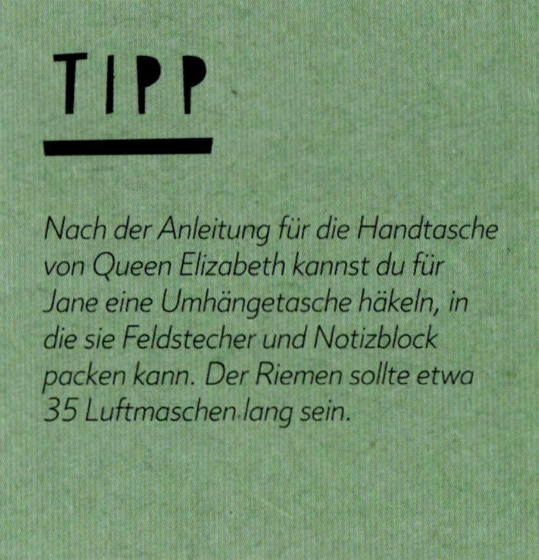

TIPP

Nach der Anleitung für die Handtasche von Queen Elizabeth kannst du für Jane eine Umhängetasche häkeln, in die sie Feldstecher und Notizblock packen kann. Der Riemen sollte etwa 35 Luftmaschen lang sein.

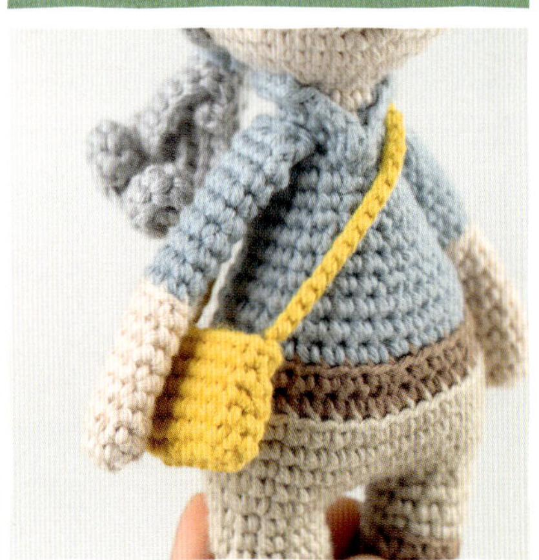

ARME (ZWEI ANFERTIGEN)

1. Runde: In der **Hautfarbe** 2 Lftm., 4 fe. M. in die zweite Lftm. von der Nadel aus. (4 M.)

2. Rd.: 2 fe. M. in jede M. (8 M.)

3.–8. Rd.: 1 fe. M. in jede M.

9. Rd.: Zu **Hellblau** wechseln, 1 fe. M. in jede M., nur ins hMg.

10.–17. Rd.: 1 fe. M. in jede M.

Die Arme müssen nicht ausgestopft werden.

18. Rd.: Mit den Fingern die Öffnung so zusammendrücken, dass jeweils 4 M. übereinanderliegen, beide Seiten zusammenhäkeln, indem 1 fe. M. in jedes dieser Maschenpaare gehäkelt wird (siehe Techniken: Die Arme schließen).

Faden lang abschneiden, durch die letzte M. ziehen und das lange Ende hängen lassen, um damit den Arm an den Körper zu nähen.

HAAR

1. Runde: Für das Haar in **Hellgrau** 6 fe M. in einen Fadenring (Magic Ring) häkeln. (6 M.)

2. Rd.: 2 fe. M. in jede M. (12 M.)

3. Rd.: *1 fe. M., 2 fe. M. in die nächste M., ab * bis zum Ende der Rd. wdh. (18 M.)

4. Rd.: *2 fe. M., 2 fe. M. in die nächste M., ab * bis zum Ende der Rd. wdh. (24 M.)

5. Rd.: *3 fe. M., 2 fe. M. in die nächste M., ab * bis zum Ende der Rd. wdh. (30 M.)

6. Rd.: *4 fe. M., 2 fe. M. in die nächste M., ab * bis zum Ende der Rd. wdh. (36 M.)

7. Rd.: *5 fe. M., 2 fe. M. in die nächste M., ab * bis zum Ende der Rd. wdh. (42 M.)

8. Rd.: *13 fe. M. 2 fe. M. in die nächste M. ab * bis zum Ende der Rd. wdh. (45 M.)

9.–15. Rd.: 1 fe. M. in jede M.

16. Rd.: 1 Kettm., *1 fe. M., 1 h. Stb., 10 Stb., 1 h. Stb., 1 fe. M., 1 Kettm., ab * noch einmal wdh., die restlichen M. bleiben unbearbeitet.

Faden lang abschneiden, durch die letzte M. ziehen und das lange Ende zum Annähen an den Kopf hängen lassen.

PFERDESCHWANZ-LOCKEN (VIER ANFERTIGEN)

1. Reihe: In **Hellgrau** 21 Lftm., 1 fe. M. in die zweite Lftm. von der Nadel aus, 1 fe. M. in jede Lftm. bis zum Ende der Reihe. (20 M.)

Faden lang abschneiden, durch die letzte M. ziehen und das lange Ende zum Annähen an den Kopf hängen lassen.

FERTIGSTELLUNG

Das Haar an Janes Kopf nähen (siehe Techniken: Das Haar annähen).

Die vier Haarlocken hinten an Janes Haar über dem Nacken annähen, um ihren typischen Pferdeschwanz zu bilden. Den Pferdeschwanz mit etwas **hellblauem** Garn zusammenbinden.

Die Arme seitlich an den Körper nähen (siehe Techniken: Die Arme annähen).

Alle Fadenenden nach innen in der Puppe vernähen.

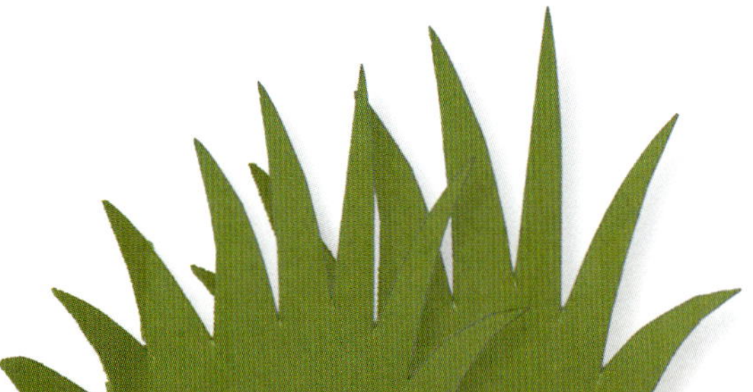

FLINT, JANES SCHIMPANSE

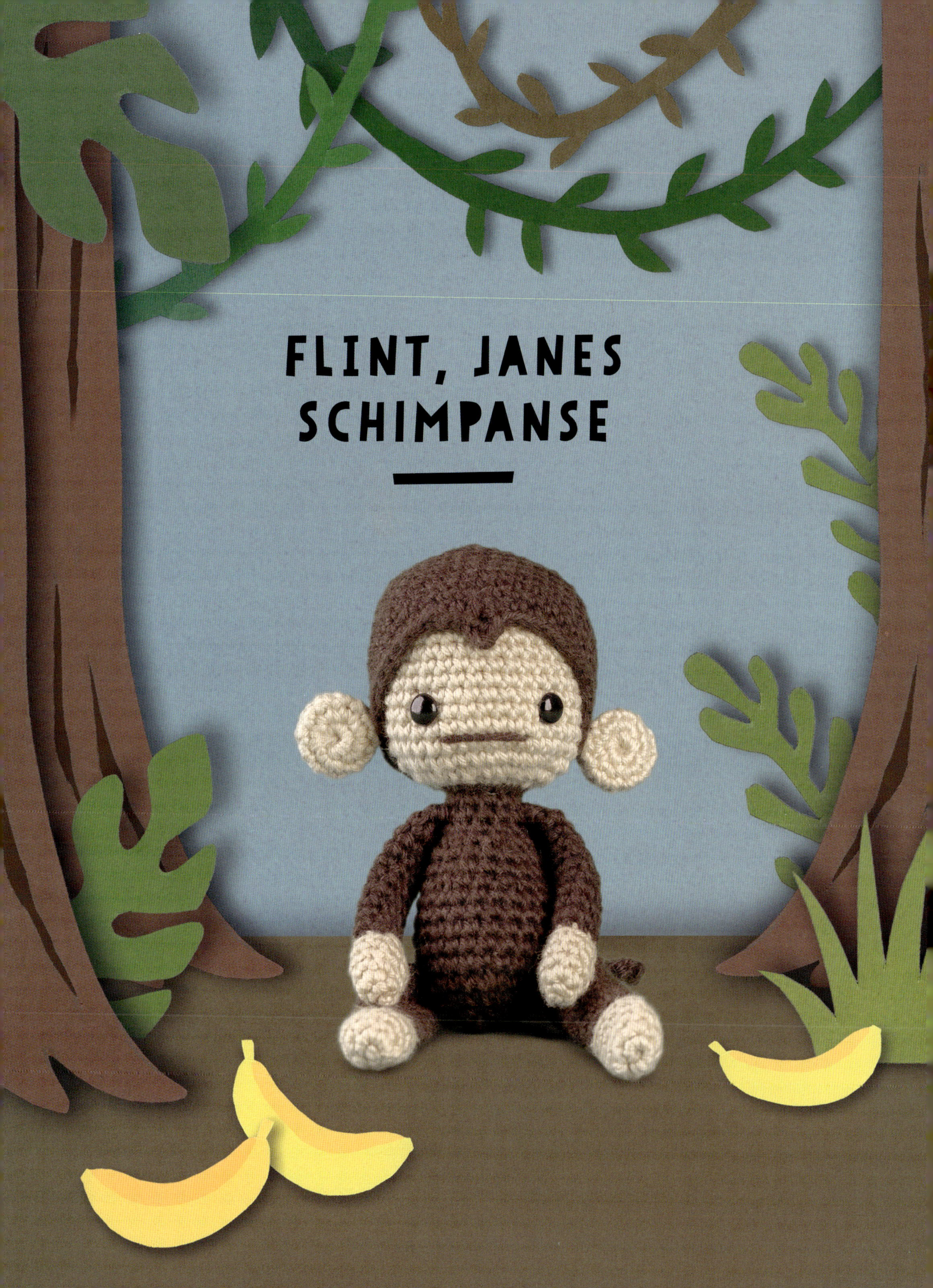

KÖRPER

1. Rd.: Für das Fell in **Dunkelbraun** 6 fe. M. in einen Fadenring (Magic Ring) häkeln. (6 M.)

2. Rd.: 2 fe. M. in jede M. (12 M.)

3. Rd.: *1 fe. M., 2 fe. M. in die nächste M., ab * bis zum Ende der Rd. wdh. (18 M.)

4. Rd.: *2 fe. M., 2 fe. M. in die nächste M., ab * bis zum Ende der Rd. wdh. (24 M.)

5.–9. Rd.: 1 fe. M. in jede M.

10. Rd.: *2 fe. M., 2 fe. M. zus. abm., ab * bis zum Ende der Rd. wdh. (18 M.)

11.–13. Rd.: 1 fe. M. in jede M.

Jetzt fest ausstopfen.

14. Rd.: *1 fe. M., 2 fe. M. zus. abm., ab * bis zum Ende der Rd. wdh. (12 M.)

15.–18. Rd.: 1 fe. M. in jede M.

Nun geht es weiter mit dem Kopf.

KOPF

19. Rd.: Zur **Hautfarbe** wechseln, 2 fe. M. in jede M., nur ins hMg. (24 M.)

20. Rd.: *1 fe. M., 2 fe. M. in die nächste M., ab * bis zum Ende der Rd. wdh. (36 M.)

Jetzt den Halsbereich fest ausstopfen.

21.–31. Rd.: 1 fe. M. in jede M.

Die Sicherheitsaugen mit 7 cm Abstand voneinander zwischen der 24. und 25. Rd. anbringen, das Maul mit **dunkelbraunem** Garn aufsticken

32. Rd.: *4 fe. M., 2 fe. M. zus. abm., ab * bis zum Ende der Rd. wdh. (30 M.)

33. Rd.: *3 fe. M., 2 fe. M. zus. abm., ab * bis zum Ende der Rd. wdh. (24 M.)

34. Rd.: *2 fe. M., 2 fe. M. zus. abm., ab * bis zum Ende der Rd. wdh. (18 M.)

Fest ausstopfen.

35. Rd.: *1 fe. M., 2 fe. M. zus. abm., ab * bis zum Ende der Rd. wdh. (12 M.)

36. Rd.: 6 Mal (2 fe. M. zus. abm.). (6 M.)

Faden abschneiden, durch die letzte M. ziehen und vernähen.

KOPFFELL

1. Runde: Für das Fell in **Dunkelbraun** 6 fe. M. in einen Fadenring (Magic Ring) häkeln. (6 M.)

2. Rd.: 2 fe. M. in jede M. (12 M.)

3. Rd.: *1 fe. M., 2 fe. M. in die nächste M., ab * bis zum Ende der Rd. wdh. (18 M.)

4. Rd.: *2 fe. M., 2 fe. M. in die nächste M., ab * bis zum Ende der Rd. wdh. (24 M.)

5. Rd.: *3 fe. M. 2 fe. M. in die nächste M., ab * bis zum Ende der Rd. wdh. (30 M.)

6. Rd.: *4 fe. M., 2 fe. M. in die nächste M., ab * bis zum Ende der Rd. wdh. (36 M.)

7. Rd.: *11 fe. M. 2 fe. M. in die nächste M., ab * bis zum Ende der Rd. wdh. (39 M.)

8.–14. Rd.: 1 fe. M. in jede M.

15. Rd.: *18 fe. M. 1 h. Stb., (1 h. Stb., 1 Picot [siehe Maschen: Picot], 1 h. Stb.) in die nächste M., 1 h. Stb., 18 fe. M.

Faden lang abschneiden, durch die letzte M. ziehen, das lange Ende hängen lassen, um damit das Fell an den Kopf zu nähen.

OHREN (ZWEI ANFERTIGEN)

1. Runde: In der **Hautfarbe** 6 fe. M. in einen Fadenring häkeln (6 M.)

2. Rd.: 2 fe. M. in jede M. (12 M.)

3. und 4. Rd.: 1 fe. M. in jede M.

5. Rd.: 6 mal (2 fe. M. zus. abm.). (6 M.)

Faden abschneiden, durch die letzte M. ziehen, mit den Fingern flach streichen und mit einer Sticknadel und wenigen Stichen fixieren. An einer Seite einen langen Faden hängen lassen, um das Ohr später an den Kopf zu nähen

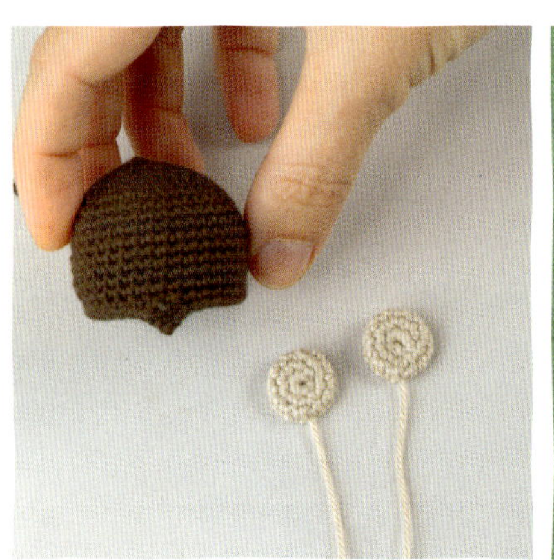

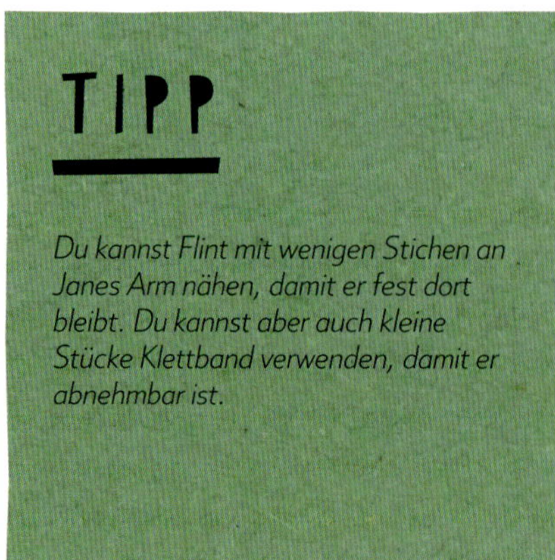

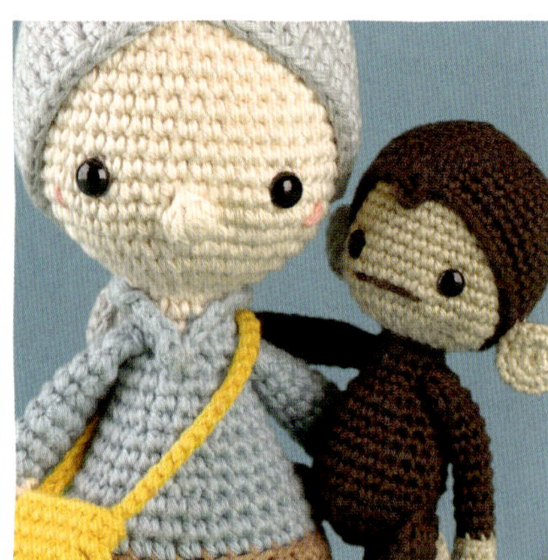

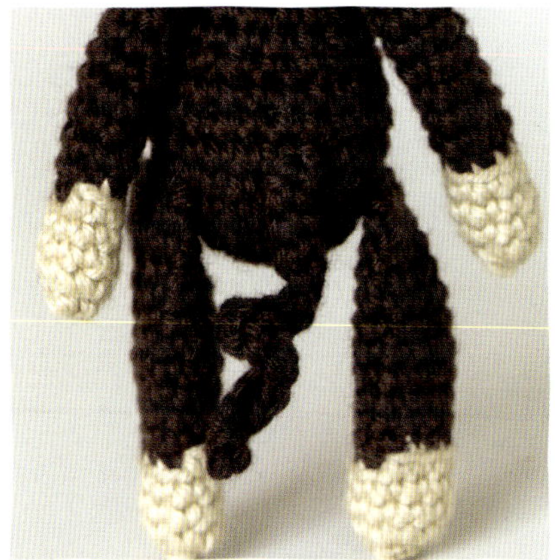

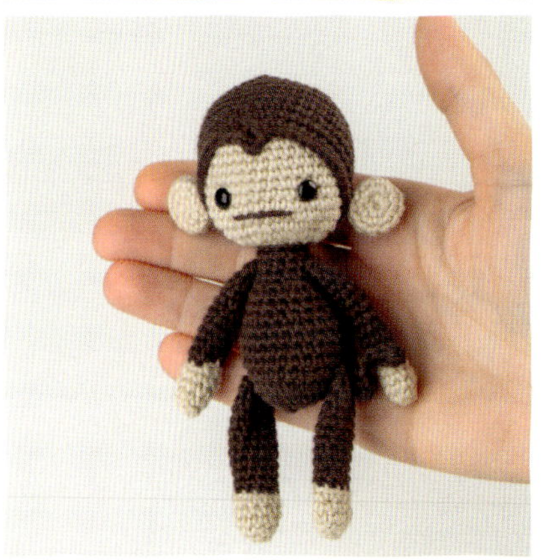

ARME (ZWEI ANFERTIGEN)

1. Runde: In der **Hautfarbe** 2 Lftm., 4 fe. M. in die zweite Lftm. von der Nadel aus. (4 M.)

2. Rd.: 2 fe. M. in jede M. (8 M.)

3.–5. Rd.: 1 fe. M. in jede M.

6. Rd.: Zu **Dunkelbraun** wechseln, 1 fe. M. in jede M., nur ins hMg.

Die Arme müssen nicht ausgestopft werden.

7.–15. Rd.: 1 fe. M. in jede M.

16. Rd.: Mit den Fingern die Öffnung so zusammendrücken, dass je 4 M. übereinanderliegen, beide Seiten zusammenhäkeln, indem 1 fe. M. in jedes dieser Maschenpaare gehäkelt wird (siehe Techniken: Die Arme schließen).

Faden lang abschneiden, durch die letzte M. ziehen und das lange Ende hängen lassen, um damit den Arm an den Körper zu nähen.

BEINE (ZWEI ANFERTIGEN)

1. Runde: In der **Hautfarbe** 5 fe. M. in einen Fadenring (Magic Ring) häkeln. (5 M.)

2. Rd.: 2 fe. M. in jede M. (10 M.)

3.–5. Rd.: 1 fe. M. in jede M.

6. Rd.: Zu **Dunkelbraun** wechseln, 1 fe. M. in jede M., nur ins hMg.

Die Beine müssen nicht ausgestopft werden.

7.–15. Rd.: 1 fe. M. in jede M.

16. Rd.: Mit den Fingern die Öffnung so zusammendrücken, dass jeweils 5 M. übereinanderliegen, beide Seiten zusammenhäkeln, indem 1 fe. M. in jedes dieser Maschenpaare gehäkelt wird (siehe Techniken: Die Arme schließen).

Faden lang abschneiden, durch die letzte M. ziehen und das lange Ende hängen lassen, um damit das Bein an den Körper zu nähen.

AFFENSCHWANZ

1. Reihe: Dunkelbraunes Garn nehmen, am Anfang ein langes Fadenstück hängen lassen, 21 Lftm., 1 fe M. in die zweite Lftm. von der Nadel aus, 1 fe. M. in jede Lftm. bis zum Ende der R. (20 M.)

Faden lang abschneiden, durch die letzte M. ziehen und ein langes Ende hängen lassen, um den Schwanz damit an den Körper zu nähen.

FERTIGSTELLUNG

Die Fellkappe auf den Affenkopf nähen. Die Ohren seitlich an den Kopf nähen.

Die Beine unten an den Körper nähen (siehe Techniken: Die Arme annähen).

Die Arme seitlich an den Körper nähen (siehe Techniken: Die Arme annähen).

Den Schwanz hinten an den Körper nähen. Alle Fäden nach innen in der Puppe vernähen.

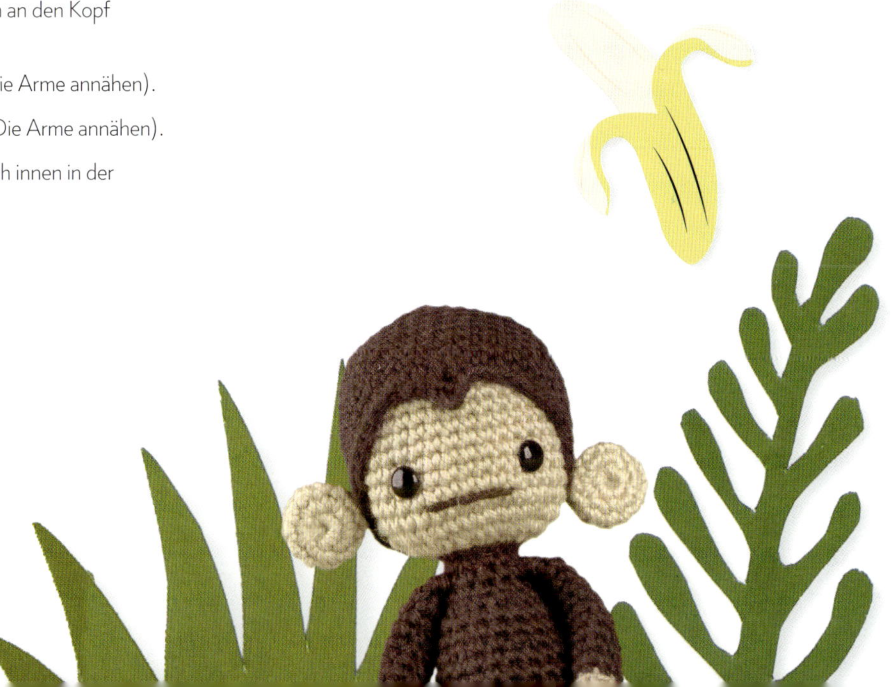

AUDREY HEPBURN

Warum wurde Audrey ausgewählt? Weil sie eine der bedeutendsten Stil-Ikonen Hollywoods ist und ihre Filme Klassiker wurden: »Ein Herz und eine Krone«, »Sabrina«, »Ein süßer Fratz«, »My Fair Lady«, »Frühstück bei Tiffany«. Bei allem Ruhm und Erfolg vergaß sie jedoch nie, was sie als Kind während des Zweiten Weltkriegs erlitten hatte. Nach und nach gab sie ihre Karriere als Schauspielerin auf, um sich bedürftigen Kindern zu widmen. Sie engagierte sich bei humanitären Projekten und wurde von UNICEF zur Sonderbotschafterin ernannt. Ihre letzten Lebensjahre widmete sie dem Besuch kranker Kinder in aller Welt, und sie nutzte ihre Berühmtheit, um auf hungernde Kinder aufmerksam zu machen.

MATERIAL

Häkelnadel 2,5 mm

100 % 8-fädiges Baumwollgarn in den Farben: passende Hautfarbe, Schwarz, Braun, Hellgrau oder Silber, kleine Menge Rosa

Stumpfe Sticknadel

8 mm Sicherheitsaugen

Maschenmarkierer

Füllwatte

FERTIGE GRÖSSE

20 cm

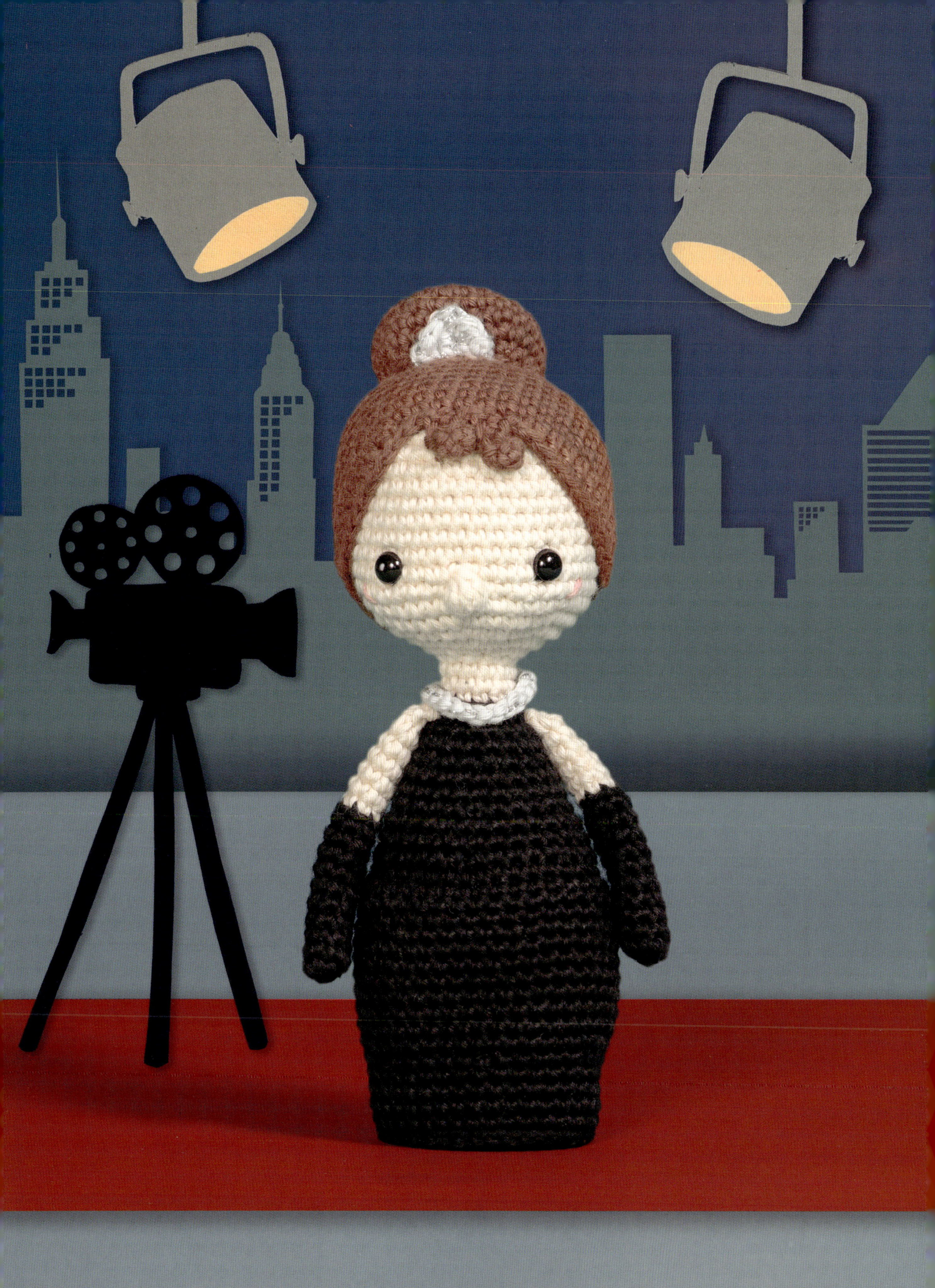

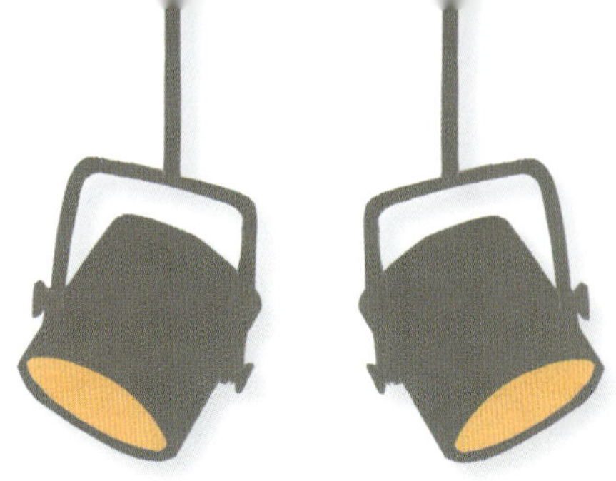

1. BEIN

1. Runde: In der **Hautfarbe** 6 fe. M. in einen Fadenring (Magic Ring) häkeln. (6 M.)

2. Rd.: 2 fe. M. in jede M. (12 M.)

3.–8. Rd.: 1 fe. M. in jede M.

9. Rd.: Für die Unterbekleidung zu **Schwarz** wechseln, 1 fe. M. in jede M., nur ins hMg.

Faden durch die letzte Masche ziehen. Beiseitelegen.

Hinweis: *Hubert de Givenchy entwarf das Kultkleid, das Audrey in der ersten Szene von Frühstück bei Tiffany trug. Auch wenn diese nicht zu sehen ist, verlangt ein solches Kleid schwarze Unterbekleidung: Nicht in Weiß arbeiten!*

2. BEIN

Wie das 1. Bein arbeiten, am Ende den Faden jedoch nicht abschneiden. Es geht direkt weiter mit dem Körper.

KÖRPER

10. Rd.: Mit dem 2. Bein noch auf der Nadel, 3 Lftm. und diese mit 1 fe. M. mit dem 1. Bein verbinden (siehe Techniken: Die Beine miteinander verbinden), hier nun einen Maschenmarkierer für den Anf. der Rd. anbringen, 11 fe. M. entlang des 1. Beins häkeln, 1 fe. M. in jede der 3 Lftm., 12 fe. M. entlang des 2. Beins und 1 fe. M. in die andere Seite jeder der 3 Lftm. (30 M.)

11. Rd.: *4 fe. M., 2 fe. M. in die nächste M., ab * bis zum Ende der Rd. wdh. (36 M.)

12.–16. Rd.: 1 fe. M. in jede M.

17. Rd.: 1 fe. M. in jede M., nur ins hMg.

Jetzt die Beine fest ausstopfen.

18. Rd.: *4 fe. M., 2 fe. M. zus. abm., ab * bis zum Ende der Rd. wdh. (30 M.)

19. und 20. Rd.: 1 fe. M. in jede M.

21. Rd.: *3 fe. M., 2 fe. M. zus. abm., ab * bis zum Ende der Rd. wdh. (24 M.)

22. und 23. Rd.: 1 fe. M. in jede M.

24. Rd.: *2 fe. M., 2 fe. M. zus. abm., ab * bis zum Ende der Rd. wdh. (18 M.)

Jetzt den Körper fest ausstopfen.

25. und 26. Rd.: 1 fe. M. in jede M.

27. Rd.: *1 fe. M., 2 fe. M. zus. abm., ab * bis zum Ende der Rd. wdh. (12 M.)

28. Rd.: Zur **Hautfarbe** wechseln, 1 fe. M. in jede M., nur ins hMg. einstechen.

29.–31. Rd.: 1 fe. M. in jede M.

Den Faden nicht abschneiden. Es geht direkt weiter mit dem Kopf.

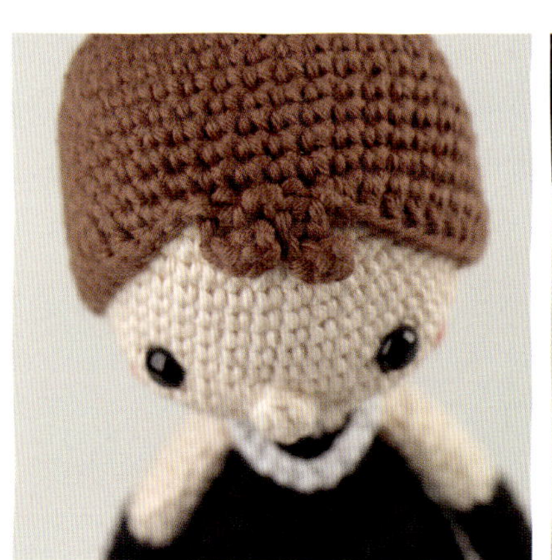

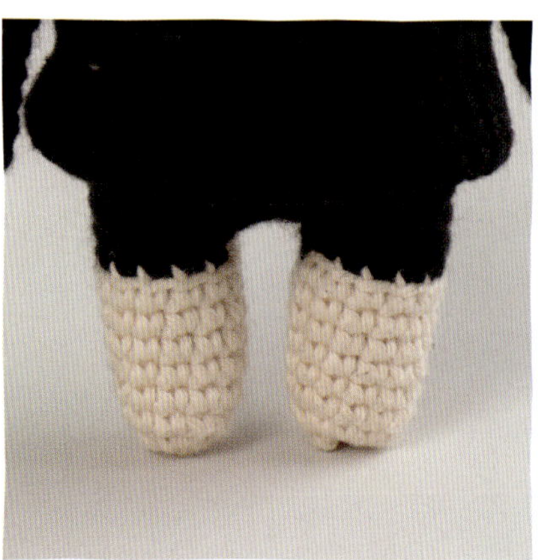

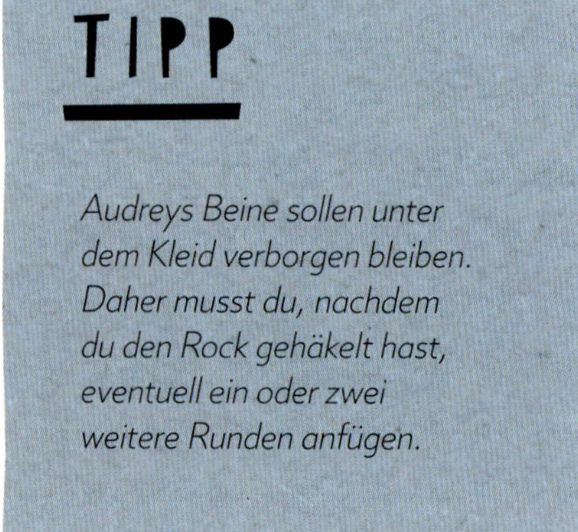

TIPP

Audreys Beine sollen unter dem Kleid verborgen bleiben. Daher musst du, nachdem du den Rock gehäkelt hast, eventuell ein oder zwei weitere Runden anfügen.

KOPF

32. Runde: 2 fe. M. in jede M. (24 M.)

33. Rd.: *3 fe. M., 2 fe. M. in die nächste M., ab * bis zum Ende der Rd. wdh. (30 M.)

Jetzt den Halsbereich fest ausstopfen.

34. Rd.: *4 fe. M., 2 fe. M. in die nächste M., ab * bis zum Ende der Rd. wdh. (36 M.)

35. Rd.: *5 fe. M., 2 fe. M. in die nächste M., ab * bis zum Ende der Rd. wdh. (42 M.)

36. Rd.: 1 fe. M. in jede M.

37. Rd.: 26 fe. M., 1 Noppen-M. für die Nase (siehe Maschen: Noppenmasche), 1 fe. M. in jede M. bis zum Ende der Rd. Darauf achten, die Nase auf die Mitte der Beine auszurichten und die Platzierung falls nötig zu ändern.

38.–46. Rd.: 1 fe. M. in jede M.

47. Rd.: *5 fe. M., 2 fe. M. zus.abm., ab * bis zum Ende der Rd. wdh. (36 M.)

Jetzt anfangen, den Kopf auszustopfen.

48. Rd.: *4 fe. M., 2 fe. M. zus. abm., ab * bis zum Ende der Rd. wdh. (30 M.)

Eine Runde über der Nase die Sicherheitsaugen mit 8 cm Abstand voneinander anbringen, die Wangen mit **rosa** Garn aufsticken.

49. Rd.: *3 fe. M., 2 fe. M. zus. abm., ab * bis zum Ende der Rd. wdh. (24 M.)

50. Rd.: *2 fe. M., 2 fe. M. zus. ab., ab * bis zum Ende der Rd. wdh. (18 M.)

Fest ausstopfen.

51. Rd.: *1 fe. M., 2 fe. M. zus. abm., ab * bis zum Ende der Rd. wdh. (12 M.)

52. Rd.: 6 Mal (2 fe. M. zus. abm.). (6 M.)

Faden abschneiden, durch die letzte M. ziehen und Fäden vernähen.

ROCK VON AUDREYS GIVENCHY-KLEID

Den Körper auf den Kopf stellen und **schwarzes** Garn in einem der vorderen Maschenglieder der 17. Rd. auf der Körperrückseite ansetzen.

1. Runde: 1 fe. M. in jede M. der 17. Rd., nur ins vMg. (36 M.)

2. und 3. Rd.: 1 fe. M. in jede M.

4. Rd.: *5 fe. M., 2 fe. M. in die nächste M., ab * bis zum Ende der Rd. wdh. (42 M.)

5.–11. Rd.: 1 fe. M. in jede M.

12. Rd.: *5 fe. M., 2 fe. M. zus. abm., ab * bis zum Ende der Rd. wdh. (36 M.)

13.–16. Rd.: 1 fe. M. in jede M.

17. Rd.: 1 Kettm. in jede M.

Faden abschneiden, durch die letzte M. ziehen und vernähen.

ARME (ZWEI ANFERTIGEN)

1. Runde: In **Schwarz** für die Handschuhe 2 Lftm., 4 fe. M. in die zweite Lftm. von der Nadel aus. (4 M.)

2. Rd.: 2 fe. M. in jede M. (8 M.)

3.–11. Rd.: 1 fe. M. in jede M.

12. Rd.: Zur **Hautfarbe** wechseln, 1 fe. M. in jede M., nur ins hMg.

13.–17. Rd.: 1 fe. M. in jede M.

Die Arme müssen nicht ausgestopft werden.

18. Rd.: Mit den Fingern die Öffnung so zusammendrücken, dass jeweils 4 M. übereinanderliegen, beide Seiten zusammenhäkeln, indem 1 fe. M. in jedes dieser Maschenpaare gehäkelt wird (siehe Techniken: Die Arme schließen).

Faden lang abschneiden, durch die letzte M. ziehen und das lange Ende hängen lassen, um damit den Arm an den Körper zu nähen.

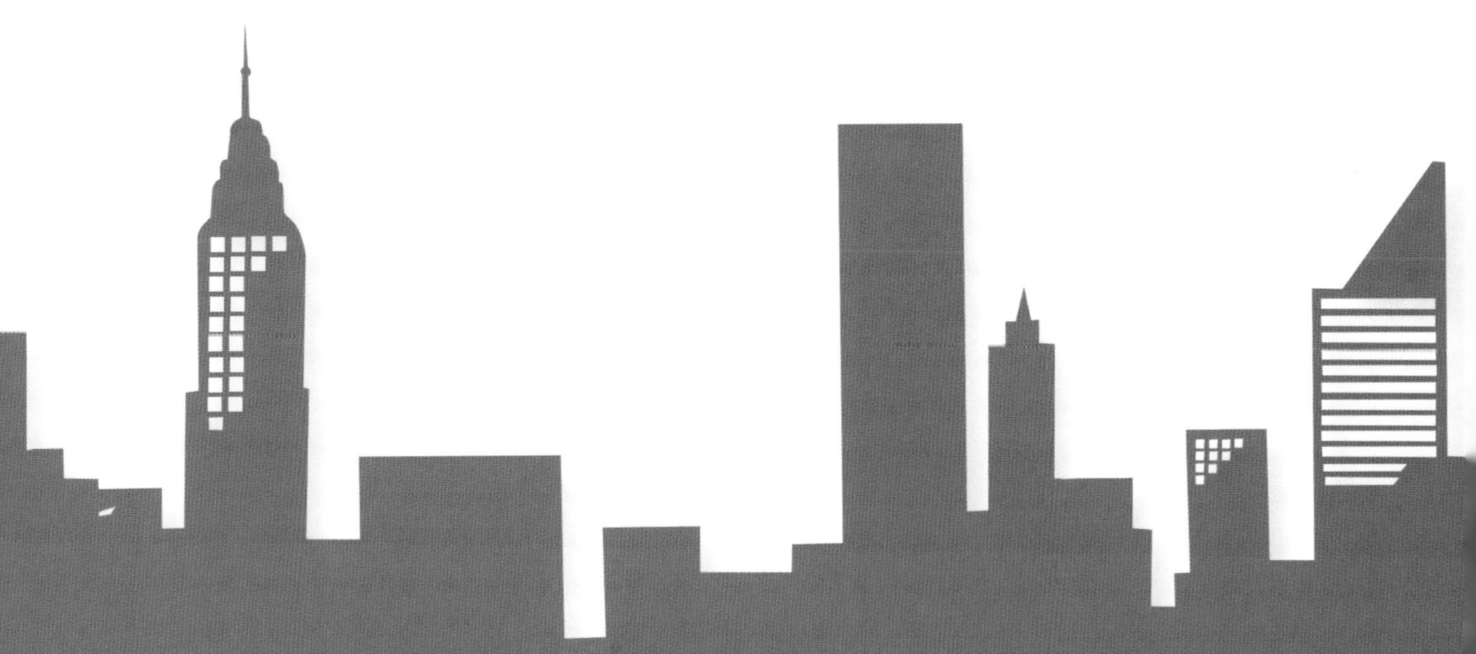

HAAR

1. Runde: Für das Haar in **Braun** 6 fe. M. in einen Fadenring (Magic Ring) häkeln. (6 M.)

2. Rd.: 2 fe. M. in jede M. (12 M.)

3. Rd.: *1 fe. M., 2 fe. M. in die nächste M., ab * bis zum Ende der Rd. wdh. (18 M.)

4. Rd.: *2 fe. M., 2 fe. M. in die nächste M., ab * bis zum Ende der Rd. wdh. (24 M.)

5. Rd.: *3 fe. M., 2 fe. M. in die nächste M., ab * bis zum Ende der Rd. wdh. (30 M.)

6. Rd.: *4 fe. M., 2 fe. M. in die nächste M., ab * bis zum Ende der Rd. wdh. (36 M.)

7. Rd.: *5 fe. M., 2 fe. M. in die nächste M., ab * bis zum Ende der Rd. wdh. (42 M.)

8. Rd.: *13 fe. M., 2 fe. M. in die nächste M., ab * bis zum Ende der Rd. wdh. (45 M.)

9.–15. Rd.: 1 fe. M. in jede M.

16. Rd.: 1 Kettm., 1 fe. M., 1 h. Stb., 8 Stb., 1 h. Stb., 1 fe. M., 2 Kettm., *6 Lftm., 1 fe. M. in die zweite Lftm. von der Nadel aus, 1 fe. M. in jede folgende Lftm. (5 M.), 2 Kettm., ab * 2 Mal wdh., 1 fe. M., 1 h. Stb., 8 Stb., 1 h. Stb., 1 fe. M., 1 Kettm. Die restlichen M. der Rd. unbearbeitet lassen.

Faden lang abschneiden, durch die letzte M. ziehen, das lange Ende hängen lassen, um damit das Haar an den Kopf zu nähen.

HAARDUTT

1. Runde: In **Braun** 6 fe. M. in einen Fadenring (Magic Ring) häkeln. (6 M.)

2. Rd.: 2 fe. M. in jede M. (12 M.)

3. Rd.: *1 fe. M., 2 fe. M. in die nächste M., ab * bis zum Ende der Rd. wdh. (18 M.)

4. Rd.: *2 fe. M., 2 fe. M. in die nächste M., ab * bis zum Ende der Rd. wdh. (24 M.)

5. Rd.: *3 fe. M. 2 fe. M. in die nächste M., ab * bis zum Ende der Rd. wdh. (30 M.)

6.–8. Rd.: 1 fe. M. in jede M.

9. Rd.: *3 fe. M., 2 fe. M. zus. abm., ab * bis zum Ende der Rd. wdh. (24 M.)

Faden lang abschneiden, durch die letzte M. ziehen, das lange Ende hängen lassen, um damit den Dutt an den Kopf zu nähen.

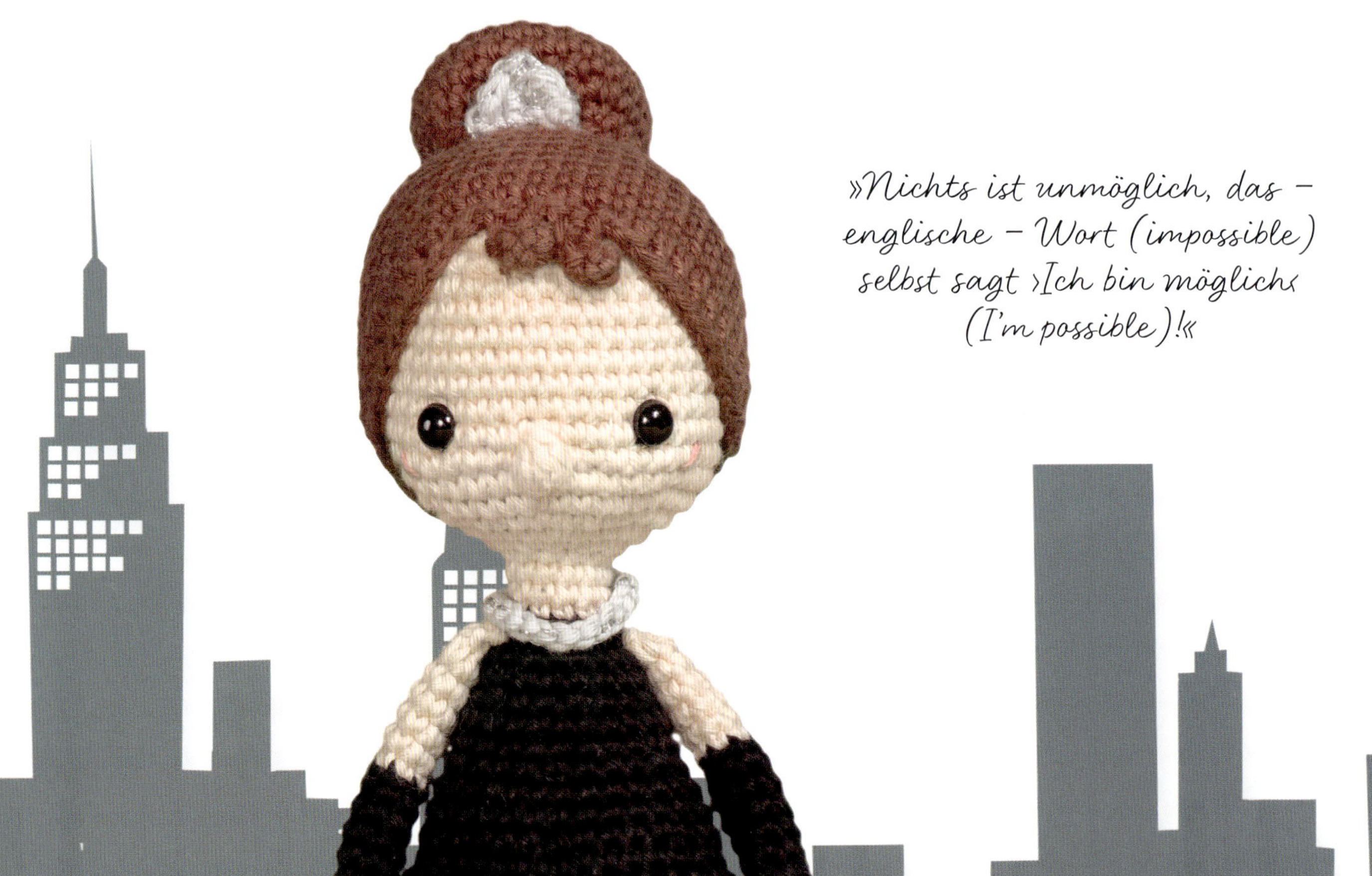

»Nichts ist unmöglich, das – englische – Wort (impossible) selbst sagt ›Ich bin möglich‹ (I'm possible)!«

TIARA

1. Reihe: Mit **hellgrauem** oder **silbernem** Garn 6 Lftm., 1 Kettm. in die zweite Lftm. von der Nadel aus, 1 fe. M., (1 h. Stb. 1 Stb. 1 h. Stb.) in 1 M., 1 fe. M., 1 Kettm. (7 M.)

Faden lang abschneiden, durch die letzte M. ziehen und das lange Ende hängen lassen, um damit die Tiara an den Kopf zu nähen.

HALSKETTE

Mit **hellgrauem** oder **silbernem** Garn ein langes Ende am Anfang hängen lassen, dann 24 Lftm. häkeln.

Faden lang abschneiden, durch die letzte M. ziehen und das lange Ende hängen lassen.

FERTIGSTELLUNG

Das Haar an den Kopf nähen (siehe Techniken: Das Haar annähen).

Die Arme seitlich an den Körper nähen (siehe Techniken: Die Arme annähen).

Den Haardutt ausstopfen und ganz oben auf Audreys Haar nähen.

Die Tiara zwischen Haar und Haardutt festnähen.

Die Halskette um Audreys Hals knoten.

Alle Fäden nach innen in der Puppe vernähen.

TIPP

Du bekommst kein Silbergarn, willst aber, dass Tiara und Halskette funkeln? Dann verwende zum Häkeln silbernes Stickgarn zusammen mit hellgrauem Häkelgarn.

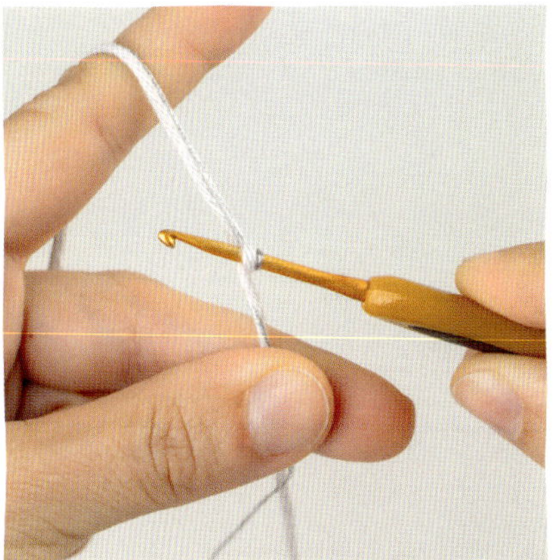

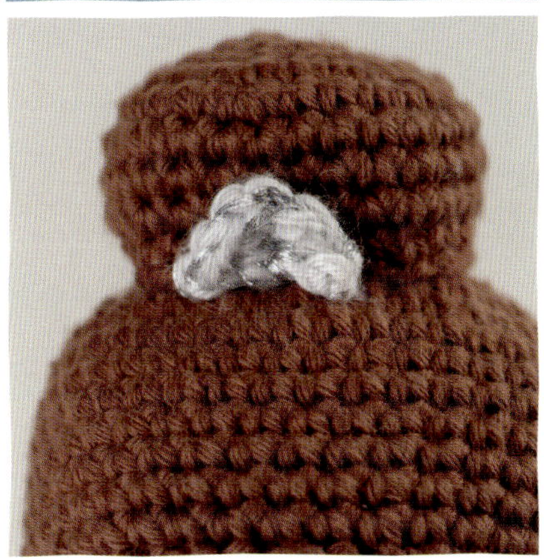

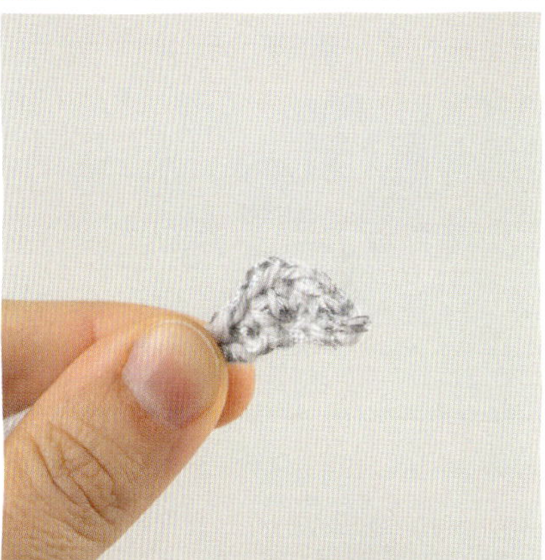

TIPP

Audreys Halskette lässt sich auch mit Glasperlen oder winzigen Kunststoffperlen anfertigen. Die Halskette, die sie im Film »Frühstück bei Tiffany« trug, hatte tatsächlich eine große Brosche in der Mitte und mehrere Perlenstränge.

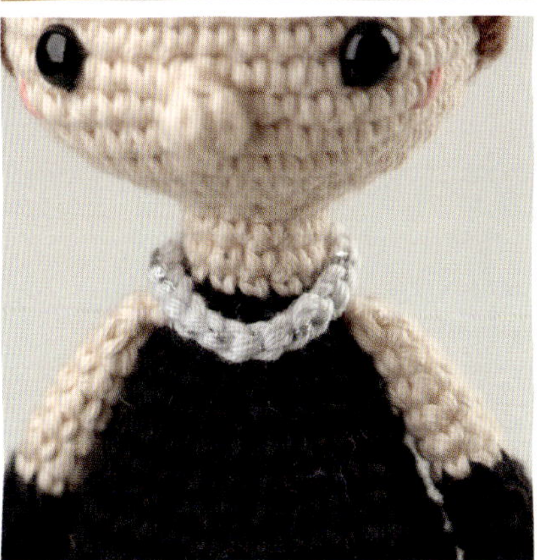

MATERIAL

Häkelnadel 2,5 mm

100 % 8-fädiges Baumwollgarn in den Farben: passende Hautfarbe, Schwarz, Weiß, kleine Menge Rosa

Stumpfe Sticknadel

8 mm Sicherheitsaugen

Maschenmarkierer

Füllwatte

FERTIGE GRÖSSE

20 cm

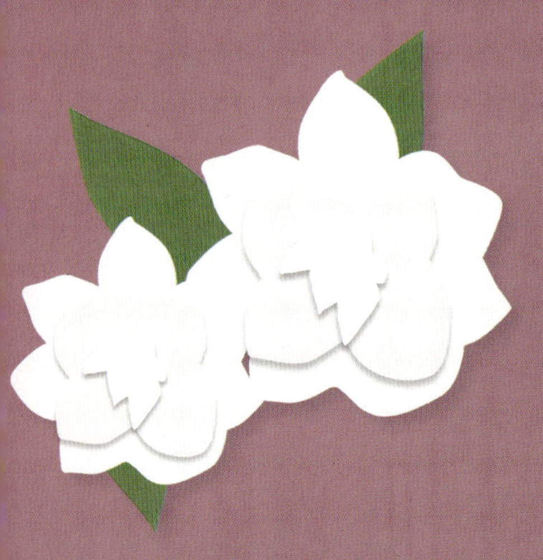

BILLIE HOLIDAY

Warum wurde Billie ausgewählt? Weil sie eine der einflussreichsten Jazzsängerinnen aller Zeiten ist, an der sich bis heute die ihr nachfolgenden Sängerinnen messen lassen müssen. Trotz ihrer schwierigen Kindheit und Jugend erreichte sie es durch ihre ausdrucksstarke Stimme und ihr beeindruckendes Improvisationstalent, mit den bedeutendsten Namen im Jazz aufzutreten. Aber wie erfolgreich sie auch war: In den Zeiten der Rassentrennung, lange vor der heutigen »Black Lives Matter«-Bewegung, wurde sie auf ihren Tourneen ständig diskriminiert. Doch davon ließ sie sich nicht einschüchtern. Im Gegenteil: Ihre ergreifende Interpretation des Songs »Strange Fruit«, eine bewegende Anklage rassistisch motivierter Lynchjustiz, machte sie auf der ganzen Welt berühmt.

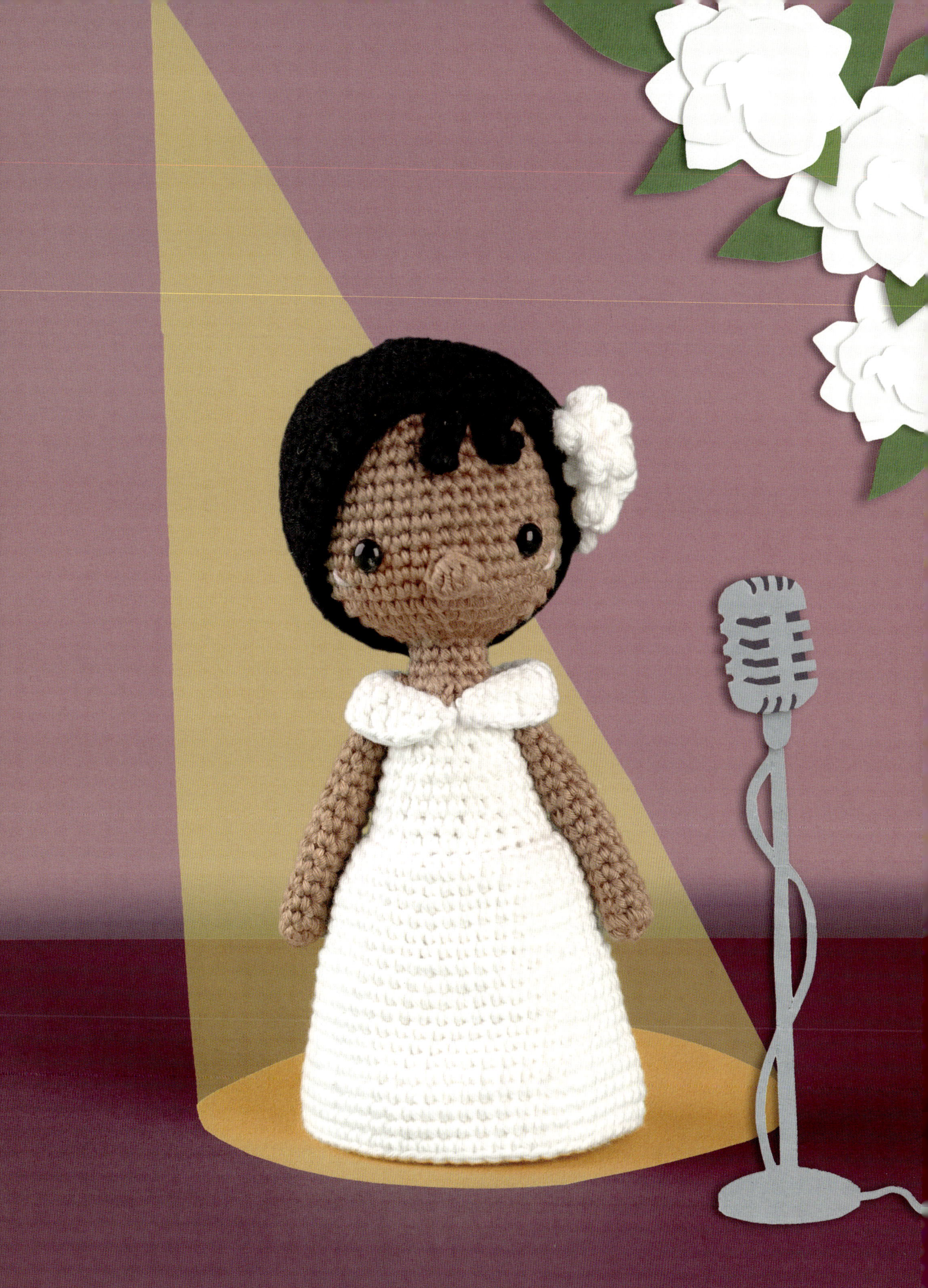

1. BEIN

1. Runde: In der **Hautfarbe** 6 fe. M. in einen Fadenring (Magic Ring) häkeln. (6 M.)

2. Rd.: 2 fe. M. in jede M. (12 M.)

3.–8. Rd.: 1 fe. M. in jede M.

9. Rd.: Für die Unterbekleidung zu **Weiß** wechseln, 1 fe. M. in jede M., nur ins hMg.

Faden abschneiden, durch die letzte M. ziehen und vernähen. Beiseitelegen.

2. BEIN

Wie das 1. Bein arbeiten, nur am Ende den Faden nicht abschneiden. Es geht direkt weiter mit dem Körper.

KÖRPER

10. Rd.: Mit dem 2. Bein noch auf der Nadel, 3 Lftm. und diese mit 1 fe. M. mit dem 1. Bein verbinden (siehe Techniken: Die Beine miteinander verbinden), hier einen Maschenmarkierer anbringen, um den Anf. der Rd. zu markieren, 11 fe. M. entlang des 1. Beins häkeln, 1 fe. M. in jede der 3 Lftm., 12 fe. M. entlang des 2. Beins und 1 fe. M. in die andere Seite jeder der 3 Lftm. (30 M.)

11. Rd.: *4 fe. M., 2 fe. M. in die nächste M., ab * bis zum Ende der Rd. wdh. (36 M.)

12.–15. Rd.: 1 fe. M. in jede M.

16. Rd.: Zur **Hautfarbe** wechseln, 1 fe. M. in jede M., nur ins hMg.

Jetzt die Beine fest ausstopfen.

17. Rd.: *4 fe. M., 2 fe. M. zus. abm., ab * bis zum Ende der Rd. wdh. (30 M.)

18. Rd.: Zu **Weiß** wechseln, 1 fe. M. in jede M., nur ins hMg.

19. Rd.: 1 fe. M. in jede M., aber nur ins hMg.

20. Rd.: *3 fe. M., 2 fe. M. zus. abm., ab * bis zum Ende der Rd. wdh. (24 M.)

21.–23. Rd.: 1 fe. M. in jede M.

24. Rd.: *2 fe. M., 2 fe. M. zus. abm., ab * bis zum Ende der Rd. wdh. (18 M.)

Jetzt den Körper fest ausstopfen.

25. und 26. Rd.: 1 fe. M. in jede M.

27. Rd.: Zur **Hautfarbe** wecheln, 1 fe. M. in jede M., nur ins hMg.

28. Rd.: *1 fe. M., 2 fe. M. zus. abm., ab * bis zum Ende der Rd. wdh. (12 M.)

29.–31. Rd.: 1 fe. M. in jede M.

Den Faden nicht abschneiden. Es geht direkt weiter mit dem Kopf.

KOPF

32. Rd.: 2 fe. M. in jede M. (24 M.)

33. Rd.: *3 fe. M., 2 fe. M. in die nächste M., ab * bis zum Ende der Rd. wdh. (30 M.)

Jetzt den Halsbereich fest ausstopfen.

34. Rd.: *4 fe. M., 2 fe. M. in die nächste M., ab * bis zum Ende der Rd. wdh. (36 M.)

35. Rd.: *5 fe. M., 2 fe. M. in die nächste M., ab * bis zum Ende der Rd. wdh. (42 M.)

36. Rd.: 1 fe. M. in jede M.

37. Rd.: 26 fe. M., 1 Noppen-M. für die Nase (siehe Maschen: Noppenmasche), 1 fe. M. in jede M. bis zum Ende der Rd. Darauf achten, die Nase auf die Mitte der Beine auszurichten und die Platzierung falls nötig zu ändern.

38.–46. Rd.: 1 fe. M. in jede M.

47. Rd.: *5 fe. M., 2 fe. M. zus. abm., ab * bis zum Ende der Rd. wdh. (36 M.)

Jetzt beginnen, den Kopf auszustopfen.

48. Rd.: *4 fe. M., 2 fe. M. zus. abm., ab * bis zum Ende der Rd. wdh. (30 M.)

Eine Runde über der Nase die Sicherheitsaugen mit 8 cm Abstand voneinander anbringen, die Wangen mit **rosa** Garn aufsticken.

49. Rd.: *3 fe. M., 2 fe. M. zus. abm., ab * bis zum Ende der Rd. wdh. (24 M.)

50. Rd.: *2 fe. M., 2 fe. M. zus. abm., ab * bis zum Ende der Rd. wdh. (18 M.)

Fest ausstopfen.

51. Rd.: *1 fe. M., 2 fe. M. zus. abm., ab * bis zum Ende der Rd. wdh. (12 M.)

52. Rd.: 6 Mal (2 fe. M. zus. abm.). (6 M.)

Faden abschneiden, durch die letzte M. ziehen und vernähen.

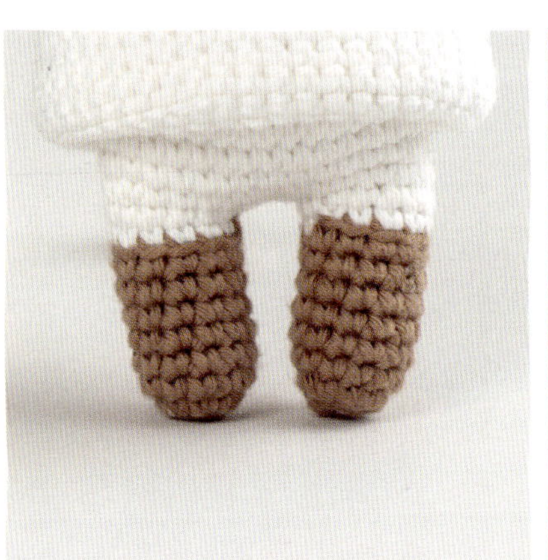

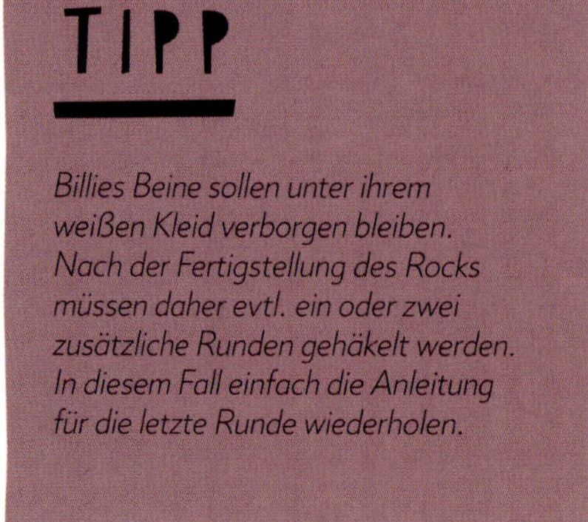

TIPP

Billies Beine sollen unter ihrem weißen Kleid verborgen bleiben. Nach der Fertigstellung des Rocks müssen daher evtl. ein oder zwei zusätzliche Runden gehäkelt werden. In diesem Fall einfach die Anleitung für die letzte Runde wiederholen.

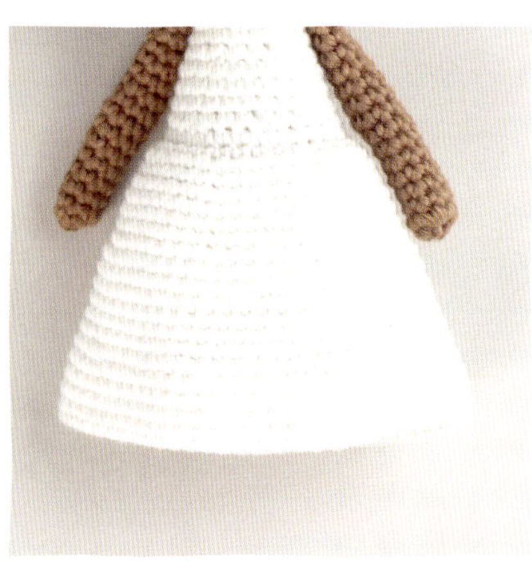

ROCK DES KLEIDES

Den Körper auf den Kopf stellen und in einem der vorderen Maschenglieder der 19. Runde auf der Körperrückseite **weißes** Garn ansetzen.

1. Runde: 1 fe. M. in jede M. der 19. Rd., nur ins vMg. (30 M.)

2. Rd.: *4 fe. M., 2. fe. M. in die nächste M., ab * bis zum Ende der Rd. wdh. (36 M.)

3. Rd.: 1 fe. M. in jede M.

4. Rd.: *5 fe. M., 2 fe. M. in die nächste M., ab * bis zum Ende der Rd. wdh. (42 M.)

5.–7. Rd.: 1 fe. M. in jede M.

8. Rd.: *6 fe. M., 2 fe. M. in die nächste M., ab * bis zum Ende der Rd. wdh. (48 M.)

9.–14. Rd.: 1 fe. M. in jede M.

15. Rd.: *7 fe. M., 2 fe. M. in die nächste M., ab* bis zum Ende der Rd. wdh. (54 M.)

16.–19. M.: 1 fe. M. in jede M.

Faden abschneiden, durch die letzte M. ziehen und vernä.

SCHULTERDRAPIERUNG (ZWEI ANFERTIGEN)

1. Reihe: Weißes Garn nehmen, am Anfang ein langes Fadenende hängen lassen, dann 15 Lftm., 1 fe. M. in die zweite Lftm. von der Nadel aus, 1 fe. M. in jede Lftm. bis zum Ende der R., 1 Lftm, wenden. (14 M.)

2. R.: 1 Kettm., 1 fe. M., 1 h. Stb., 8 Stb., 1 h. Stb., 1 fe. M., 1 Kettm.

Faden lang abschneiden, durch die letzte M. ziehen, das lange Ende zum Annähen an das Kleid hängen lassen.

ARME (ZWEI ANFERTIGEN)

1. Runde: In der **Hautfarbe** 2 Lftm., 4 fe. M. in die zweite Lftm. von der Nadel aus. (4 M.)

2. Rd.: 2 fe. M. in jede M. (8 M.)

3.–16. Rd.: 1 fe. M. in jede M.

Die Arme müssen nicht ausgestopft werden.

17. Rd.: Mit den Fingern die Öffnung so zusammendrücken, dass jeweils 4 M. übereinanderliegen, beide Seiten zusammenhäkeln, indem 1 fe. M. in jedes dieser Maschenpaare gehäkelt wird (siehe Techniken: Die Arme schließen).

Faden durch die letzte Masche ziehen und ein langes Ende hängen lassen, um damit den Arm an den Körper zu nähen.

HAAR

1. Runde: Für das Haar mit **schwarzem** Garn 6 fe. M. in einen Fadenring (Magic Ring) häkeln. (6 M.)

2. Rd.: 2 fe. M. in jede M. (12 M.)

3. Rd.: *1 fe. M., 2 fe. M. in die nächste M., ab * bis zum Ende der Rd. wdh. (18 M.)

4. Rd.: *2 fe. M., 2 fe. M. in die nächste M., ab * bis zum Ende der Rd. wdh. (24 M.)

5. Rd.: *3 fe. M., 2 fe. M. in die nächste M., ab * bis zum Ende der Rd. wdh. (30 M.)

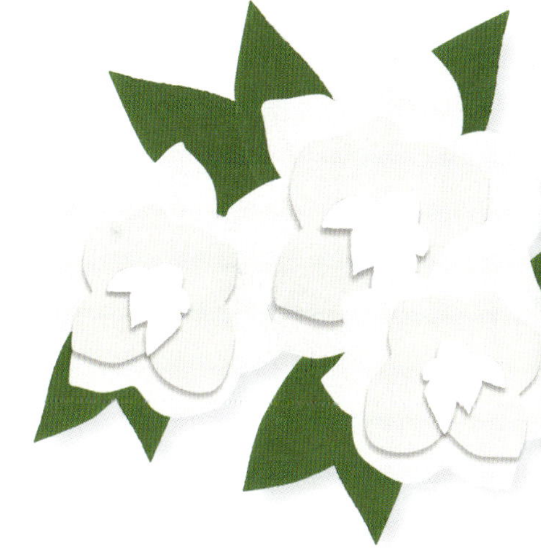

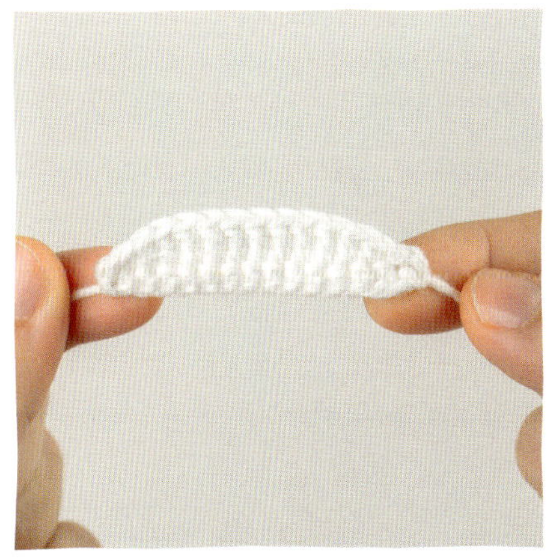

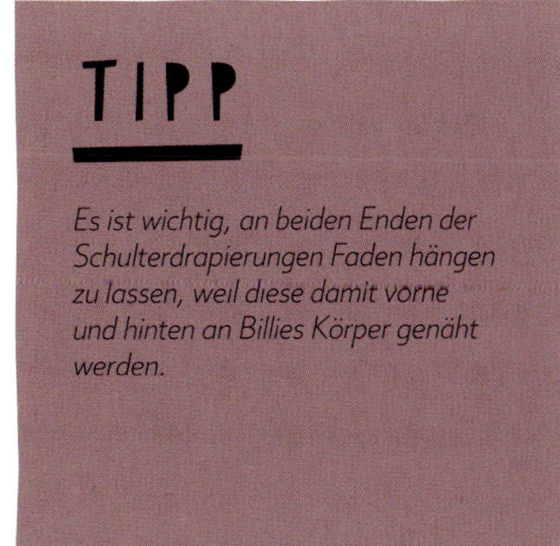

TIPP

Es ist wichtig, an beiden Enden der Schulterdrapierungen Faden hängen zu lassen, weil diese damit vorne und hinten an Billies Körper genäht werden.

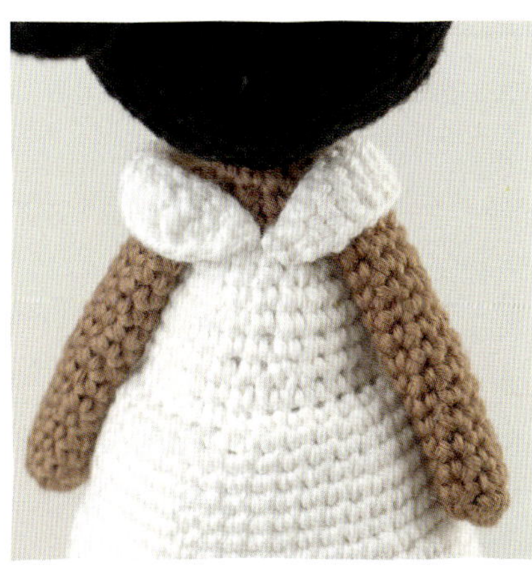

6. Rd.: *4 fe. M., 2 fe. M. in die nächste M., ab * bis zum Ende der Rd. wdh. (36 M.)

7. Rd.: *5 fe. M., 2 fe. M. in die nächste M., ab * bis zum Ende der Rd. wdh. (42 M.)

8. Rd.: *13 fe. M., 2 fe. M. in die nächste M., ab * bis zum Ende der Rd. wdh. (45 M.)

9.–15. Rd.: 1 fe. M. in jede M.

16. Rd.: 1 Kettm., 1 fe. M., 1 h. Stb., 8 Stb., 1 h. Stb., 1 fe. M., 2 Kettm., *6 Lftm. 1 fe. M. in die zweite Lftm. von der Nadel aus, 1 fe. M. in jede Lftm. (5 M.), 2 Kettm., ab * 2 Mal wdh., 1 fe. M., 1 h. Stb., 4 Stb., 1 h. Stb., 1 fe. M., 1 Kettm. Die restlichen Maschen der Runde unbearbeitet lassen.

Faden lang abschneiden, durch die letzte M. ziehen, das lange Ende hängen lassen, um das Haar damit an den Kopf zu nähen.

HAARDUTT

1. Runde: Mit **schwarzem** Garn 6 fe. M. in einen Fadenring (Magic Ring) häkeln. (6 M.)

2. Rd.: 2 fe. M. in jede M. (12 M.)

3. Rd.: *1 fe. M., 2 fe. M. in die nächste M., ab * bis zum Ende der Rd. wdh. (18 M.)

4.–7. Rd.: 1 fe. M. in jede M.

8. Rd.: *1 fe. M., 2 fe. M. zus. abm., ab * bis zum Ende der Rd. wdh. (12 M.)

Faden lang abschneiden, durch die letzte M. ziehen, das lange Ende zum Annähen an den Kopf hängen lassen.

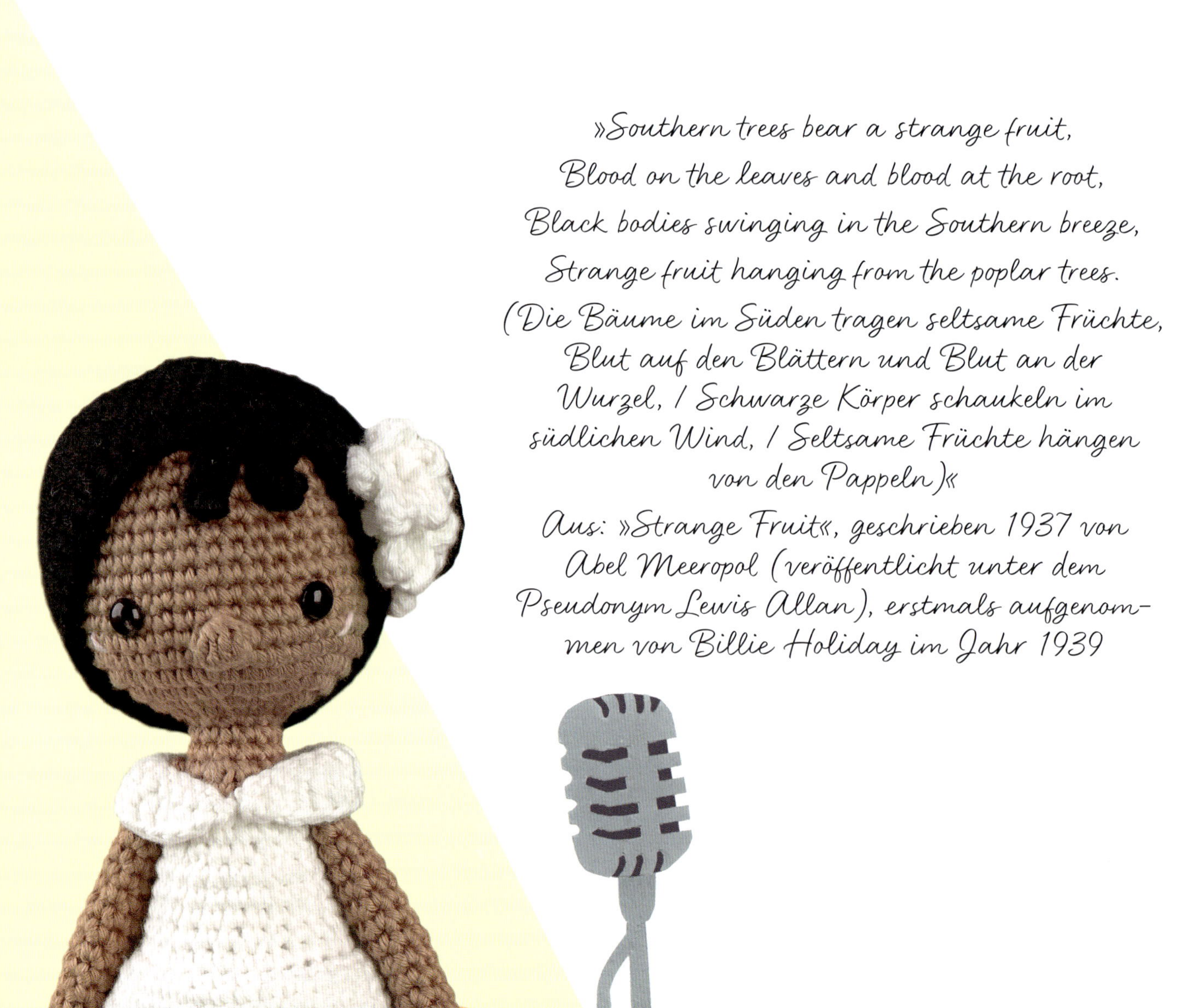

*»Southern trees bear a strange fruit,
Blood on the leaves and blood at the root,
Black bodies swinging in the Southern breeze,
Strange fruit hanging from the poplar trees.
(Die Bäume im Süden tragen seltsame Früchte, Blut auf den Blättern und Blut an der Wurzel, / Schwarze Körper schaukeln im südlichen Wind, / Seltsame Früchte hängen von den Pappeln)«*

Aus: »Strange Fruit«, geschrieben 1937 von Abel Meeropol (veröffentlicht unter dem Pseudonym Lewis Allan), erstmals aufgenommen von Billie Holiday im Jahr 1939

BLUMEN (DREI ANFERTIGEN)

Genaue Fotos dazu, wie die Blumen zu arbeiten sind, siehe Techniken: Blumen häkeln.

1. Runde: Mit **weißem** Garn 5 fe. M. in einen Fadenring (Magic Ring) häkeln. (5 M.)

2. Rd.: *1 Kettm. in die nächste M., 2 Lftm. und Faden holen, die Nadel in dieselbe M. einstechen, Faden holen und durch die M. ziehen. Faden holen, Faden durch die ersten beiden Schlingen auf der Nadel ziehen. Faden holen, Nadel in dieselbe M. einstechen, Faden holen und durch die M. ziehen. Faden holen, durch die ersten beiden Schlingen auf der Nadel ziehen. Faden holen, durch die restlichen 3 Schlingen auf der Nadel ziehen, 2 Lftm., 1 Kettm. in dieselbe M. zur Fertigstellung des ersten Blütenblatts. Ab * noch 4 Mal wdh., um 5 Blütenblätter zu häkeln, enden mit 1 Kettm. in die nächste M. (5 Blütenblätter)

Faden lang abschneiden, durch die letzte M. ziehen, das lange Ende zum Annähen am Haar hängen lassen.

FERTIGSTELLUNG

Das Haar an den Kopf nähen (siehe Techniken: Das Haar annähen). Billies Haar ist leicht nach rechts gescheitelt. Die losen Haarlocken mit wenigen Stichen an der Stirn fixieren.

Den Haardutt ausstopfen und etwas seitlich von der Mitte an Billies Haar nähen.

Die drei **weißen** Blumen an einer Seite des Haars vor dem Dutt annähen.

Die Arme seitlich am Körper annähen (siehe Techniken: Die Arme annähen).

Jede Schulterdrapierung mit den Enden so an Brust und Rücken von Billies Körper nähen, dass sie über die Arme führt.

Alle Fäden nach innen in der Puppe vernähen.

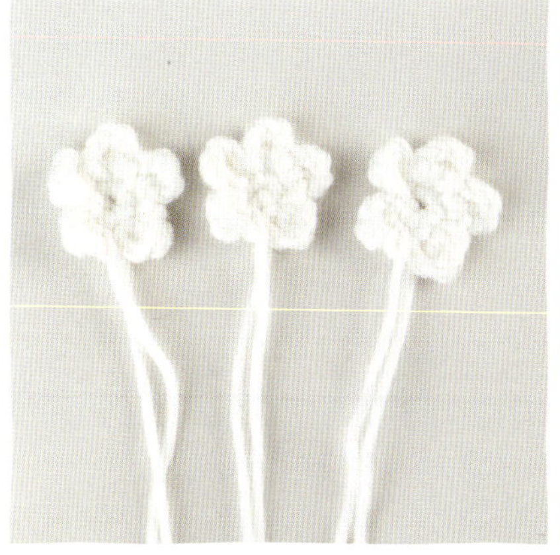

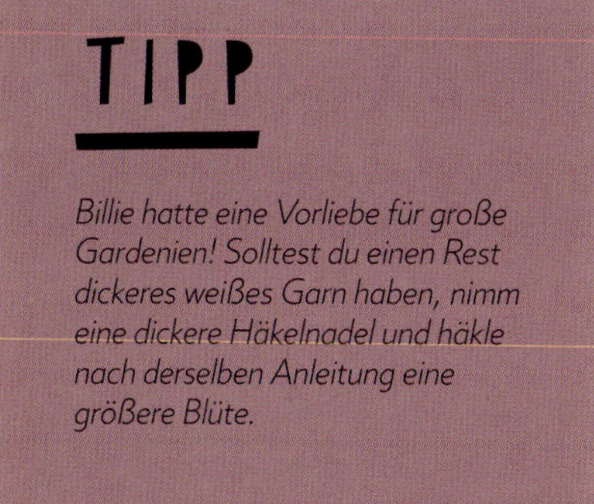

TIPP

Billie hatte eine Vorliebe für große Gardenien! Solltest du einen Rest dickeres weißes Garn haben, nimm eine dickere Häkelnadel und häkle nach derselben Anleitung eine größere Blüte.

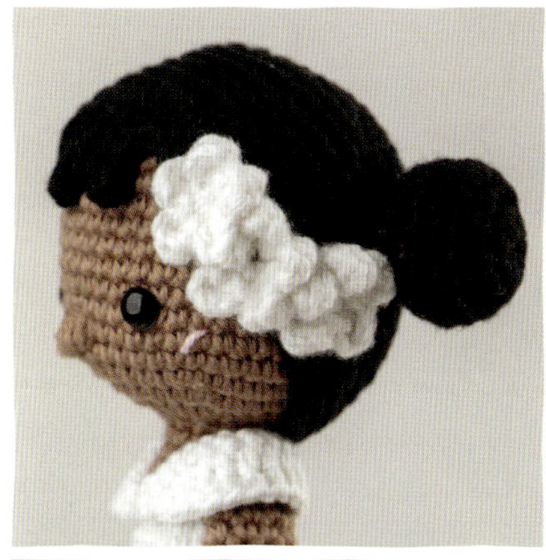

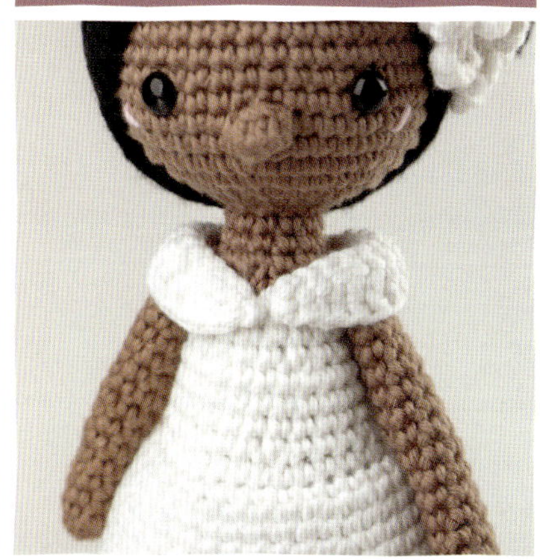

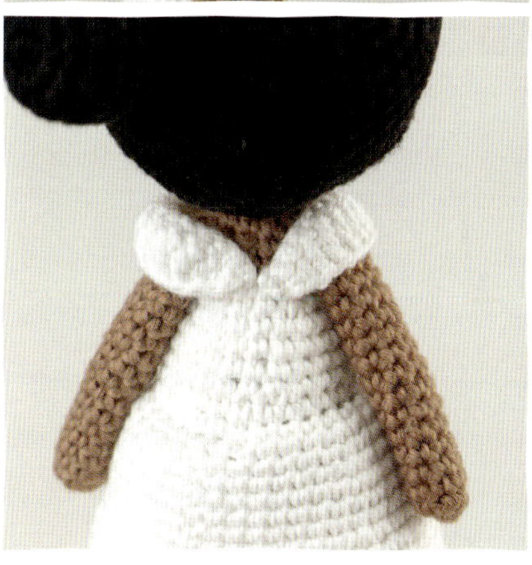

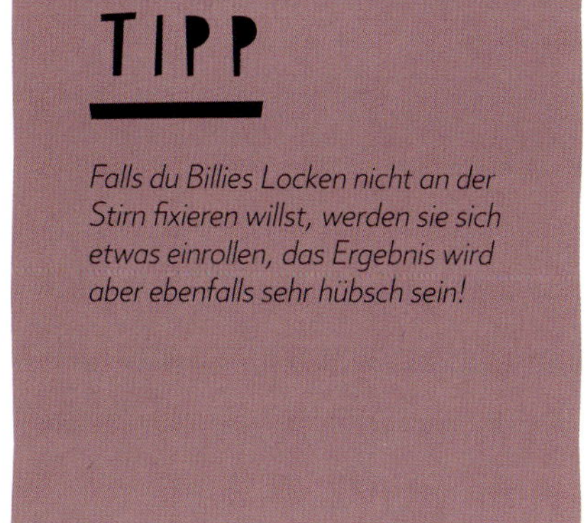

TIPP

Falls du Billies Locken nicht an der Stirn fixieren willst, werden sie sich etwas einrollen, das Ergebnis wird aber ebenfalls sehr hübsch sein!

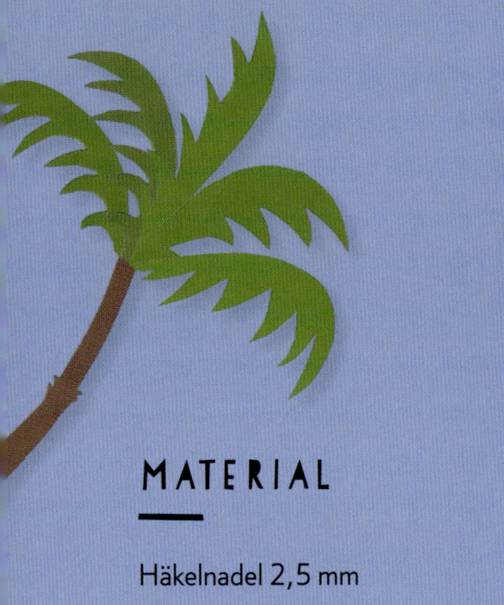

MATERIAL

Häkelnadel 2,5 mm

100 % 8-fädiges Baumwollgarn in den Farben: passende Hautfarbe, Schwarz, Weiß, Gelb, Mintgrün

Stumpfe Sticknadel

8 mm Sicherheitsaugen

Maschenmarkierer

Füllwatte

FERTIGE GRÖSSE

20 cm

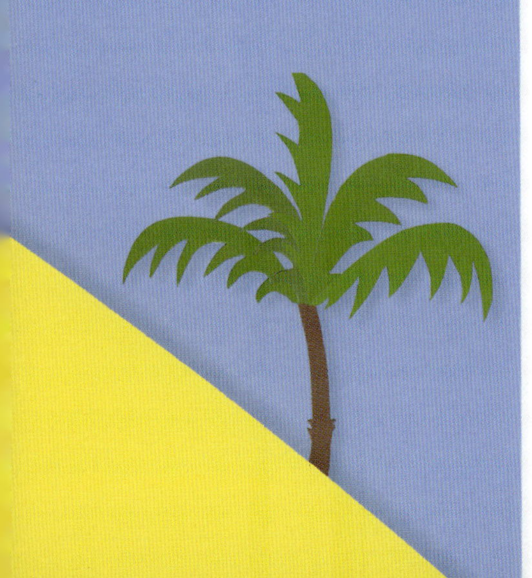

KLEOPATRA

Warum wurde Kleopatra ausgewählt? Weil sie noch immer als eine der berühmtesten Herrscherinnen der Geschichte gilt. Ihr Leben inspirierte Shakespeare zu seiner Tragödie »Antonius und Kleopatra«, Elizabeth Taylor verkörperte sie im Film. Kleopatra war intelligent und kühn, bekannt für ihren Charme, ihren Scharfsinn und ihre hohe Bildung. Die Römer hielten sie für eine der gefährlichsten Verführerinnen, doch Kleopatra lag ihr Königreich wirklich am Herzen. Sie war die einzige in ihrer Familie, die die ägyptische Sprache erlernte und sich für die ägyptische Kultur interessierte, was ihr die Loyalität ihrer Untertanen eintrug. In einer Epoche männlicher Dominanz, von Kämpfen im In- und Ausland gezeichnet, konnte Kleopatra ihr Land vereint halten und beweisen, dass sie eine ebenso mächtige Führungsfigur war wie ihre männlichen Kontrahenten.

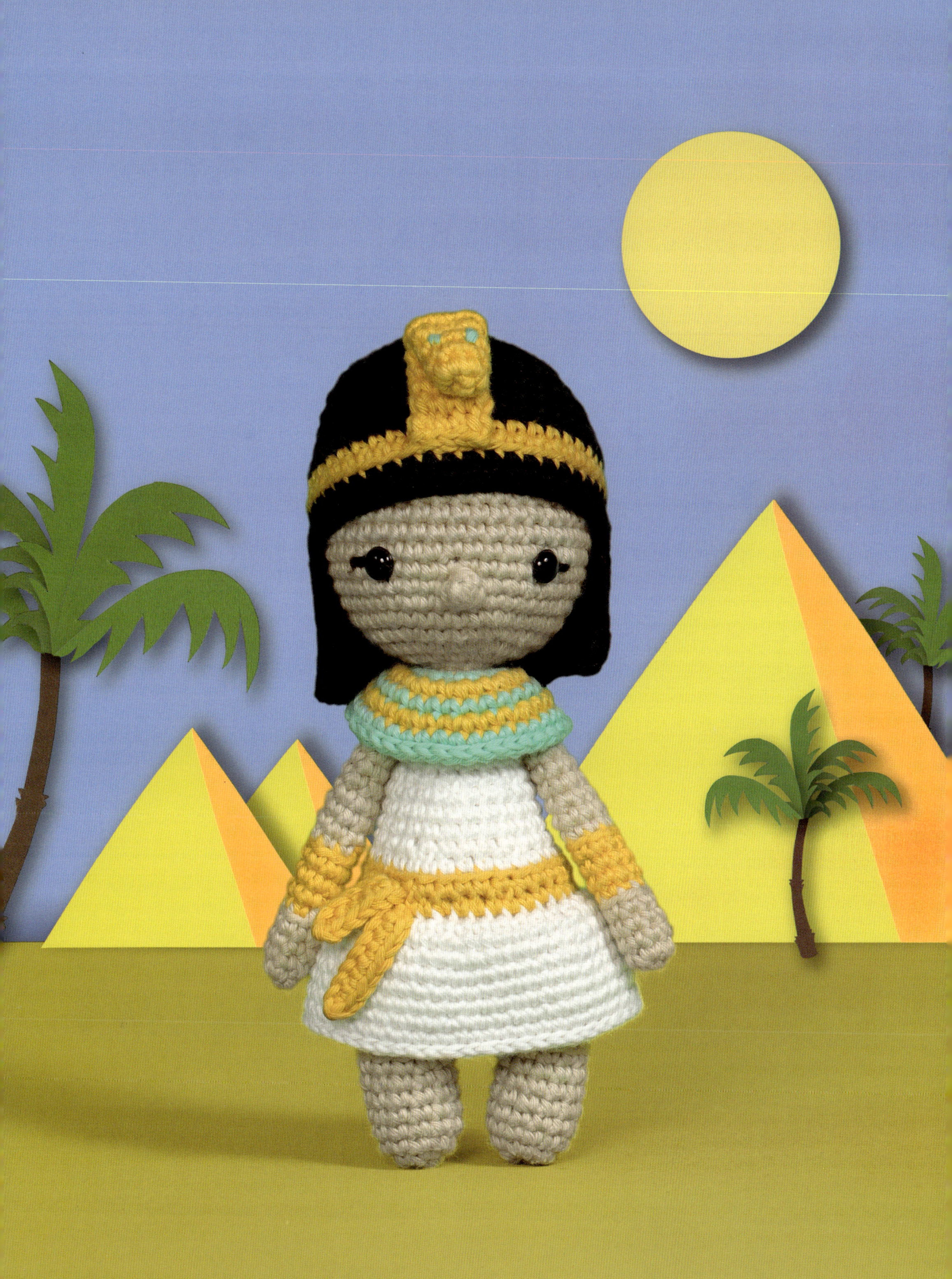

1. BEIN

1. Runde: In der **Hautfarbe** 6 fe. M. in einen Fadenring (Magic Ring) häkeln. (6 M.)

2. Rd.: 2 fe. M. in jede M. (12 M.)

3.–8. Rd.: 1 fe. M. in jede M.

9. Rd.: Für die Unterbekleidung zu **Weiß** wechseln, 1 fe. M. in jede M., nur ins hMg.

Faden abschneiden, durch die letzte M. ziehen und vernähen. Beiseitelegen.

2. BEIN

Wie das 1. Bein arbeiten, nur den Faden am Ende nicht abschneiden. Es geht direkt weiter mit dem Körper.

KÖRPER

10. Rd.: Mit dem 2. Bein noch auf der Nadel, 3 Lftm. häkeln und diese mit 1 fe. M. mit dem 1. Bein verbinden (siehe Techniken: Die Beine miteinander verbinden), hier einen Maschenmarkierer anbringen, um den Anf. der Rd. zu kennzeichnen, 11 fe. M. entlang des 1. Beins häkeln, 1 fe. M. in jede der 3 Lftm., 12 fe. M. entlang des 2. Beins und 1 fe. M. in jede der 3 Lftm. auf der anderen Seite (30 M.)

11. Rd.: *4 fe. M., 2 fe. M. in die nächste M., ab * bis zum Ende der Rd. wdh. (36 M.)

12.–16. Rd.: 1 fe. M. in jede M.

17. Rd.: Für den Gürtel zu **Gelb** wechseln, 1 fe. M. in jede M., nur ins hMg.

18. Rd.: *4 fe. M., 2 fe. M. zus. abm., ab * bis zum Ende der Rd. wdh. (30 M.)

19. Rd.: Für die Tunika wieder zu **weißem** Garn wechseln, 1 fe. M. in jede M., nur ins hMg.

20. Rd.: 1 fe. M. in jede M.

21. Rd.: *3 fe. M., 2 fe. M. zus. abm., ab * bis zum Ende der Rd. wdh. (24 M.)

22. und 23. Rd.: 1 fe. M. in jede M.

24. Rd.: *2 fe. M., 2 fe. M. zus. abm., ab * bis zum Ende der Rd. wdh. (18 M.)

Jetzt den Körper fest ausstopfen.

25. und 26. Rd.: 1 fe. M. in jede M.

27. Rd.: *1 fe. M., 2 fe. M. zus. abm., ab * bis zum Ende der Rd. wdh. (12 M.)

28. und 29. Rd.: 1 fe. M. in jede M.

30. Rd.: Zu **hautfarbenem** Garn wechseln, 1 fe. M. in jede M., nur ins hMg.

31. Rd.: 1 fe. M. in jede M.

Den Faden nicht abschneiden. Es geht direkt weiter mit dem Kopf. the Kopf.

KOPF

32. Rd.: 2 fe M. in jede M. (24 M.)

33. Rd.: *3 fe. M., 2 fe. M. in die nächste M., ab * bis zum Ende der Rd. wdh. (30 M.)

Jetzt den Halsbereich fest ausstopfen.

34. Rd.: *4 fe. M., 2 fe. M. in die nächste M., ab * bis zum Ende der Rd. wdh. (36 M.)

35. Rd.: *5 fe. M., 2 fe. M. in die nächste M., ab * bis zum Ende der Rd. wdh. (42 M.)

36. Rd.: 1 fe. M. in jede M.

37. Rd.: 26 fe. M., 1 Noppen-M. für die Nase (siehe Maschen: Noppenmasche), 1 fe. M. in jede M. bis zum Ende der Rd. Darauf achten, die Nase auf die Mitte der Beine auszurichten und die Platzierung falls nötig zu ändern.

Nun beginnen wir, Kleopatras Halskette zu häkeln, da dies ohne den fertigen Kopf einfacher ist. Die Schlinge auf der Nadel mit einem Maschenmarkierer sichern und den Faden abschneiden.

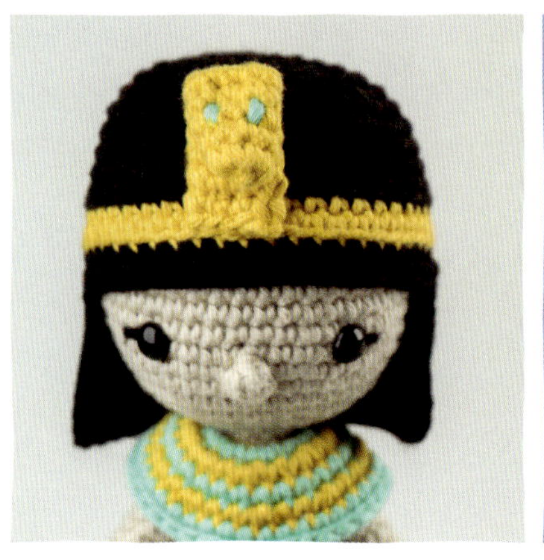

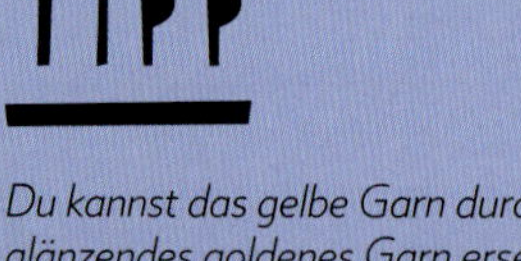

Du kannst das gelbe Garn durch ein glänzendes goldenes Garn ersetzen. Oder du verwendest zusätzlich zu dem Gelb goldenes Stickgarn und häkelst mit beiden Garnen gleichzeitig.

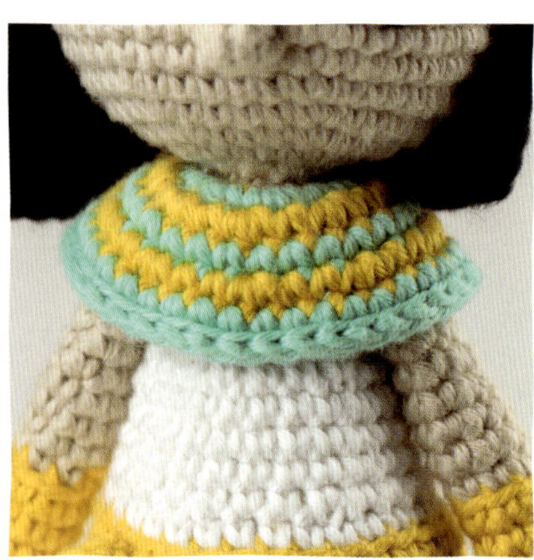

HALSKETTE

Den Körper auf den Kopf stellen und in einem der vorderen Maschenglieder der 30. Runde auf der Halsrückseite **gelbes** Garn ansetzen.

1. Runde: 1 fe. M. in jede M. der 30. Rd., nur ins vMg. (12 M.)

2. Rd.: Zu **Mintgrün** wechseln, *1 fe. M., 2 fe. M. in die nächste M., ab * bis zum Ende der Rd. wdh. (18 M.)

3. Rd.: Zu **Gelb** wechseln, *1 fe. M., 2 fe. M. in die nächste M., ab * bis zum Ende der Rd. wdh. (27 M.)

4. Rd.: Zu **Mintgrün** wechseln, 1 fe. M. in jede M.

5. Rd.: Zu **Gelb** wechseln, *2 fe. M., 2 fe. M. in die nächste M., ab * bis zum Ende der Rd. wdh. (36 M.)

6. Rd.: Zu **Mintgrün** wechseln, 1 fe. M. in jede M.

7. Rd.: 1 Kettm. in jede M.

Faden abschneiden, durch die letzte M. ziehen und vernähen.

Nun arbeiten wir am Kopf weiter. Garn in der **Hautfarbe** dort wieder ansetzen, wo die Arbeit am Kopf unterbrochen wurde.

38.–46. Rd.: 1 fe. M. in jede M.

47. Rd.: *5 fe. M., 2 fe. M. zus. abm., ab * bis zum Ende der Rd. wdh. (36 M.)

Jetzt beginnen, den Kopf auszustopfen.

48. Rd.: *4 fe. M., 2 fe. M. zus. abm., ab * bis zum Ende der Rd. wdh. (30 M.)

Eine Runde über der Nase die Sicherheitsaugen mit 8 cm Abstand voneinander anbringen, das Augen-Make up mit **schwarzem** Garn aufsticken.

49. Rd.: *3 fe. M., 2 fe. M. zus. abm., ab * bis zum Ende der Rd. wdh. (24 M.)

50. Rd.: *2 fe. M., 2 fe. M. zus. abm., ab * bis zum Ende der Rd. wdh. (18 M.)

Fest ausstopfen.

51. Rd.: *1 fe. M., 2 fe. M. zus. abm., ab * bis zum Ende der Rd. wdh. (12 M.)

52. Rd.: 6 Mal (2 fe. M. zus. abm.). (6 M.)

Faden abschneiden, durch die letzte M. ziehen und vernähen.

ROCK DER TUNIKA

Den Körper auf den Kopf stellen und in einem der vorderen Maschenglieder der 19. Rd. auf der Körperrückseite **weißes** Garn ansetzen.

1. Runde: 1 fe. M. in jede M. der 19. Rd., nur ins vMg. (36 M.)

2. Rd.: *5 fe. M., 2 fe. M. in die nächste M., ab * bis zum Ende der Rd. wdh. (42 M.)

3. Rd.: *6 fe. M., 2 fe. M. in die nächste M., ab * bis zum Ende der Rd. wdh. (48 M.)

4.–8. Rd.: 1 fe. M. in jede M.

9. Rd.: 1 Kettm. in jede M.

Faden abschneiden, durch die letzte M. ziehen und vernähen

ARME (ZWEI ANFERTIGEN)

1. Runde: In der **Hautfarbe** 2 Lftm., 4 fe. M. in die zweite Lftm. von der Nadel aus. (4 M.)

2. Rd.: 2 fe. M. in jede M. (8 M.)

3.–5. Rd.: 1 fe. M. in jede M.

6. Rd.: Für das Armband zu **Gelb** wechseln, 1 fe. M. in jede M., nur ins hMg.

Die Arme müssen nicht ausgestopft werden.

7.–9. Rd.: 1 fe. M. in jede M.

10. Rd.: Wieder zu **Schwarz** wechseln, 1 fe. M. in jede M., nur ins hMg.

11.–17. Rd.: 1 fe. M. in jede M.

18. Rd.: Mit den Fingern die Öffnung so zusammendrücken, dass jeweils 4 M. übereinanderliegen, beide Seiten zusammenhäkeln, indem 1 fe. M. in jedes dieser Maschenpaare gehäkelt wird (siehe Techniken: Die Arme schließen).

Faden lang abschneiden, durch die letzte Masche ziehen. Das lange Ende hängen lassen, um damit den Arm an den Körper zu nähen.

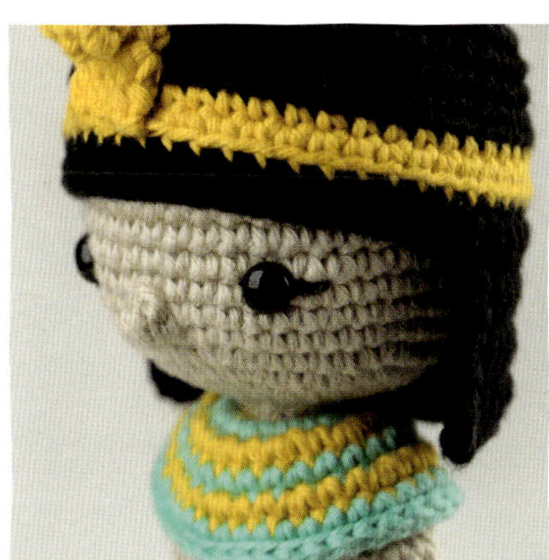

TIPP

Würdest du Kleopatra gerne Sandalen tragen lassen? Dann häkelst du die ersten drei Runden ihrer Beine mit gelbem Garn und wechselst in der 4. Runde zur Hautfarbe. Dann einfach noch Riemen anfügen.

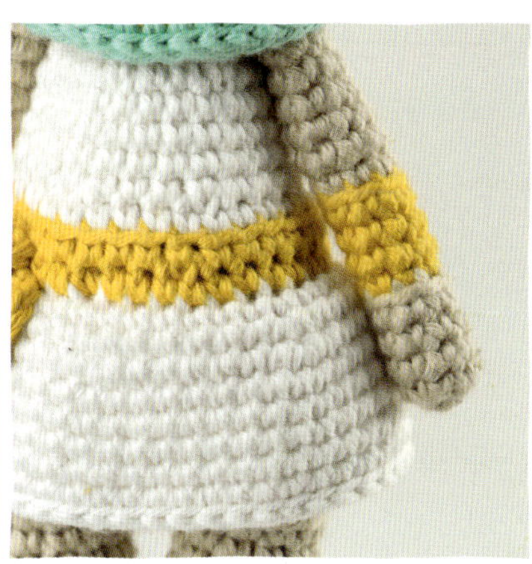

HAAR

1. Runde: Für das Haar in **Schwarz** 6 fe. M. in einen Fadenring (Magic Ring) häkeln. (6 M.)

2. Rd.: 2 fe. M. in jede M. (12 M.)

3. Rd.: *1 fe. M., 2 fe. M. in die nächste M., ab * bis zum Ende der Rd. wdh. (18 M.)

4. Rd.: *2 fe. M., 2 fe. M. in die nächste M., ab * bis zum Ende der Rd. wdh. (24 M.)

5. Rd.: *3 fe. M., 2 fe. M. in die nächste M., ab * bis zum Ende der Rd. wdh. (30 M.)

6. Rd.: *4 fe. M., 2 fe. M. in die nächste M., ab * bis zum Ende der Rd. wdh. (36 M.)

7. Rd.: *5 fe. M., 2 fe. M. in die nächste M., ab * bis zum Ende der Rd. wdh. (42 M.)

8. Rd.: *6 fe. M., 2 fe. M. in die nächste M., ab * bis zum Ende der Rd. wdh. (48 M.)

9.–12. Rd.: 1 fe. M. in jede M.

13. Rd.: Für die Krone zu **Gelb** wechseln, 1 fe. M. in jede M., nur ins hMg.

14. Rd.: 1 fe. M. in jede M.

15. Rd.: Wieder zu **Schwarz** wechseln, 1 fe M. in jede M., nur ins hMg.

16. Rd.: 1 fe. M. in die ersten 11 M., 1 Lftm., wenden, den Rest der M. unbearbeitet lassen. (11 M.)

Ab hier wird nicht mehr in Runden, sondern in Reihen gehäkelt.

17. Reihe: 22 fe. M., 1 Lftm., wenden. (22 M.)

18.–24. R.: 1 fe. M. in jede M., 1 Lftm., wenden.

25. R.: 1 fe. M. in jede M., 1 Lftm., die Arbeit um 90 ° im Uhrzeigersinn drehen und entlang der Seite des Bobs 8 fe. M. häkeln, dabei in die Zwischenräume zwischen den R. einstehen.

An der Stirn angekommen, 23 fe. M. entlang des Randes des Haarteils häkeln.

Dann 1 Lftm. und 8 fe. M. entlang der anderen Seite des Bobs, dabei in die Zwischenräume zwischen den R. einstechen.

Faden abschneiden, durch die letzte M. ziehen und vernähen.

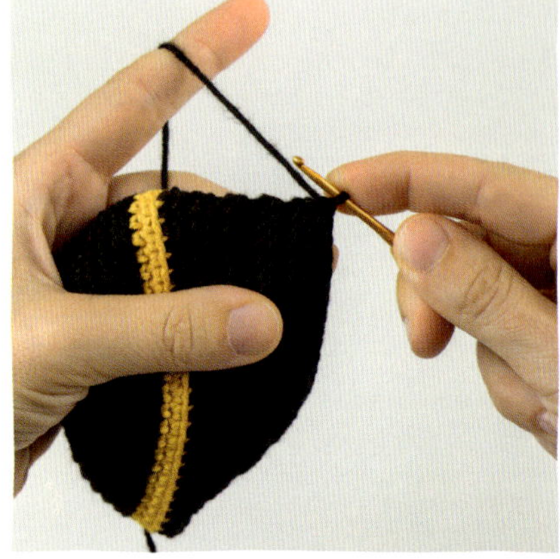

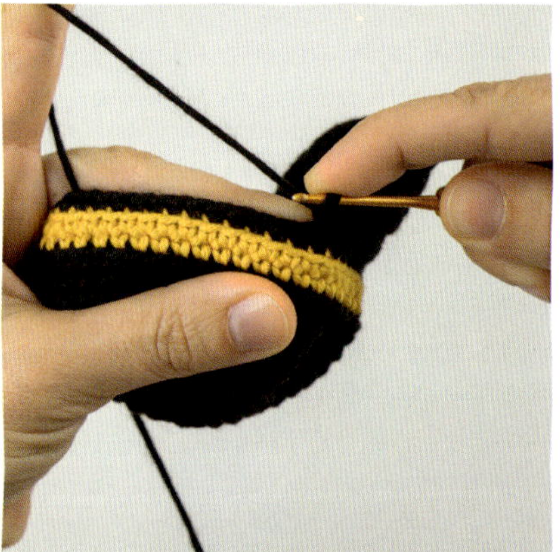

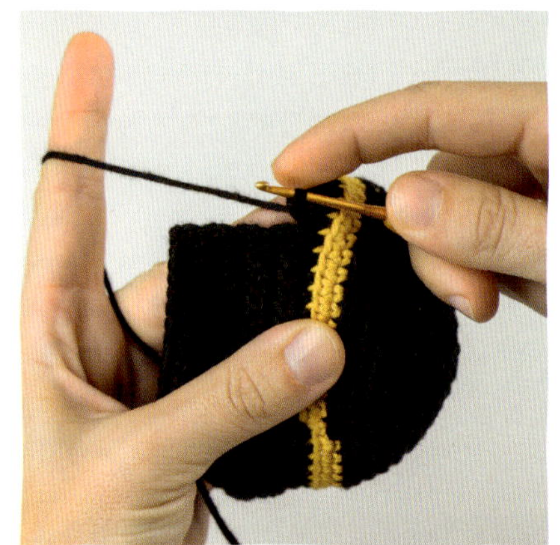

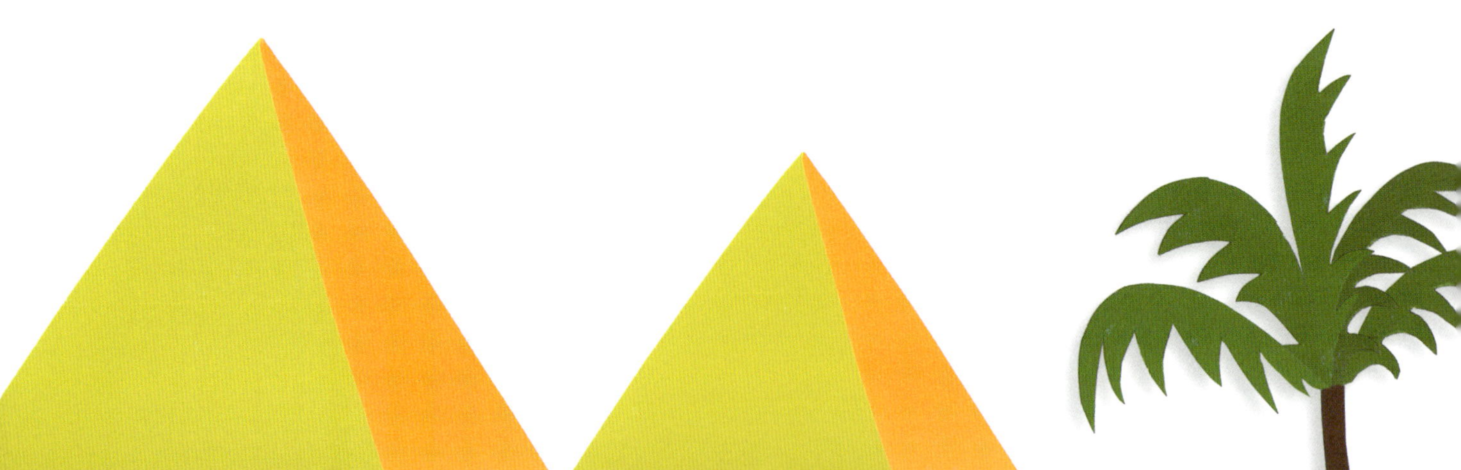

SCHLANGE FÜR DIE KRONE

1. Runde: Mit **Gelb** 2 Lftm., 4 fe. M. in die zweite Lftm. von der Nadel aus. (4 M.)

2. Rd.: 2 fe. M. in jede M. (8 M.)

3.–11. Rd.: 1 fe. M. in jede M.

Die Schlange muss nicht ausgestopft werden.

12. Rd.: Mit den Fingern die Öffnung so zusammendrücken, dass jeweils 4 M. übereinanderliegen, beide Seiten zusammenhäkeln, indem 1 fe. M. in jedes dieser Maschenpaare gehäkelt wird.

Faden lang abschneiden, durch die letzte Masche ziehen und das lange Ende hängen lassen, um die Schlange damit an den Körper zu nähen.

Mit **mintgrünem** Garn Augen auf die Schlange sticken und den Kopf nach vorne falten. Mit der Sticknadel mit wenigen Stichen in dieser Position fixieren.

1. GÜRTEL-VERSCHLUSSBAND

1. Reihe: Mit **Gelb** 9 Lftm., 1 fe. M. in die zweite Lftm. von der Nadel aus, 1 fe. M. in jede Lftm. bis zum Ende der R. (8 M.).

Faden lang abschneiden, durch die letzte Masche ziehen und das lange Ende zum Annähen an den Gürtel hängen lassen.

2. GÜRTEL-VERSCHLUSSBAND

1. Reihe: Mit **Gelb** 7 Lftm., 1 fe. M. in die zweite Lftm. von der Nadel aus, 1 fe. M. in jede Lftm. bis zum Ende der R. (6 M.).

Faden lang abschneiden, durch die letzte Masche ziehen und das lange Ende zum Annähen an den Gürtel hängen lassen.

FERTIGSTELLUNG

Das Haar an den Kopf nähen (siehe Techniken: Das Haar annähen).

Die Schlange genau in der Mitte von Kleopatras Stirn an die Krone nähen.

Die Arme beidseits an den Körper nähen (siehe Techniken: Die Arme annähen).

Die Verschlussbänder, leicht nach links versetzt, an den Gürtel nähen.

Alle Fäden nach innen in der Puppe vernähen.

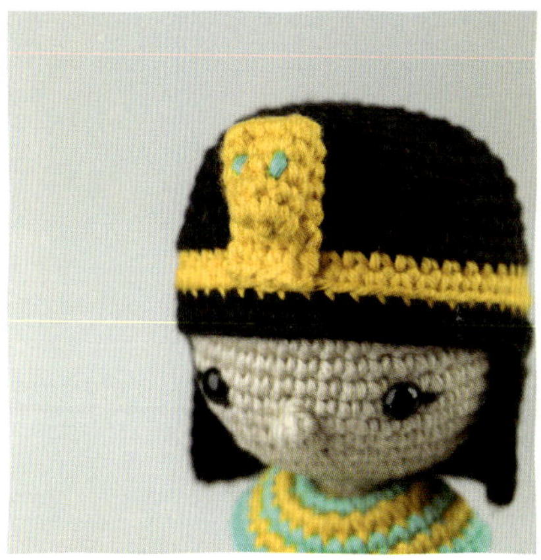

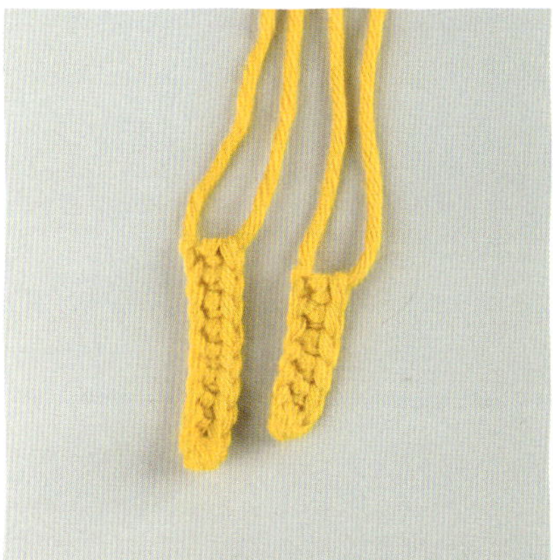

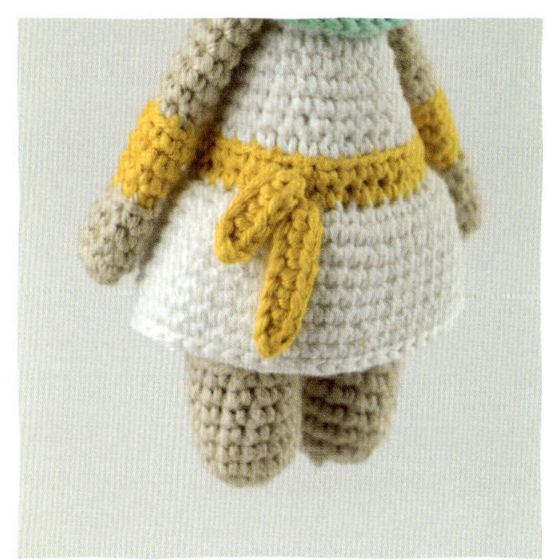

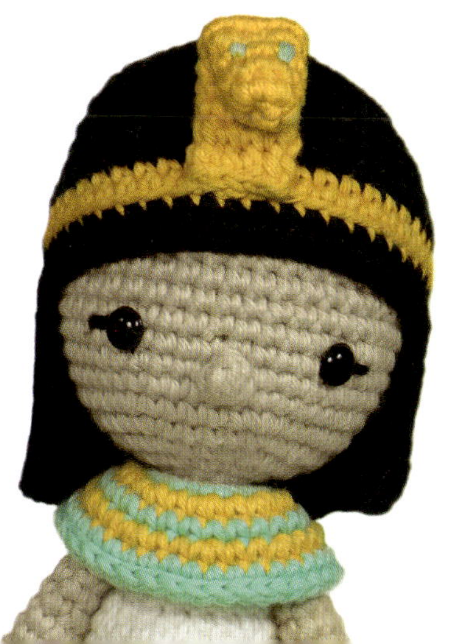

»Ich bin unbesiegbar.«

EMMELINE PANKHURST

Warum wurde Emmeline ausgewählt? Weil sie ihr ganzes Leben dem Kampf für die Gleichberechtigung von Mann und Frau gewidmet hat. Und weil sie wusste, dass ein Anfang für die Gleichberechtigung gemacht werden könnte, wenn den Frauen das Wahlrecht zugestanden würde. Sie gründete die Frauenbewegung Women's Social and Political Union (WSPU), deren Mitglieder als Suffragetten bekannt wurden und die unerschrocken eine Reihe von Kundgebungen, Demonstrationen und sogar Hungerstreiks anführten. Ihre Tapferkeit half anderen Frauen, sich darüber klar zu werden, was ihnen vorenthalten wurde. Und schon bald sammelte sie Hunderte von Anhängerinnen um sich. Als der Erste Weltkrieg ausbrach, ermunterte sie Frauen dazu, Fabrikjobs anzunehmen, während die Männer an der Front kämpften. Ab November 1918 durften Frauen, die älter als 21 Jahre waren, zur Parlamentswahl antreten (passives Wahlrecht), selber wählen gehen (aktives Wahlrecht) durften sie erst ab ihrem 30. Lebensjahr. Emmeline starb am 14. Juni 1928. Nur wenig später, am 2. Juli 1928, trat in Großbritannien das allgemeine Wahlrecht auch für Frauen in Kraft.

MATERIAL

Häkelnadel 2,5 mm

100 % 8-fädiges Baumwollgarn in den Farben: passende Hautfarbe, Weiß, Hellblau, Dunkelblau, Dunkelgrau, dunkles Anthrazitgrau, Braun, Graugrün, Pfirsich, kleine Menge Rosa

Stumpfe Sticknadel

8 mm Sicherheitsaugen

Maschenmarkierer

Füllwatte

FERTIGE GRÖSSE

20 cm

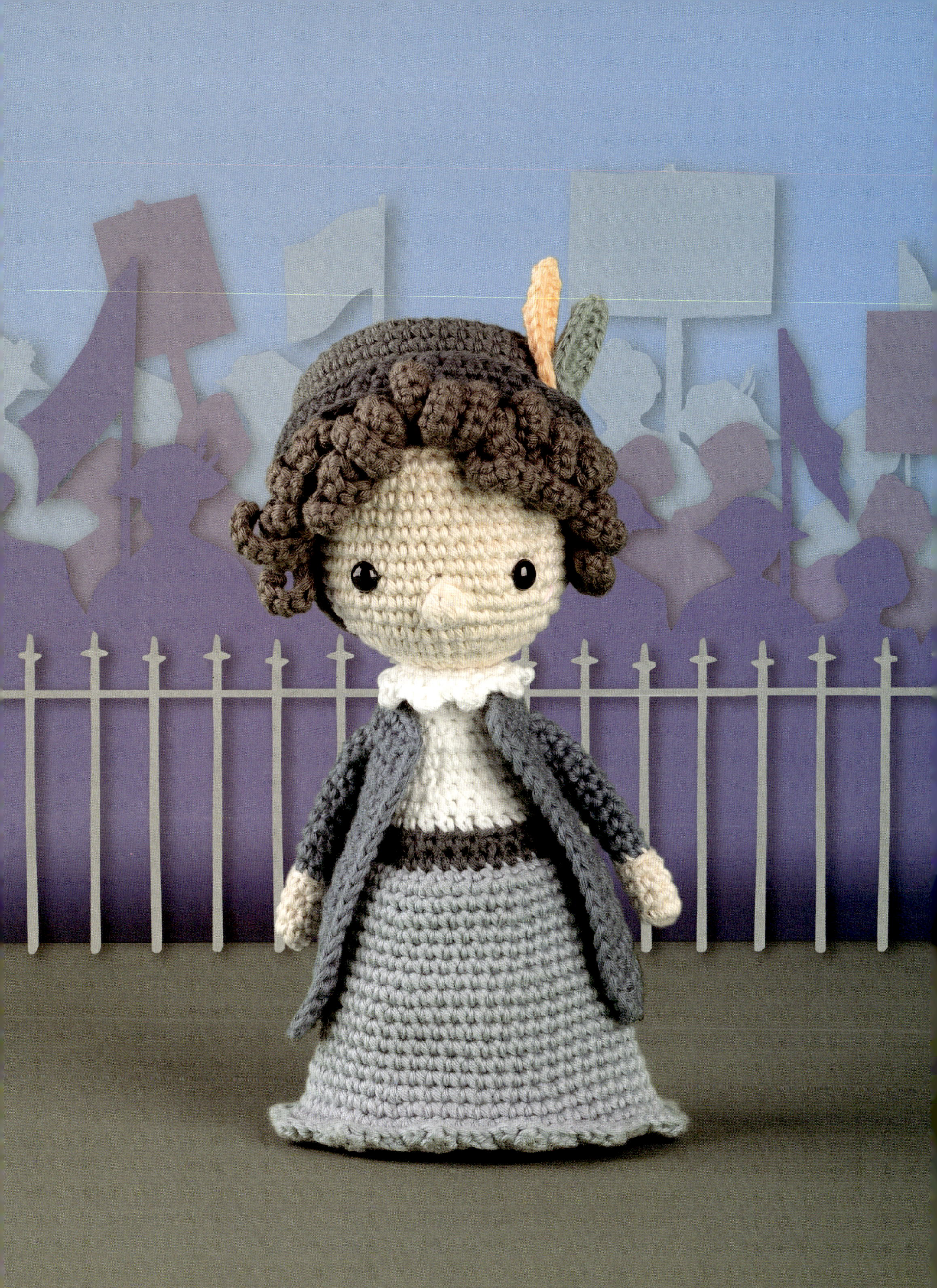

1. BEIN

1. Runde: In der **Hautfarbe** 6 fe. M. in einen Fadenring (Magic Ring) häkeln. (6 M.)

2. Rd.: 2 fe. M. in jede M. (12 M.)

3.–8. Rd.: 1 fe. M. in jede M.

9. Rd.: Für die Unterbekleidung zu **Weiß** wechseln, 1 fe. M. in jede M., nur ins hMg.

Faden abschneiden, durch die letzte M. ziehen und vernähen. Beiseitelegen.

2. BEIN

Wie das 1. Bein arbeiten, doch am Ende den Faden nicht abschneiden. Es geht direkt weiter mit dem Körper.

KÖRPER

10. Rd.: Mit dem 2. Bein noch auf der Nadel, 3 Lftm. häkeln und diese mit 1 fe. M. mit dem 1. Bein verbinden (siehe Techniken: Die Beine miteinander verbinden), hier einen Maschenmarkierer anbringen, um den Anf. der Rd. zu kennzeichnen, 11 fe. M. entlang des 1. Beins häkeln, 1 fe. M. in jede der 3 Lftm., 12 fe. M. entlang des 2. Beins und 1 fe. M. in jede der 3 Lftm. auf der anderen Seite (30 M.)

11. Rd.: *4 fe. M., 2 fe. M. in die nächste M., ab * bis zum Ende der Rd. wdh. (36 M.)

12.–15. Rd.: 1 fe. M. in jede M.

16. Rd.: Zur **Hautfarbe** wechseln, 1 fe. M. in jede M., nur ins hMg.

Jetzt die Beine fest ausstopfen.

17. Rd.: *4 fe. M., 2 fe. M. zus. abm., ab * bis zum Ende der Rd. wdh. (30 M.)

18. Rd.: Für den Rock zu **Hellblau** wechseln, 1 fe. M. in jede M.

19. Rd.: Für den Gürtel zu **Dunkelgrau** wechseln, 1 fe. M. in jede M., nur ins hMg.

20. Rd.: *3 fe. M., 2 fe. M. zus. abm., ab * bis zum Ende der Rd. wdh. (24 M.)

21. Rd.: Für die Bluse zu **Weiß** wechseln, 1 fe. M. in jede M., nur ins hMg.

22. und 23. Rd.: 1 fe. M. in jede M.

24. Rd.: *2 fe. M., 2 fe. M. zus. abm., ab * bis zum Ende der Rd. wdh. (18 M.)

Jetzt den Körper fest ausstopfen.

25. und 26. Rd.: 1 fe. M. in jede M.

27. Rd.: *1 fe. M., 2 fe. M. zus. abm., ab * bis zum Ende der Rd. wdh. (12 M.)

28. Rd.: 1 fe. M. in jede M., nur ins hMg.

29. und 30. Rd.: 1 fe. M. in jede M.

31. Rd.: Zur **Hautfarbe** wechseln, 1 fe. M. in jede M., nur ins hMg.

Den Faden nicht abschneiden. Es geht direkt weiter mit dem Kopf.

KOPF

32. Rd.: 2 fe M. in jede M. (24 M.)

33. Rd.: *3 fe. M., 2 fe. M. in die nächste M., ab * bis zum Ende der Rd. wdh. (30 M.)

Jetzt den Halsbereich fest ausstopfen.

34. Rd.: *4 fe. M., 2 fe. M. in die nächste M., ab * bis zum Ende der Rd. wdh. (36 M.)

35. Rd.: *5 fe. M., 2 fe. M. in die nächste M., ab * bis zum Ende der Rd. wdh. (42 M.)

36. Rd.: 1 fe. M. in jede M.

37. Rd.: 26 fe. M., 1 Noppen-M. für die Nase (siehe Maschen: Noppenmasche), 1 fe. M. in jede M. bis zum Ende der Rd. Darauf achten, die Nase auf die Mitte der Beine auszurichten und die Platzierung falls nötig zu ändern.

Nun beginnen wir, den Kragen von Emmelines Bluse zu häkeln, da dies ohne den fertigen Kopf einfacher ist. Die Schlinge auf der Nadel mit einem Maschenmarkierer sichern und den Faden abschneiden.

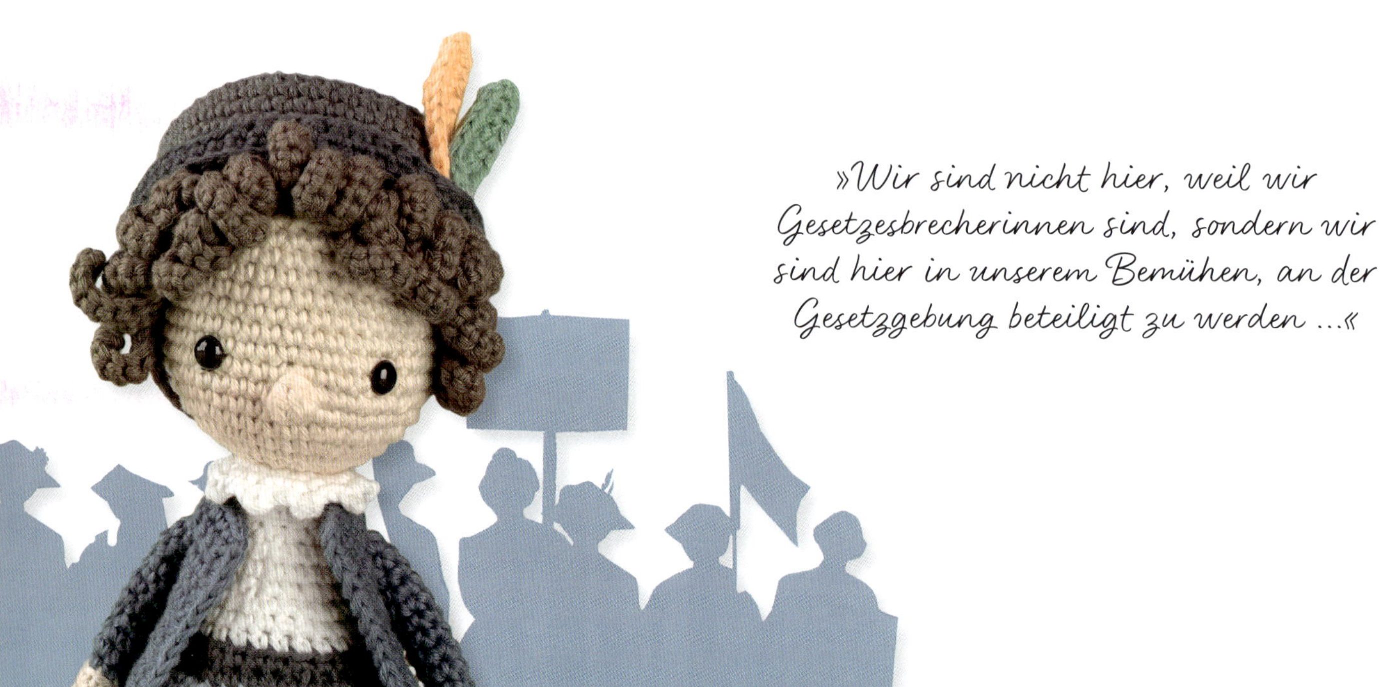

»Wir sind nicht hier, weil wir Gesetzesbrecherinnen sind, sondern wir sind hier in unserem Bemühen, an der Gesetzgebung beteiligt zu werden ...«

KRAGEN

Den Körper auf den Kopf stellen und in einem der vorderen Maschenglieder der 31. Runde auf der Halsrückseite **weißes** Garn ansetzen.

1. Runde: *1 fe. M., 2 fe. M. in die nächste M., ab * bis zum Ende der Rd. wdh. (18 M.)

2. Rd.: *2 fe. M., 1 Picot (siehe Maschen: Picot) auf die vorherige M. häkeln, ab * bis zum Ende der Rd. wdh. Mit 1 Kettm. in die erste fe.M. der Rd. beenden.

Faden abschneiden, durch die letzte M. ziehen und vernähen.

Nun arbeiten wir weiter mit dem Kopf. Garn in **Hautfarbe** dort ansetzen, wo die Arbeit am Kopf unterbrochen wurde.

38.–46. Rd.: 1 fe. M. in jede M.

47. Rd.: *5 fe. M., 2 fe. M. zus. abm., ab * bis zum Ende der Rd. wdh. (36 M.)

Jetzt beginnen, den Kopf auszustopfen.

48. Rd.: *4 fe. M., 2 fe. M. zus. abm., ab * bis zum Ende der Rd. wdh. (30 M.)

Eine Runde über der Nase die Sicherheitsaugen mit 8 cm Abstand voneinander anbringen, die Wangen mit **rosa** Garn aufsticken.

49. Rd.: *3 fe. M., 2 fe. M. zus. abm., ab * bis zum Ende der Rd. wdh. (24 M.)

50. Rd.: *2 fe. M., 2 fe. M. zus. abm., ab * bis zum Ende der Rd. wdh. (18 M.)

Fest ausstopfen.

51. Rd.: *1 fe. M., 2 fe. M. zus. abm., ab * bis zum Ende der Rd. wdh. (12 M.)

52. Rd.: 6 Mal (2 fe M. zus. abm.). (6 M.)

Faden abschneiden, durch die letzte M. ziehen und vernähen.

ROCK

Den Körper auf den Kopf stellen und in einem der vorderen Maschenglieder der 19. Runde auf der Körperrückseite **hellblaues** Garn ansetzen.

1. Runde: 1 fe. M. in jede M. der 19. Rd., nur ins vMg. (30 M.)

2. Rd.: *4 fe. M., 2. fe. M. in die nächste M., ab * bis zum Ende der Rd. wdh. (36 M.)

3. Rd.: 1 fe. M. in jede M.

4. Rd.: *5 fe. M., 2 fe. M. in die nächste M., ab * bis zum Ende der Rd. wdh. (42 M.)

5.–7. Rd.: 1 fe. M. in jede M.

8. Rd.: *6 fe. M., 2 fe. M. in die nächste M., ab * bis zum Ende der Rd. wdh. (48 M.)

9.–14. Rd.: 1 fe. M. in jede M.

15. Rd.: *7 fe. M., 2 fe. M. in die nächste M., ab* bis zum Ende der Rd. wdh. (54 M.)

16. und 17. M.: 1 fe. M. in jede M.

18. Rd.: *8 fe. M., 2 fe. M. in die nächste M., ab * bis zum Ende der Rd. wdh. (60 M.)

19. Rd.: *1 Kettm., 1 fe. M., (1 h. Stb., 1 Stb., 1 h. Stb.) in dieselbe M., 1 fe. M. 1 Kettm., ab * bis zum Ende der Rd. wdh. (84 M.)

Faden abschneiden, durch die letzte M. ziehen und vernähen.

HAAR

1. Runde: Für das Haar mit **braunem** Garn 6 fe. M. in einen Fadenring (Magic Ring) häkeln. (6 M.)

2. Rd.: 2 fe. M. in jede M. (12 M.)

3. Rd.: *1 fe. M., 2 fe. M. in die nächste M., ab * bis zum Ende der Rd. wdh. (18 M.)

4. Rd.: *2 fe. M., 2 fe. M. in die nächste M., ab * bis zum Ende der Rd. wdh. (24 M.)

5. Rd.: *3 fe. M., 2 fe. M. in die nächste M., ab * bis zum Ende der Rd. wdh. (30 M.)

6. Rd.: *4 fe. M., 2 fe. M. in die nächste M., ab * bis zum Ende der Rd. wdh. (36 M.)

7. Rd.: *5 fe. M., 2 fe. M. in die nächste M., ab * bis zum Ende der Rd. wdh. (42 M.)

8. Rd.: *13 fe. M., 2 fe. M. in die nächste M., ab * bis zum Ende der Rd. wdh. (45 M.)

9.–15. Rd.: 1 fe. M. in jede M.

16. Rd.: *9 Lftm., 1 fe. M. in die zweite Lftm. von der Nadel aus, 1 fe. M. in jede Lftm (8 M.), 1 fe. M., ab * 24 Mal wdh. Die restlichen M. der Rd. unbearbeitet lassen.

Faden lang abschneiden, durch die letzte M. ziehen, das lange Ende hängen lassen, um das Haar damit an den Kopf zu nähen.

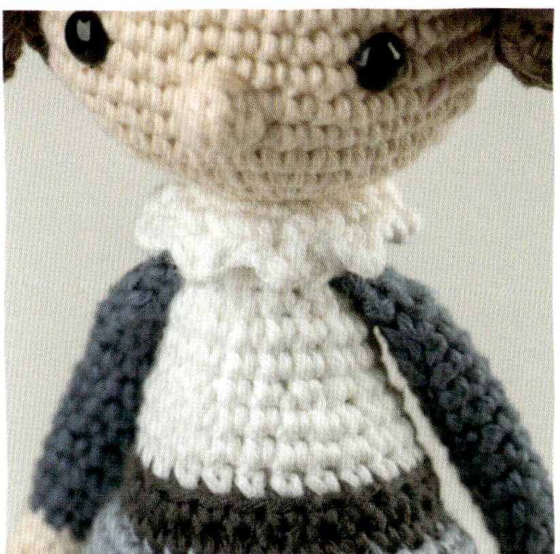

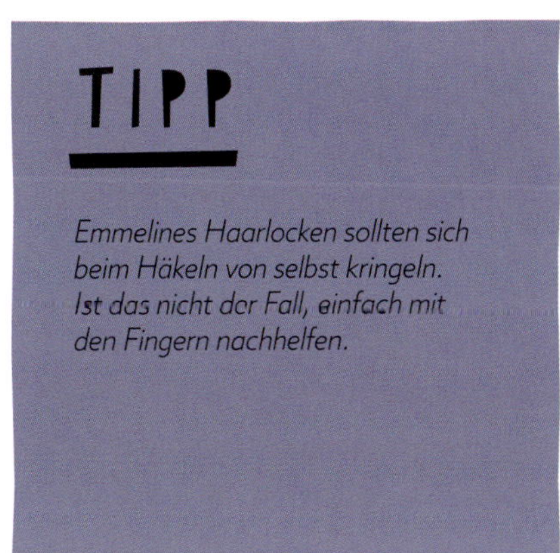

TIPP

Emmelines Haarlocken sollten sich beim Häkeln von selbst kringeln. Ist das nicht der Fall, einfach mit den Fingern nachhelfen.

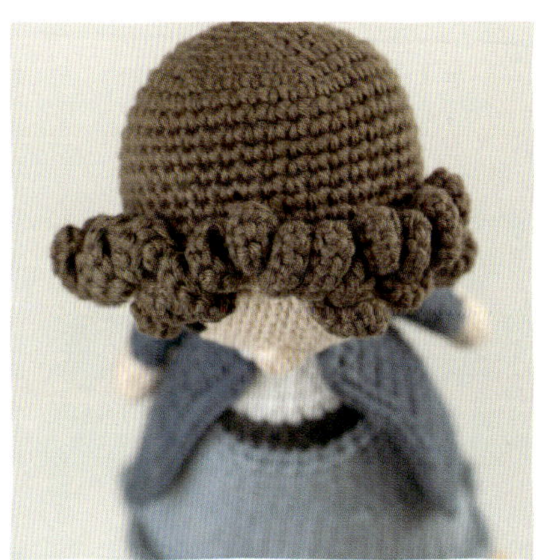

ARME (ZWEI ANFERTIGEN)

1. Runde: In der **Hautfarbe** 2 Lftm., 4 fe. M. in die zweite Lftm. von der Nadel aus. (4 M.)

2. Rd.: 2 fe. M. in jede M. (8 M.)

3.–5. Rd.: 1 fe. M. in jede M.

6. Rd.: Für den Mantel zu **dunkelblauem** Garn wechseln, 1 fe. M. in jede M., nur ins hMg.

Die Arme müssen nicht ausgestopft werden.

7.–16. Rd.: 1 fe. M. in jede M.

17. Rd.: Mit den Fingern die Öffnung so zusammendrücken, dass jeweils 4 M. übereinanderliegen, beide Seiten zusammenhäkeln, indem 1 fe. M. in jedes dieser Maschenpaare gehäkelt wird (siehe Techniken: Die Arme schließen).

Faden lang abschneiden, durch die letzte Masche ziehen und das lange Ende hängen lassen, um damit den Arm an den Körper zu nähen.

MANTEL

Der Mantel ist eigentlich eine Weste, aber wenn du ihn Emmeline anziehst, sieht er in Verbindung mit den Armen wie ein Mantel aus. Die Weste wird mit **dunkelblauem** Garn in Reihen gearbeitet.

1. Reihe: 21 Lftm., 1 fe. M. in die zweite Lftm. von der Nadel aus, dann 1 fe. M. in jede Lftm. bis zum Ende der Reihe, 1 Lftm., wenden. (20 M.)

2. R.: 4 fe. M., *6 Lftm., die folgenden 4 M. auslassen (so entsteht das Armloch), 4 fe. M., ab * einmal wdh., 1 Lftm., wenden.

3. R.: 4 fe. M., *6 fe. M. in die Kette aus 6 Lftm., 4 fe. M., ab * einmal wdh., 1 Lftm., wenden. (24 M.)

4.–6. R.: 1 fe. M. in jede M., 1 Lftm., wenden.

7. R.: 2 fe. M. in die nächste M., 22 fe. M., 2 fe. M. in die nächste M., 1 Lftm., wenden. (26 M.)

8. R.: 1 fe. M. in jede M., 1 Lftm., wenden.

9. R.: 2 fe. M. in die nächste M., 24 fe. M., 2 fe. M. in die nächste M. 1 Lftm., wenden. (28 M.)

10. R.: 1 fe. M. in jede M., 1 Lftm., wenden.

11. R.: 2 fe. M. in die nächste M., 26 fe. M., 2 fe. M. in die nächste M., 1 Lftm., wenden. (30 M.)

12. und 13. R.: 1 fe. M. in jede M., 1 Lftm., wenden.

14. R.: 2 fe. M. in die nächste M., 28 fe. M., 2 fe. M. in die nächste M., 1 Lftm., wenden. (32 M.)

15.–17. R.: 1 fe. M. in jede M., 1 Lftm., wenden.

18. R.: 1 fe. M. in jede M., die Arbeit um 90 ° im Uhrzeigersinn drehen und 17 fe. M. an der Seite der Weste häkeln, dabei in die Zwischenräume zwischen den Reihen einstechen. An der oberen Ecke angekommen, 20 Kettm. in die verbleibenden Schlingen der Anschlags-Luftmaschenkette häkeln. Anschließend 1 Lftm., die Arbeit wieder um 90 ° im Uhrzeigersinn drehen und 18 fe. M. entlang der anderen Seite der Weste häkeln, dabei wieder in die Zwischenräume zwischen den Reihen einstechen. Mit 1 Kettm. in die erste fe. M. der 18. R. schließen (siehe Techniken: Umranden von flachen Teilen).

Faden abschneiden, durch die letzte M. ziehen und vernähen.

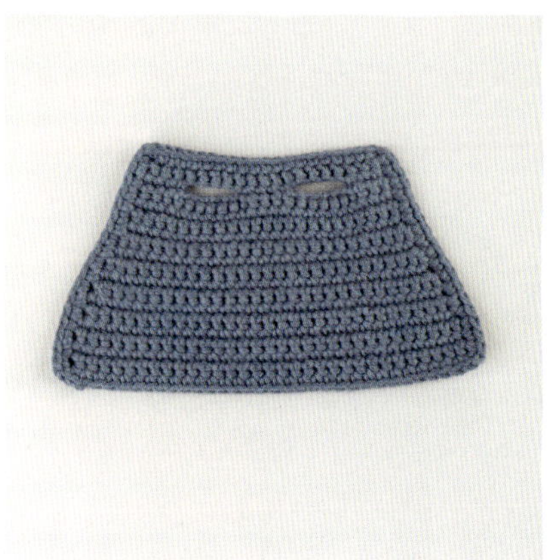

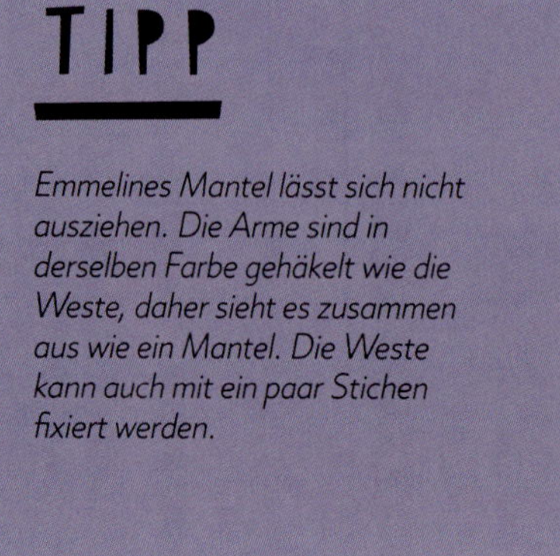

TIPP

Emmelines Mantel lässt sich nicht ausziehen. Die Arme sind in derselben Farbe gehäkelt wie die Weste, daher sieht es zusammen aus wie ein Mantel. Die Weste kann auch mit ein paar Stichen fixiert werden.

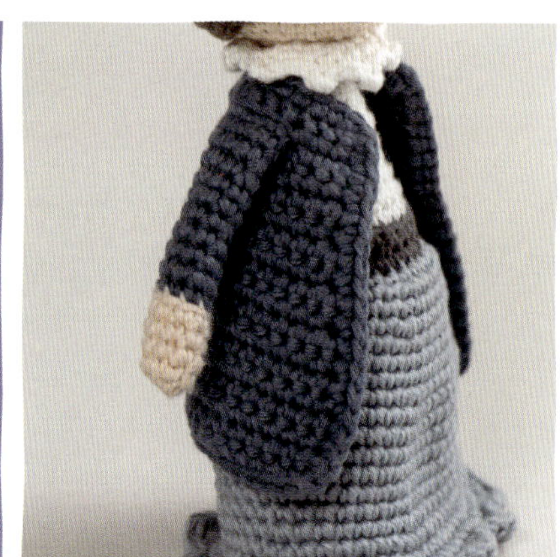

HUT

1. Runde: Für den Hut in **Grau** 6 fe. M. in einen Fadenring (Magic Ring) häkeln. (6 M.)

2. Rd.: 2 fe. M. in jede M. (12 M.)

3. Rd.: 2 fe. M. in jede M. (24 M.)

4. Rd.: *3 fe. M., 2 fe. M. in die nächste M., ab * bis zum Ende der Rd. wdh. (30 M.)

5. Rd.: *4 fe. M., 2 fe. M. in die nächste M., ab * bis zum Ende der Rd. wdh. (36 M.)

6. Rd.: *5 fe. M., 2 fe. M. in die nächste M., ab * bis zum Ende der Rd. wdh. (42 M.)

7. Rd.: *6 fe. M., 2 fe. M. in die nächste M., ab * bis zum Ende der Rd. wdh. (48 M.)

8. Rd.: 1 fe. M. in jede M., nur ins hMg.

9.–12. Rd.: 1 fe. M. in jede M.

13. Rd.: Zu **Dunkelgrau** wechseln, 1 fe. M. in jede M.

14. Rd.: 1 fe. M. in jede M.

Faden abschneiden, durch die letzte M. ziehen und vernähen.

RAND VON EMMELINES HUT

Drehe den Hut mit der Öffnung zu dir und setze in einem der vorderen Maschenglieder der letzten Häkelrunde des Huts **dunkelgraues** Garn an.

1. Runde: 1 fe. M. in jede M. der 14. Rd. des Hutes, nur in die vMg. (48 M.)

2. Rd.: 1 Kettm., 1 fe. M., 1 h. Stb., 8 Stb., 1 h. Stb., 1 fe. M., 3 Kettm., 1 fe. M., 2 h. Stb., 3 Stb., 2 h. Stb., 1 fe. M., 3 Kettm., 2 fe. M., 1 h. Stb., 12 Stb., 1 h. Stb., 4 fe. M.

Faden abschneiden, durch die letzte M. ziehen und vernähen.

FEDERN (ZWEI ANFERTIGEN)

1. Runde: Mit **graugrünem** Garn 11 Lftm., 1 fe. M. in die zweite Lftm. von der Nadel aus, 1 Kettm., 2 fe. M., 3 h. Stb., 2 fe. M., 1 Kettm., 3 Kettm. in die letzte M. der Lftm.-Kette (so kannst du die Arbeit wenden und auf der anderen Seite der Lftm.-Kette arbeiten), 1 Kettm., 2 fe. M., 3 h. Stb., 2 fe. M. 1 Kettm.

Mit 1 Kettm. in die erste gehäkelte M. enden. Faden lang abschneiden, durch die letzte M. ziehen und das lange Ende hängen lassen, um die Feder an den Hut zu nähen. Eine zweite Feder mit pfirsichfarbenem Garn häkeln.

FERTIGSTELLUNG

Das Haar so an den Kopf nähen (siehe Techniken: Das Haar annähen), dass die kurzen Locken die Stirn säumen.

Die Arme beidseits an den Körper nähen (siehe Techniken: Die Arme annähen), direkt unter dem Kragen ihrer Bluse.

Die Arme durch die Armlöcher der Weste schieben. So sieht das Ganze aus wie ein Mantel.

Die Federn zwischen Hut und Rand an Emmelines Hut nähen.

Den Hut auf Emmelines Kopf platzieren.

Alle Fäden nach innen in der Puppe vernähen.

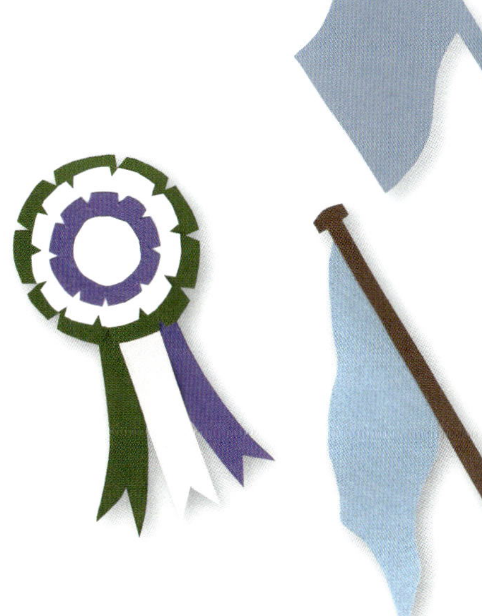

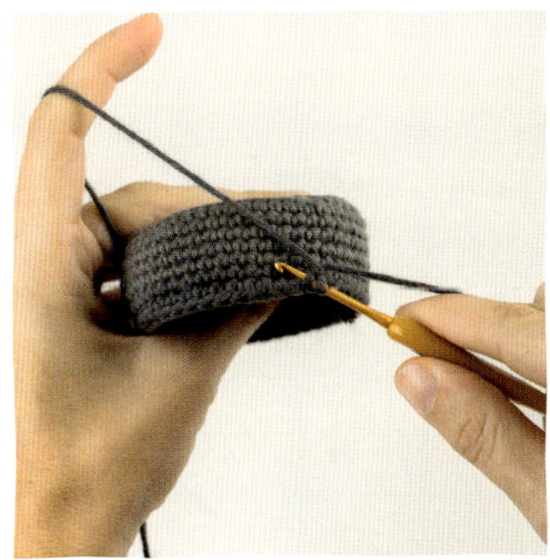

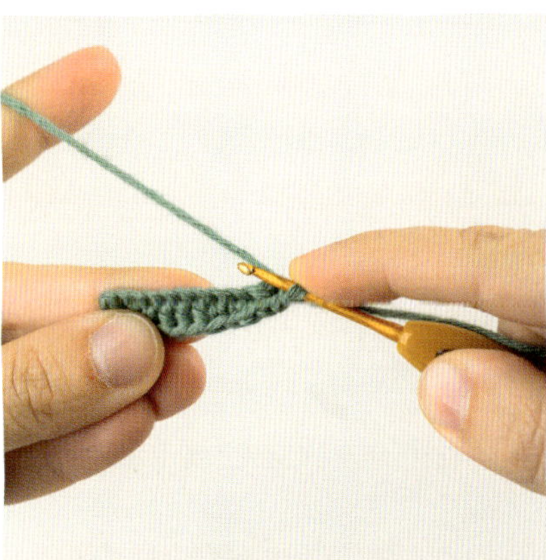

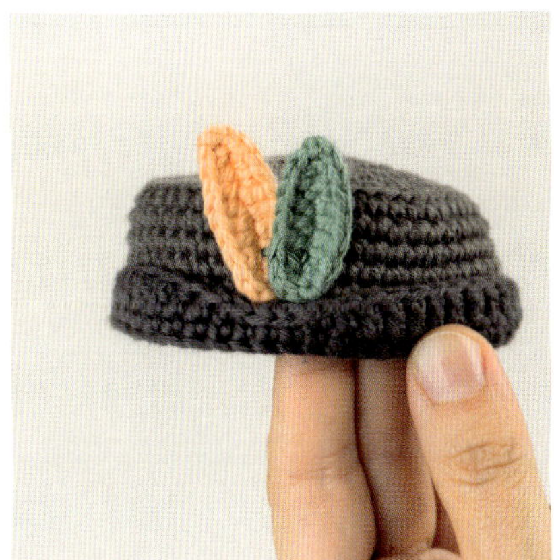

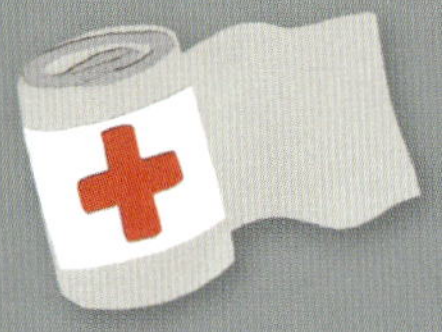

MATERIAL

FÜR FLORENCE

Häkelnadel 2,5 mm

100 % 8-fädiges Baumwollgarn in den Farben: passende Hautfarbe, Weiß, Jeansblau, Braun, kleine Menge Rosa

Stumpfe Sticknadel

8 mm Sicherheitsaugen

Maschenmarkierer

Füllwatte

FÜR FLORENCES LAMPE

Häkelnadel 2 mm

100 % 4-fädiges Baumwollgarn in den Farben: Gelb, Schwarz

FERTIGE GRÖSSE

FLORENCE
20 cm

LAMPE
3,5 cm

Bitte beachten, dass die Lampe mit einer dünneren Häkelnadel und dünnerem Garn gehäkelt wird.

FLORENCE NIGHTINGALE

Warum wurde Florence ausgewählt? Weil sie bis heute richtungsweisend in der mitfühlenden medizinischen Versorung ist. Sie widersetzte sich den Erwartungen ihrer Eltern und beschloss, ihrer wahren Berufung zu folgen: der Krankenpflege. Sie arbeitete in verschiedenen Krankenhäusern und setzte sich für Verbesserungen der hygienischen Bedingungen ein. Während des Krimkrieges (1853–1856) organisierte sie eine Gruppe von Krankenschwestern, die sich um kranke und verwundete Soldaten kümmerte. Nachts ging sie mit ihrer Lampe durch die dunklen Gänge, um für das Wohl ihrer Patienten zu sorgen. So kam sie zu ihrem Spitznamen: »Die Dame mit der Lampe«. Durch Florences Arbeit sanken die Sterbezahlen im Britischen Lazarett radikal – als sie nach Hause zurückkehrte, wurde sie als Heldin gefeiert. Sie gründete die Nightingale Training School für Krankenschwestern, veröffentlichte ihre Erfahrungen von der Krim und setzte sich für eine Reform des Gesundheitssystems ein. Florences Beiträge während ihres langen Lebens hatten einen entscheidenden Einfluss darauf, wie Krankenhäuser weltweit arbeiten und organisiert sind.

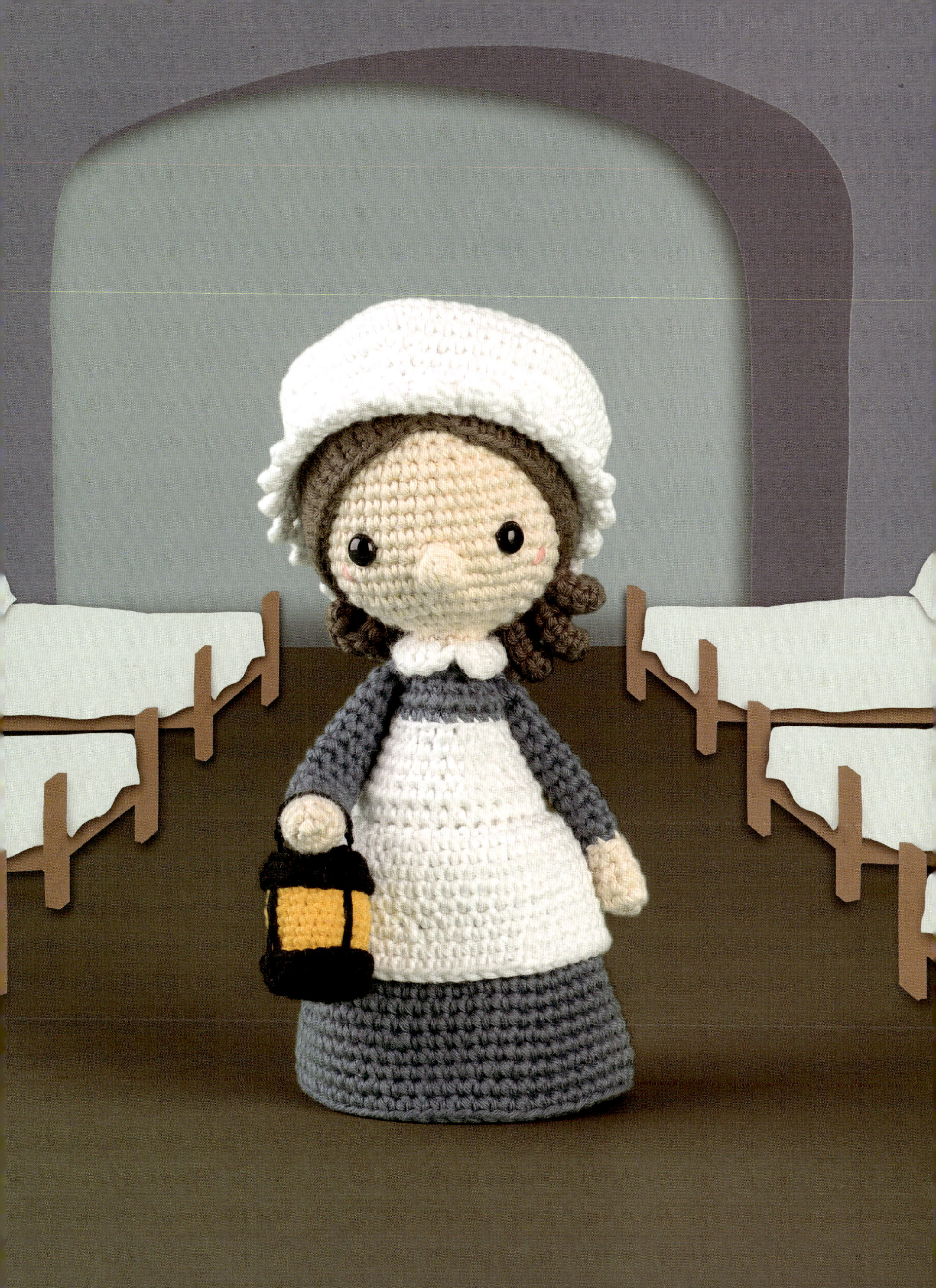

1. BEIN

1. Runde: In der Hautfarbe 6 fe. M. in einen Fadenring (Magic Ring) häkeln. (6 M.)

2. Rd.: 2 fe. M. in jede M. (12 M.)

3.–8. Rd.: 1 fe. M. in jede M.

9. Rd.: Für die Unterbekleidung zu Weiß wechseln, 1 fe. M. in jede M., nur ins hMg.

Faden abschneiden, durch die letzte M. ziehen und vernähen. Beiseitelegen.

2. BEIN

Wie das 1. Bein arbeiten, nur den Faden am Ende nicht abschneiden. Es geht direkt weiter mit dem Körper.

KÖRPER

10. Rd.: Mit dem 2. Bein noch auf der Nadel, 3 Lftm. häkeln und diese mit 1 fe. M. mit dem 1. Bein verbinden (siehe Techniken: Die Beine miteinander verbinden), hier einen Maschenmarkierer anbringen, um den Anf. der Rd. zu kennzeichnen, 11 fe. M. entlang des 1. Beins häkeln, 1 fe. M. in jede der 3 Lftm., 12 fe. M. entlang des 2. Beins und 1 fe. M. in jede der 3 Lftm. auf der anderen Seite (30 M.)

11. Rd.: *4 fe. M., 2 fe. M. in die nächste M., ab * bis zum Ende der Rd. wdh. (36 M.)

12.–16. Rd.: 1 fe. M. in jede M.

17. Rd.: Für den Rock zu **Jeansblau** wechseln, *4 fe. M., 2 fe. M. zus. abm., ab * bis zum Ende der Rd. wdh. (30 M.)

Jetzt die Beine fest ausstopfen.

18. Rd.: Für die Schürze zu **Weiß** wechseln, 1 fe. M. in jede M., nur in die hMg.

19. Rd.: 1 fe.M. in jede M., nur in die hMg.

20. Rd.: 1 fe. M. in jede M.

21. Rd.: *3 fe. M., 2 fe. M. zus. abm., ab * bis zum Ende der Rd. wdh. (24 M.)

22. und 23. Rd.: 1 fe. M. in jede M.

24. Rd.: *2 fe. M., 2 fe. M. zus. abm., ab * bis zum Ende der Rd. wdh. (18 M.)

Jetzt den Körper fest ausstopfen.

25. Rd.: Für das Kleid zu **Jeansblau** wechseln, 1 fe. M. in jede M., nur ins hMg.

26. Rd.: 1 fe. M. in jede M.

27. Rd.: *1 fe. M., 2 fe. M. zus. abm., ab * bis zum Ende der Rd. wdh. (12 M.)

28. Rd.: 1 fe. M. in jede M.

29. Rd.: Für den Kragen zu **Weiß** wechseln, 1 fe. M. in jede M.

30. Rd.: Zur **Hautfarbe** wechseln, 1 fe. M. in jede M., nur ins hMg.

31. Rd.: 1 fe. M. in jede M.

Den Faden nicht abschneiden. Es geht direkt weiter mit dem Kopf.

KOPF

32. Rd.: 2 fe M. in jede M. (24 M.)

33. Rd.: *3 fe. M., 2 fe. M. in die nächste M., ab * bis zum Ende der Rd. wdh. (30 M.)

Jetzt den Halsbereich fest ausstopfen.

34. Rd.: *4 fe. M., 2 fe. M. in die nächste M., ab * bis zum Ende der Rd. wdh. (36 M.)

35. Rd.: *5 fe. M., 2 fe. M. in die nächste M., ab * bis zum Ende der Rd. wdh. (42 M.)

36. Rd.: 1 fe. M. in jede M.

37. Rd.: 26 fe. M., 1 Noppen-M. für die Nase (siehe Maschen: Noppenmasche), 1 fe. M. in jede M. bis zum Ende der Rd. Darauf achten, die Nase auf die Mitte der Beine auszurichten und die Platzierung falls nötig zu ändern.

Nun beginnen wir, den Kragen von Florences Kleid zu häkeln, da dies ohne den fertigen Kopf einfacher ist. Die Schlinge auf der Nadel mit einem Maschenmarkierer sichern und den Faden abschneiden.

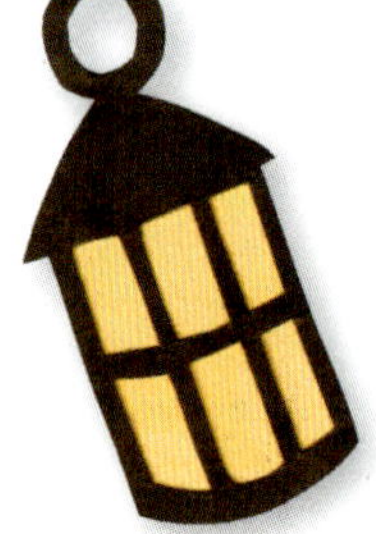

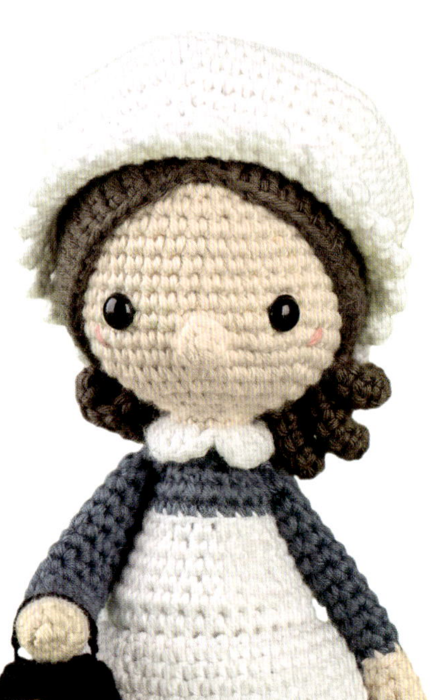

»Die größten Helden sind diejenigen, die ihre Pflicht bei der täglichen Schinderei häuslicher Aufgaben erfüllen, während sich die Welt wie ein verrückter Kreisel dreht.

KRAGEN

Den Körper auf den Kopf stellen und **weißes** Garn in einem der vorderen Maschenglieder der 30. Runde hinten am Hals ansetzen.

1. Runde: 1 fe. M. in jede M., nur ins vMg. (12 M.)

2. Rd.: 4 fe. M., (1 h. Stb. und 1 Stb.) in die nächste M., 3 Stb. in die nächste M., 1 Kettm., (1 Kettm., 2 Lftm., 2 Stb. unten in die 2 Lftm.) in die nächste M., (1 Stb., 1 h. Stb.) in die nächste M., 3 fe. M.

Faden abschneiden, durch die letzte M. ziehen und vernähen. Nun geht es mit dem Kopf weiter. Das **hautfarbene** Garn dort ansetzen, wo die Arbeit am Kopf unterbrochen wurde.

38.–46. Rd.: 1 fe. M. in jede M.

47. Rd.: *5 fe. M., 2 fe M. zus. abm., ab * bis zum Ende der Rd. wdh. (36 M.)

Jetzt damit beginnen, den Kopf auszustopfen.

48. Rd.: *4 fe. M., 2 fe. M. zus. abm., ab * bis zum Ende der Rd. wdh. (30 M.)

Eine Runde über der Nase die Sicherheitsaugen mit 8 cm Abstand voneinander anbringen, die Wangen mit **rosa** Garn aufsticken.

49. Rd.: *3 fe. M., 2 fe. M. zus. abm., ab * bis zum Ende der Rd. wdh. (24 M.)

50. Rd.: *2 fe. M., 2 fe. M. zus. abm., ab * bis zum Ende der Rd. wdh. (18 M.)

Fest ausstopfen.

51. Rd.: *1 fe. M., 2 fe. M. zus. abm., ab * bis zum Ende der Rd. wdh. (12 M.)

52. Rd.: 6 Mal (2 fe. M. zus. abm.). (6 M.)

Faden abschneiden, durch die letzte M. ziehen und vernähen.

ROCK DES KLEIDES

Den Körper auf den Kopf stellen und **jeansblaues** Garn in einem der vorderen Maschenglieder der 18. Rd. auf der Körperrückseite ansetzen.

1. Runde: 1 fe. M. in jede M. der 18. Rd., nur ins vMg. (30 M.)

2. Rd.: *4 fe. M., 2 fe. M. in die nächste M., ab * bis zum Ende der Rd. wdh. (36 M.)

3. Rd.: 1 fe. M. in jede M.

4. Rd.: *5 fe. M., 2 fe. M. in die nächste M., ab * bis zum Ende der Rd. wdh. (42 M.)

5.–7. Rd.: 1 fe. M. in jede M.

8. Rd.: *6 fe. M., 2 fe. M. in die nächste M., ab * bis zum Ende der Rd. wdh. (48 M.)

9.–12. Rd.: 1 fe. M. in jede M.

13. Rd.: *7 fe. M., 2 fe. M. in die nächste M., ab * bis zum Ende der Rd. wdh. (54 M.)

14.–17. Rd.: 1 fe. M. in jede M.

Faden abschneiden, durch die letzte M. ziehen und vernähen.

ROCK DER SCHÜRZE

Den Körper auf den Kopf stellen und **weißes** Garn in einem der vorderen Maschenglieder der 19. Rd. auf der Körperrückseite ansetzen.

1. Runde: 1 fe. M. in jede M. der 19. Rd., nur ins vMg. (30 M.)

2. Rd.: *4 fe. M., 2 fe. M. in die nächste M., ab * bis zum Ende der Rd. wdh. (36 M.)

3. Rd.: 1 fe. M. in jede M.

4. Rd.: *5 fe. M., 2 fe. M. in die nächste M., ab * bis zum Ende der Rd. wdh. (42 M.)

5.–7. Rd.: 1 fe. M. in jede M.

8. Rd.: *6 fe. M., 2 fe. M. in die nächste M., ab * bis zum Ende der Rd. wdh. (48 M.)

9. und 10. Rd.: 1 fe. M. in jede M.

Faden abschneiden, durch die letzte M. ziehen und vernähen.

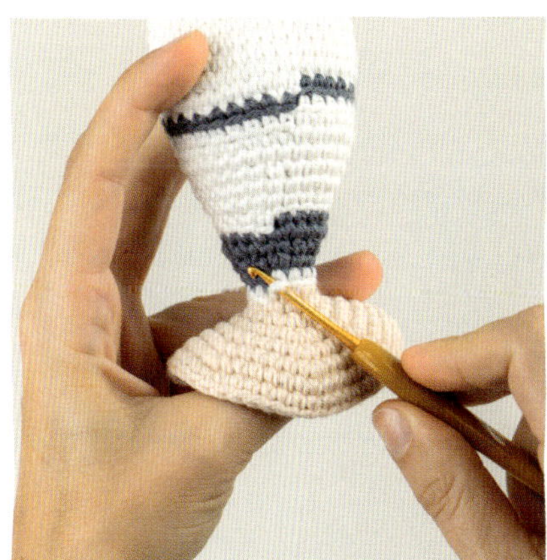

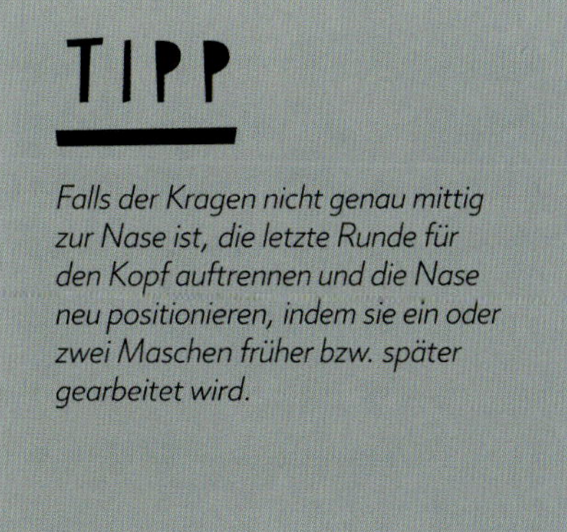

TIPP

Falls der Kragen nicht genau mittig zur Nase ist, die letzte Runde für den Kopf auftrennen und die Nase neu positionieren, indem sie ein oder zwei Maschen früher bzw. später gearbeitet wird.

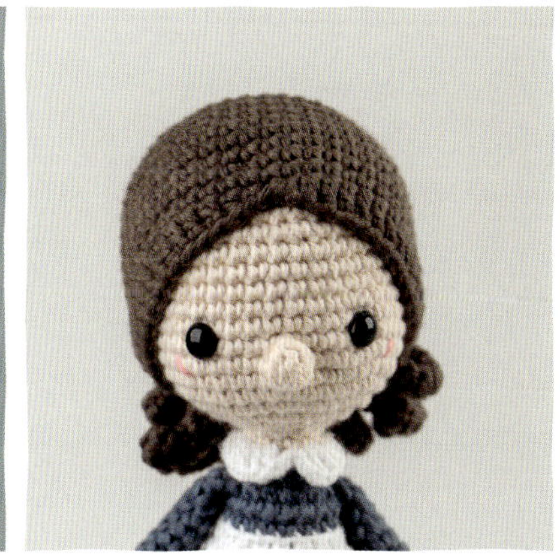

ARME (ZWEI ANFERTIGEN)

1. Runde: In der **Hautfarbe** 2 Lftm., 4 fe. M. in die zweite Lftm. von der Nadel aus. (4 M.)

2. Rd.: 2 fe. M. in jede M. (8 M.)

3.–5. Rd.: 1 fe. M. in jede M.

6. Rd.: Zu **Jeansblau** wechseln, 1 fe. M. in jede M., nur ins hMg.

Die Arme müssen nicht ausgestopft werden.

7.–17. Rd.: 1 fe. M. in jede M.

18. Rd.: Mit den Fingern die Öffnung so zusammendrücken, dass jeweils 4 M. übereinanderliegen, beide Seiten zusammenhäkeln, indem 1 fe. M. in jedes dieser Maschenpaare gehäkelt wird (siehe Techniken: Die Arme schließen).

Faden lang abschneiden, durch die letzte Masche ziehen und das lange Ende hängen lassen, um damit den Arm an den Körper zu nähen.

HAAR

1. Rd.: Für das Haar mit **braunem** Garn 6 fe. M. in einen Fadenring (Magic Ring) häkeln. (6 M.)

2. Rd.: 2 fe. M. in jede M. (12 M.)

3. Rd.: *1 fe. M., 2 fe. M. in die nächste M., ab * bis zum Ende der Rd. wdh. (18 M.)

4. Rd.: *2 fe. M., 2 fe. M. in die nächste M., ab * bis zum Ende der Rd. wdh. (24 M.)

5. Rd.: *3 fe. M., 2 fe. M. in die nächste M., ab * bis zum Ende der Rd. wdh. (30 M.)

6. Rd.: *4 fe. M., 2 fe. M. in die nächste M., ab * bis zum Ende der Rd. wdh. (36 M.)

7. Rd.: *5 fe. M., 2 fe. M. in die nächste M., ab * bis zum Ende der Rd. wdh. (42 M.)

8. Rd.: *13 fe. M., 2 fe. M. in die nächste M., ab * bis zum Ende der Rd. wdh. (45 M.)

9.–15. Rd.: 1 fe. M. in jede M.

16. Rd.: 1 Kettm., 1 fe. M., 1 h. Stb., 12 Stb., 1 h. Stb., 1 fe. M., 1 Kettm., 1 fe. M., 1 h. Stb., 12 Stb., 1 h. Stb., 1 fe. M., 1 Kettm., *11 Lftm., 1 fe. M. in die zweite Lftm. von der Nadel aus, 1 fe. M. in jede Lftm., 1 Kettm., ab * bis zur letzten M. wdh. (10 kurze Haarlocken)

Faden lang abschneiden, durch die letzte M. ziehen, das lange Ende zum Annähen an den Kopf hängen lassen

KRANKENSCHWESTER-HAUBE

1. Runde: Mit **weißem** Garn für die Haube 6 fe. M. in einen Fadenring (Magic Ring) häkeln. (6 M.)

2. Rd.: 2 fe. M. in jede M. (12 M.)

3. Rd.: *1 fe. M., 2 fe. M. in die nächste M., ab * bis zum Ende der Rd. wdh. (18 M.)

4. Rd.: *2 fe. M., 2 fe. M. in die nächste M., ab * bis zum Ende der Rd. wdh. (24 M.)

5. Rd.: *3 fe. M., 2 fe. M. in die nächste M., ab * bis zum Ende der Rd. wdh. (30 M.)

6. Rd.: *4 fe. M., 2 fe. M. in die nächste M., ab * bis zum Ende der Rd. wdh. (36 M.)

7. Rd.: *5 fe. M., 2 fe. M. in die nächste M., ab * bis zum Ende der Rd. wdh. (42 M.))

8. Rd.: *6 fe. M., 2 fe. M. in die nächste M., ab * bis zum Ende der Rd. wdh. (48 M.)

9. Rd.: *7 fe. M., 2 fe. M. in die nächste M., ab * bis zum Ende der Rd. wdh. (54 M.)

10. Rd.: *8 fe. M., 2 fe. M. in die nächste M., ab * bis zum Ende der Rd. wdh. (60 M.)

11.–13. Rd.: 1 fe. M. in jede M.

14. Rd.: *8 fe. M., 2 fe. M. zus. abm., ab * bis zum Ende der Rd. wdh. (54 M.)

15. Rd.: *7 fe. M., 2 fe. M. zus. ab., ab * bis zum Ende der Rd. wdh. (48 M.)

16. Rd.: 1 fe. M. in jede M., nur ins hMg.

17. Rd.: 1 fe. M. in jede M.

18. Rd.: *2 fe. M., 1 Picot (siehe Maschen: Picot) auf die vorherige M., ab * bis zum Ende der Rd., abschließen mit 1 Kettm. in die erste M. der Rd.

Faden abschneiden, durch die letzte M. ziehen und vernähen.

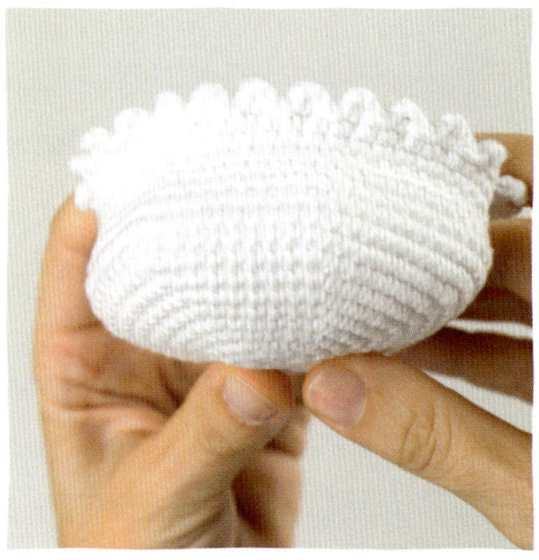

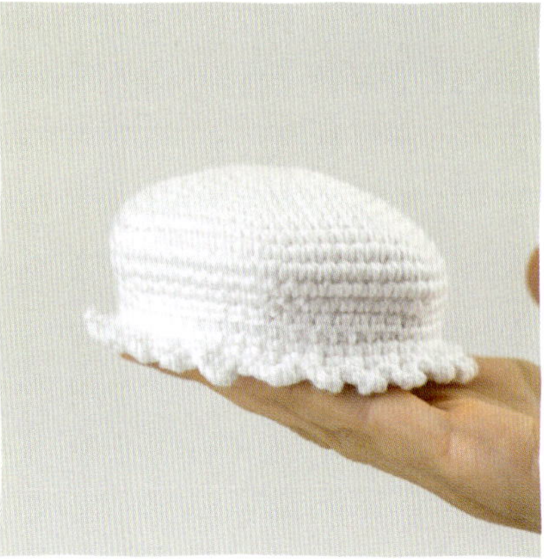

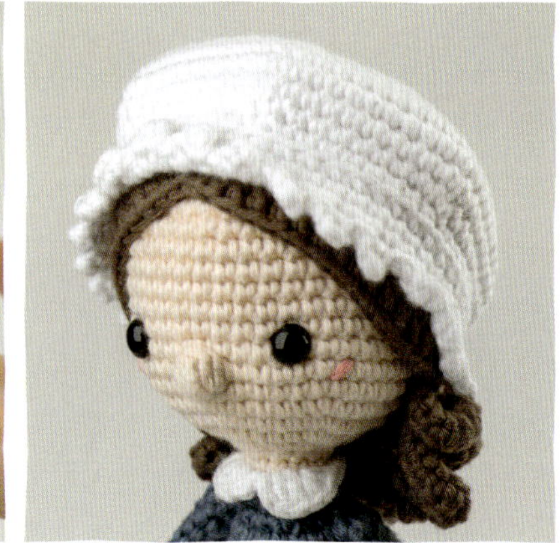

FERTIGSTELLUNG

Das Haar an den Kopf nähen (siehe Techniken: Das Haar annähen).

Die Arme beidseits an den Körper nähen (siehe Techniken: Die Arme annähen).

Die Haube auf Florences Kopf setzen.

Alle Fäden nach innen in der Puppe vernähen.

NACHTLAMPE

Wichtig! Die Lampe wird mit der dünneren Häkelnadel (2 mm) und dem 4-fädigen Garn gehäkelt.

GLAS

1. Runde: Mit **Gelb** 6 fe. M. in einen Fadenring (Magic Ring) häkeln. (6 M.)

2. Rd.: 2 fe. M. in jede M. (12 M.)

3. Rd.: *1 fe. M., 2 fe. M. in die nächste M., ab * bis zum Ende der Rd. wdh. (18 M.)

4. Rd.: 1 fe. M. in jede M., nur ins hMg.

5.–12. Rd.: 1 fe. M. in jede M.

13. Rd.: 1 fe. M. in jede M., nur ins hMg.

14. Rd.: *1 fe. M., 2 fe. M. zus. abm., ab * bis zum Ende der Rd. wdh. (12 M.)

15. Rd.: 6 Mal (2 fe. M. zus. abm.). (6 M.)

Faden abschneiden, durch die letzte M. ziehen und vernähen.

SCHWARZER DECKEL/UNTERTEIL (ZWEI ANFERTIGEN)

1. Runde: Mit **Schwarz** 6 fe. M. in einen Fadenring (Magic Ring häkeln). (6 M.)

2. Rd.: 2 fe. M. in jede M. (12 M.)

3. Rd.: *1 fe. M., 2 fe. M. in die nächste M., ab * bis zum Ende der Rd. wdh. (18 M.)

4. Rd.: *2 fe. M., 2 fe. M. in die nächste M., ab * bis zum Ende der Rd. wdh. (24 M.)

5. Rd.: 1 fe. M. in jede M., nur ins hMg.

6. Rd.: 1 fe. M. in jede M.

Faden lang abschneiden, durch die letzte M. ziehen und das lange Ende zum Annähen hängen lassen.

GRIFF

Mit **schwarzem** Garn arbeiten, am Anfang ein langes Ende hängen lassen, 12 Lftm. häkeln.

Faden lang abschneiden, durch die letzte M. ziehen und das lange Ende zum Annähen hängen lassen.

FERTIGSTELLUNG

Deckel und Unterteil oben und unten an das Glas nähen. Bevor die Fäden dann abgeschnitten werden, einige Linien auf das Glas sticken.

Mit der Sticknadel den Griff an den Deckel der Lampe nähen.

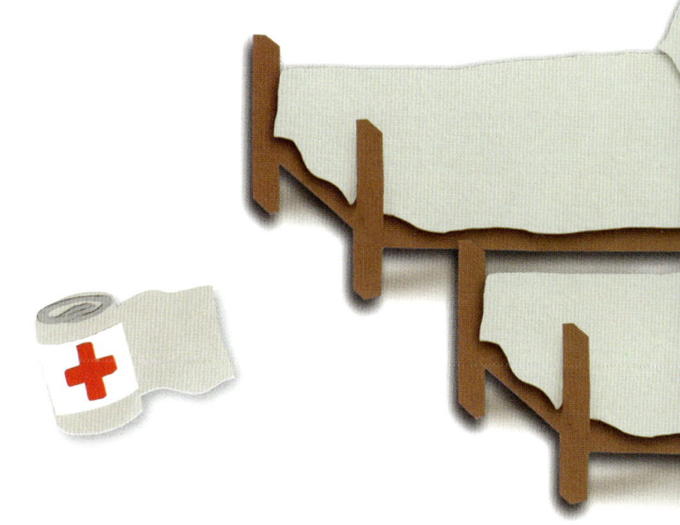

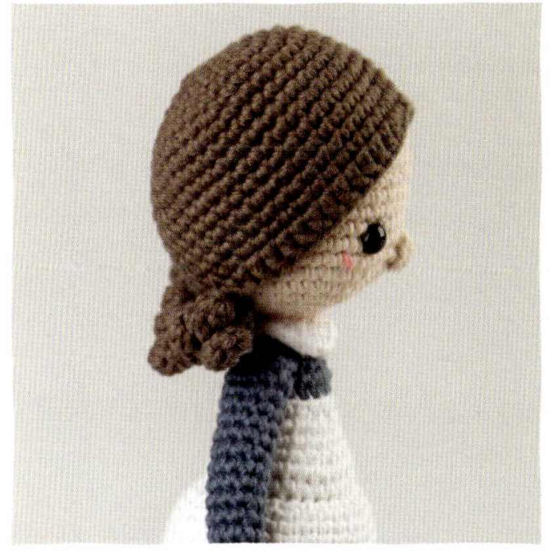

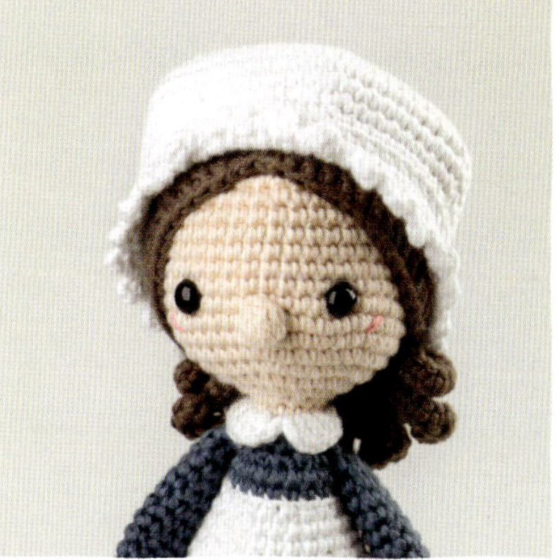

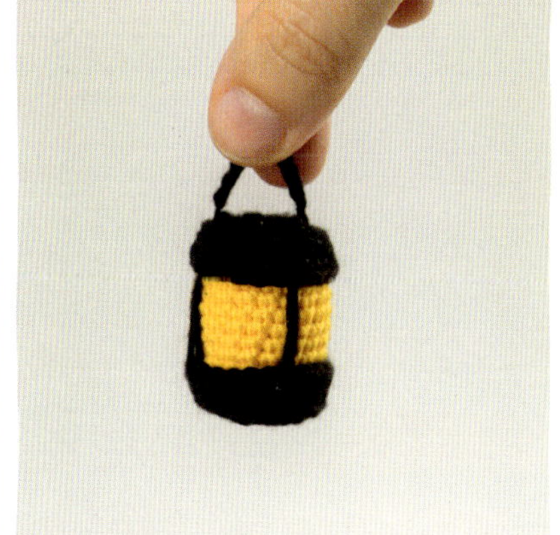

MATERIAL

Häkelnadel 2,5 mm

100 % 8-fädiges Baumwollgarn in den Farben: passende Hautfarbe, Weiß, Hellblau, Hellgrau, Hellgelb, Braun, kleine Menge Rosa

Stumpfe Sticknadel

8 mm Sicherheitsaugen

Maschenmarkierer

Füllwatte

FERTIGE GRÖSSE

20 cm

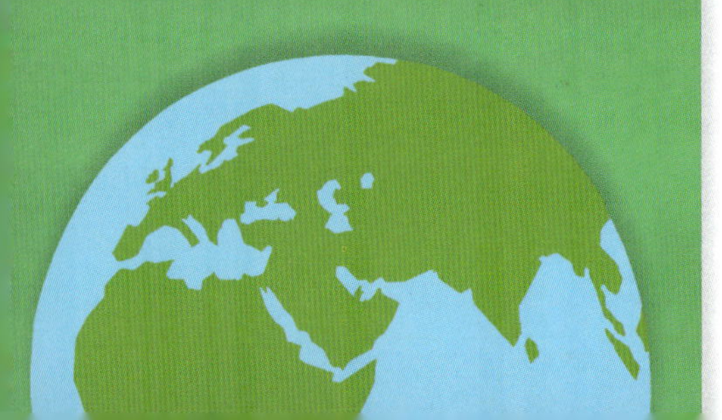

GRETA THUNBERG

Warum wurde Greta ausgewählt? Weil sie ein gewöhnlicher Teenager ist, der Ungewöhnliches vollbringt: Sie hat sich einfach dafür entschieden, sich zu kümmern, hat ihre Kindheit hinter sich gelassen, um das Bewusstsein für den Klimawandel zu erhöhen. Dank der von ihr ins Leben gerufenen globalen »Fridays for Future«-Bewegung hat die Welt angefangen, ihr zuzuhören. Innerhalb eines Jahres ist ihre unermüdliche Kampagne gegen die Verwüstungen der Umwelt zu einer globalen Bewegung geworden. Manchmal braucht es dafür nur eine einzige Person. Diese Person war Greta. Sie bot den Weltführern die Stirn, rüttelte die sozialen Medien wach und löste eine internationale Jugendbewegung aus, die nach sofortigen Antworten verlangt. Millionen von Jungen und Mädchen haben sich ihr angeschlossen, sie hat ihre Argumente mit wissenschaftlichen Erkenntnissen untermauert und einer ganzen Generation eine Stimme gegeben.

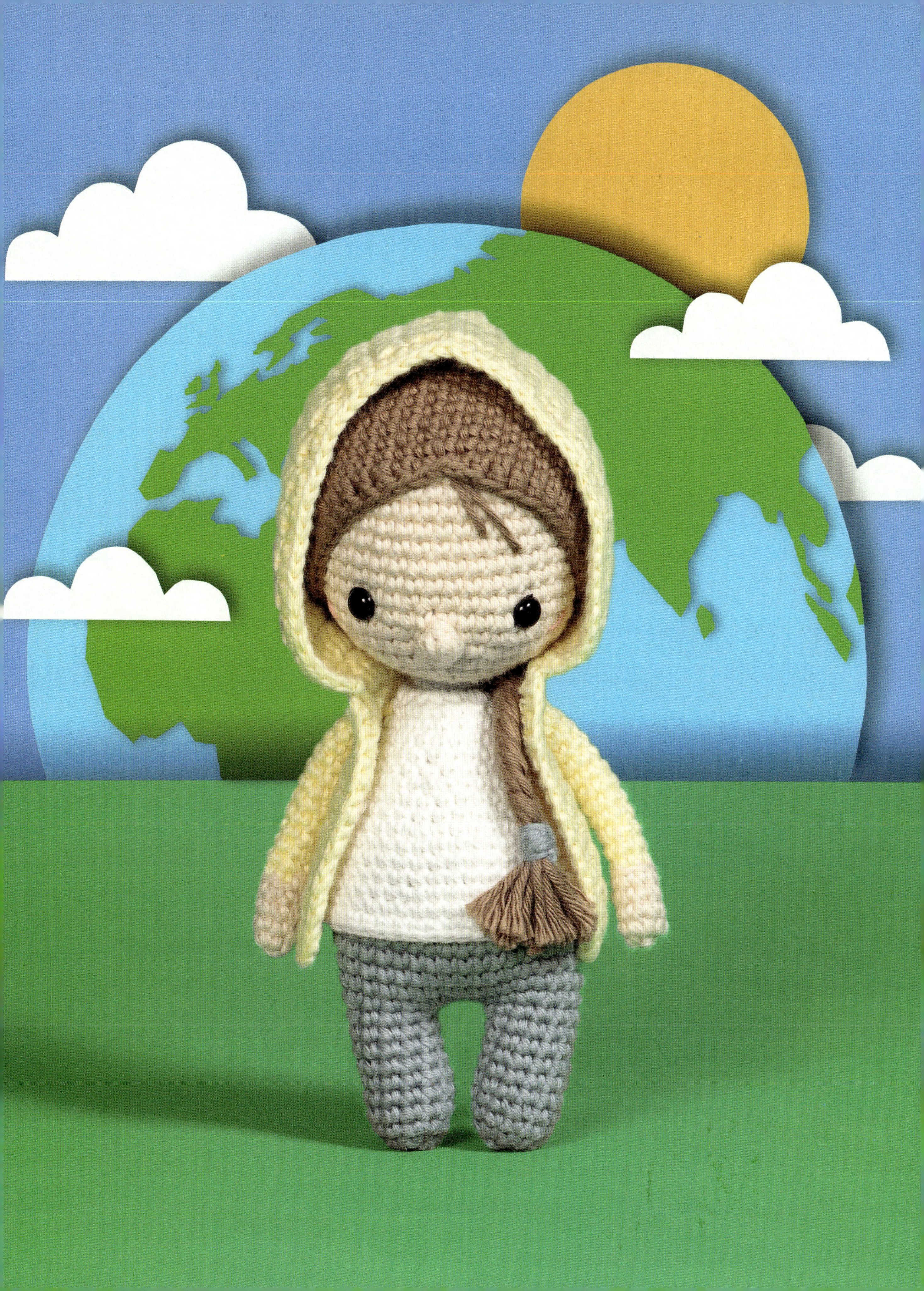

1. BEIN

1. Runde: Mit Hellblau für die Jeans 6 fe. M. in einen Fadenring (Magic Ring) häkeln. (6 M.)

2. Rd.: 2 fe. M. in jede M. (12 M.)

3.–9. Rd.: 1 fe. M. in jede M.

Faden abschneiden, durch die letzte M. ziehen und vernähen. Beiseitelegen.

2. BEIN

Wie das 1. Bein arbeiten, nur den Faden am Ende nicht abschneiden. Es geht direkt weiter mit dem Körper.

KÖRPER

10. Rd.: Mit dem 2. Bein noch auf der Nadel, 3 Lftm. häkeln und diese mit 1 fe. M. mit dem 1. Bein verbinden (siehe Techniken: Die Beine miteinander verbinden), hier einen Maschenmarkierer anbringen, um den Anf. der Rd. zu kennzeichnen, 11 fe. M. entlang des 1. Beins häkeln, 1 fe. M. in jede der 3 Lftm., 12 fe. M. entlang des 2. Beins und 1 fe. M. in jede der 3 Lftm. auf der anderen Seite (30 M.)

11. Rd.: *4 fe. M., 2 fe. M. in die nächste M., ab * bis zum Ende der Rd. wdh. (36 M.)

12.–16. Rd.: 1 fe. M. in jede M.

17. Rd.: *4 fe. M., 2 fe. M. zus. abm., ab * bis zum Ende der Rd. wdh. (30 M.)

18. Rd.: Zur **Hautfarbe** wechseln, 1 fe. M. in jede M., nur ins hMg.

Jetzt die Beine fest ausstopfen.

19. und 20. Rd.: 1 fe. M. in jede M.

21. Rd.: *3 fe. M., 2 fe. M. zus. abm., ab * bis zum Ende der Rd. wdh. (24 M.)

22. und 23. Rd.: 1 fe. M. in jede M.

24. Rd.: *2 fe. M., 2 fe. M. zus. abm., ab * bis zum Ende der Rd. wdh. (18 M.)

Jetzt den Körper fest ausstopfen.

25. und 26. Rd.: 1 fe. M. in jede M.

27. Rd.: *1 fe. M., 2 fe. M. zus. abm., ab * bis zum Ende der Rd. wdh. (12 M.)

28. Rd.: Für ihr T-Shirt zu **Weiß** wechseln, 1 fe. M. in jede M.

29. Rd.: Für den Kragen des T-Shirts zu **Hellgrau** wechseln, 1 fe. M. in jede M., nur ins hMg.

30. Rd.: 1 fe. M. in jede M.

31. Rd.: Zur **Hautfarbe** wechseln, 1 fe. M. in jede M., nur ins hMg.

Den Faden nicht abschneiden. Es geht direkt weiter mit dem Kopf.

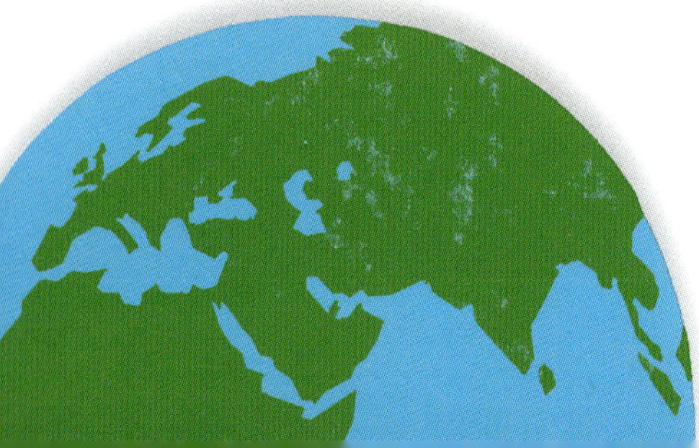

KOPF

32. Rd.: 2 fe M. in jede M. (24 M.)

33. Rd.: *3 fe. M., 2 fe. M. in die nächste M., ab * bis zum Ende der Rd. wdh. (30 M.)

Jetzt den Halsbereich fest ausstopfen.

34. Rd.: *4 fe. M., 2 fe. M. in die nächste M., ab * bis zum Ende der Rd. wdh. (36 M.)

35. Rd.: *5 fe. M., 2 fe. M. in die nächste M., ab * bis zum Ende der Rd. wdh. (42 M.)

36. Rd.: 1 fe. M. in jede M.

37. Rd.: 26 fe. M., 1 Noppen-M. für die Nase (siehe Maschen: Noppenmasche), 1 fe. M. in jede M. bis zum Ende der Rd. Darauf achten, die Nase auf die Mitte der Beine auszurichten und die Platzierung falls nötig zu ändern.

Nun beginnen wir, Gretas T-Shirt zu häkeln, da dies ohne den fertigen Kopf einfacher ist. Die Schlinge auf der Nadel mit einem Maschenmarkierer sichern und den Faden abschneiden.

T-SHIRT

Den Körper auf den Kopf stellen und **weißes** Garn in einem der vorderen Maschenglieder der 29. Rd. auf der Körperrückseite ansetzen.

1. Runde: 1 fe. M. in jede M. der 29. Rd., nur ins vMg. (12 M.)

2. Rd.: *1 fe. M., 2 fe. M. in die nächste M., ab * bis zum Ende der Rd. wdh. (18 M.)

3. Rd.: 1 fe. M. in jede M.

4. Rd.: *2 fe. M., 2 fe. M. in die nächste M., ab * bis zum Ende der Rd. wdh. (24 M.)

5.–7. Rd.: 1 fe. M. in jede M.

8. Rd.: *3 fe. M., 2 fe. M. in die nächste M., ab * bis zum Ende der Rd. wdh. (30 M.)

9. und 10. Rd.: 1 fe. M. in jede M.

11. Rd.: *4 fe. M., 2 fe. M. in die nächste M., ab * bis zum Ende der Rd. wdh. (36 M.)

12.–14. Rd.: 1 fe. M. in jede M.

15. Rd.: *8 fe. M., 2 fe. M. in die nächste M., ab * bis zum Ende der Rd. wdh. (40 M.)

16. und 17. Rd.: 1 fe. M. in jede M.

Faden abschneiden, durch die letzte M. ziehen und vernähen.

Nun geht es mit dem Kopf weiter. Das **hautfarbene** Garn dort ansetzen, wo die Arbeit am Kopf unterbrochen wurde.

38.–46. Rd.: 1 fe M. in jede M.

47. Rd.: *5 fe. M., 2 fe. M. zus. abm., ab * bis zum Ende der Rd. wdh. (36 M.)

Jetzt den Halsbereich fest ausstopfen.

48. Rd.: *4 fe. M., 2 fe. M. zus. abm., ab * bis zum Ende der Rd. wdh. (30 M.)

Eine Runde über der Nase die Sicherheitsaugen mit 8 cm Abstand voneinander anbringen, die Wangen mit **rosa** Garn aufsticken.

49. Rd.: *3 fe. M., 2 fe. M. zus. abm., ab * bis zum Ende der Rd. wdh. (24 M.)

50. Rd.: *2 fe. M., 2 fe. M. zus. abm., ab * bis zum Ende der Rd. wdh. (18 M.)

Fest ausstopfen.

51. Rd.: *1 fe. M., 2 fe. M. zus. abm., ab * bis zum Ende der Rd. wdh. (12 M.)

52. Rd.: 6 Mal (2 fe. M. zus. abm.). (6 M.)

Faden abschneiden, durch die letzte M. ziehen und vernähen.

HAAR

1. Runde: Für das Haar mit **braunem** Garn 6 fe. M. in einen Fadenring (Magic Ring) häkeln. (6 M.)

2. Rd.: 2 fe. M. in jede M. (12 M.)

3. Rd.: *1 fe. M., 2 fe. M. in die nächste M., ab * bis zum Ende der Rd. wdh. (18 M.)

4. Rd.: *2 fe. M., 2 fe. M. in die nächste M., ab * bis zum Ende der Rd. wdh. (24 M.)

5. Rd.: *3 fe. M., 2 fe. M. in die nächste M., ab * bis zum Ende der Rd. wdh. (30 M.)

6. Rd.: *4 fe. M., 2 fe. M. in die nächste M., ab * bis zum Ende der Rd. wdh. (36 M.)

7. Rd.: *5 fe. M., 2 fe. M. in die nächste M., ab * bis zum Ende der Rd. wdh. (42 M.)

8. Rd.: *13 fe. M., 2 fe. M. in die nächste M., ab * bis zum Ende der Rd. wdh. (45 M.)

9.–15. Rd.: 1 fe. M. in jede M.

16. Rd.: 1 Kettm., 1 fe. M., 1 h. Stb., 10 Stb., 1 h. Stb., 1 fe. M., 1 Kettm., 1 fe. M., 1 h. Stb., 10 Stb., 1 h. Stb., 1 fe. M., 1 Kettm. Die restlichen Maschen der Runde unbearbeitet lassen.

Faden lang abschneiden, durch die letzte M. ziehen, das lange Ende hängen lassen, um das Haar damit an den Kopf zu nähen. Das Haar jetzt an Gretas Kopf nähen. Bei der Stirn angekommen, mit wenigen Stichen einige lose Strähnen aufsticken.

ZOPF

9 Fäden hellbraunes Garn von 28 cm Länge abschneiden. 3 Maschen genau in der Mitte von Gretas Hinterkopf am Rand des aufgenähten Haars auswählen. Mit der Sticknadel durch jede dieser Maschen 3 Fäden ziehen und in der Hälfte falten. Mit diesen Fäden einen Zopf flechten. Mit etwas **hellblauem** Garn, das für ihre Jeans verwendet wurde, den Zopf unten zusammenbinden. Die Enden auf eine Länge schneiden, damit der Zopf ordentlicher aussieht.

ARME (ZWEI ANFERTIGEN)

1. Runde: In der **Hautfarbe** 2 Lftm., 4 fe. M. in die zweite Lftm. von der Nadel aus. (4 M.)

2. Rd.: 2 fe. M. in jede M. (8 M.)

3.–5. Rd.: 1 fe. M. in jede M.

6. Rd.: Für die Kapuzenjacke zu **Hellgelb** wechseln, 1 fe. M. in jede M., nur ins hMg.

Die Arme müssen nicht ausgestopft werden.

7.–17. Rd.: 1 fe. M. in jede M.

18. Rd.: Mit den Fingern die Öffnung so zusammendrücken, dass jeweils 4 M. übereinanderliegen, beide Seiten zusammenhäkeln, indem 1 fe. M. in jedes dieser Maschenpaare gehäkelt wird (siehe Techniken: Die Arme schließen).

Faden lang abschneiden, durch die letzte Masche ziehen und das lange Ende hängen lassen, um damit den Arm an den Körper zu nähen.

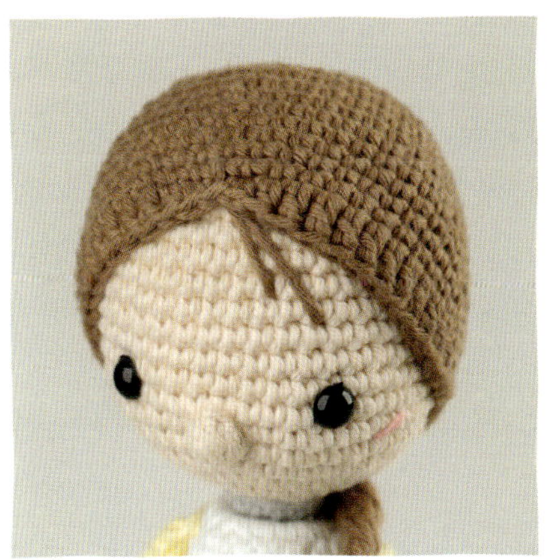

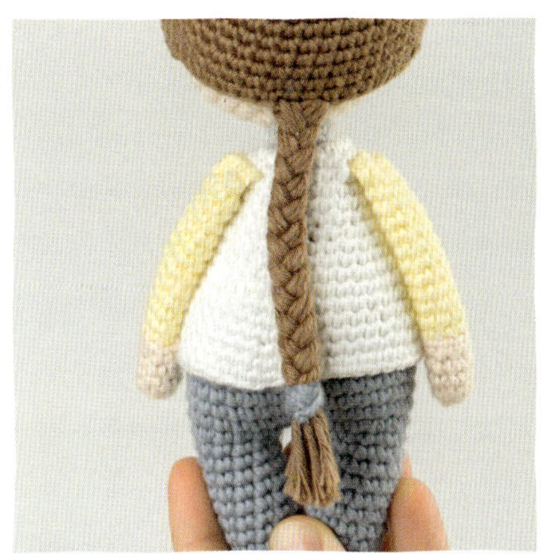

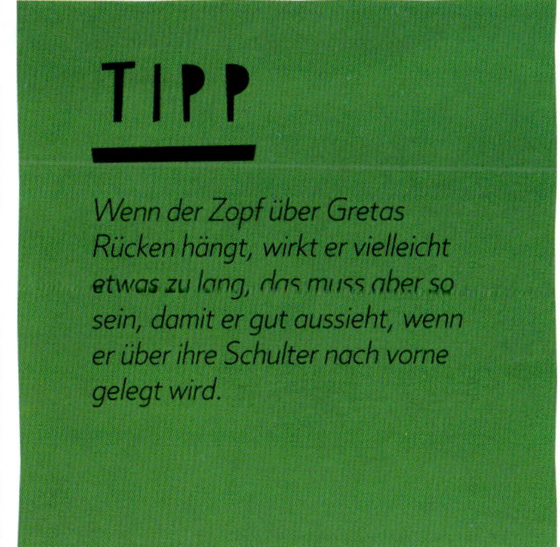

TIPP

Wenn der Zopf über Gretas Rücken hängt, wirkt er vielleicht etwas zu lang, das muss aber so sein, damit er gut aussieht, wenn er über ihre Schulter nach vorne gelegt wird.

GRETAS KAPUZENJACKE

Die Kapuzenjacke ist eigentlich eine Weste, wenn du sie deiner Greta aber anziehst, sieht sie in Verbindung mit den Armen wie eine Kapuzenjacke aus. Die Weste wird mit **hellgelbem** Garn in Reihen gearbeitet.

1. Reihe: 21 Lftm., 1 fe. M. in die zweite Lftm. von der Nadel aus, dann 1 fe. M. in jede Lftm. bis zum Ende der Reihe, 1 Lftm., wenden. (20 M.)

2. R.: 4 fe. M., *6 Lftm., die folgenden 4 M. auslassen (so entsteht das Armloch), 4 fe. M., ab * einmal wdh., 1 Lftm., wenden.

3. R.: 4 fe. M., *6 fe. M. in die Kette aus 6 Lftm., 4 fe. M., ab * einmal wdh., 1 Lftm., wenden. (24 M.)

4.–14. R.: 1 fe. M. in jede M., 1 Lftm., wenden.

15. R.: 1 fe. M. in jede M., 1 Lftm., die Arbeit um 90 ° im Uhrzeigersinn drehen und 15 fe. M. an der Seite der Weste häkeln, dabei in die Zwischenräume zwischen den Reihen einstechen. An der oberen Ecke angekommen, 20 Kettm. in die verbleibenden Schlingen der Anschlags-Luftmaschenkette häkeln. Anschließend 1 Lftm., die Arbeit wieder um 90 ° im Uhrzeigersinn drehen und 15 fe. M. entlang der anderen Seite der Weste häkeln, dabei wieder in die Zwischenräume zwischen den Reihen einstechen (siehe Techniken: Umranden von flachen Teilen).

Faden abschneiden, durch die letzte M. ziehen und vernähen.

KAPUZE DER JACKE

Hellgelbes Garn mit einem Laufknoten (Anfangsschlaufe) in der oberen rechten Ecke der Weste ansetzen.

Die Kapuze wird ebenfalls in Reihen gehäkelt.

1. Reihe: 1 fe. M. in jede M. des oberen Westenrands, 1 Lftm., wenden (20 M.)

2. R.: *1 fe. M., 2 fe. M. in die nächste M., ab *bis zum Ende der R. wdh., 1 Lftm., wenden. (30 M.)

3. R.: *2 fe. M., 2 fe. M. in die nächste M., ab * bis zum Ende der R. wdh., 1 Lftm., wenden (40 M.)

5.–19. R.: 1 fe. M. in jede M., 1 Lftm., wenden.

Achtung! Hier ändert sich die Kapuze etwas. Wir arbeiten nun eine leichte Schräge.

20. R.: 1 fe. M. in die nächsten 20 M., 1 Lftm., wenden. Die restlichen M. der R. unbearbeitet lassen.

21. R.: 2. fe. M. zus. abm., 18 fe. M., 1 Lftm., wenden.

22. R.: 17 fe. M., 2 fe. M. zus. abm., 1 Lftm., wenden.

23. R.: 2 fe. M. zus. abm., 16 fe. M. 1 Lftm., wenden.

24. R.: 15 fe. M., 2 fe. M. zus. abm., 1 Lftm., wenden.

25. R.: 2 fe. M. zus. abm., 14 fe. M., 1 Lftm., wenden.

Faden abschneiden, durch die letzte M. ziehen und vernähen.

Nun müssen wir spiegelbildlich häkeln, was wir auf der anderen Seite der Kapuze gehäkelt haben. Das **hellgelbe** Garn mit einem Laufknoten in der anderen Ecke ansetzen. Es wird weiterhin in Reihen gearbeitet.

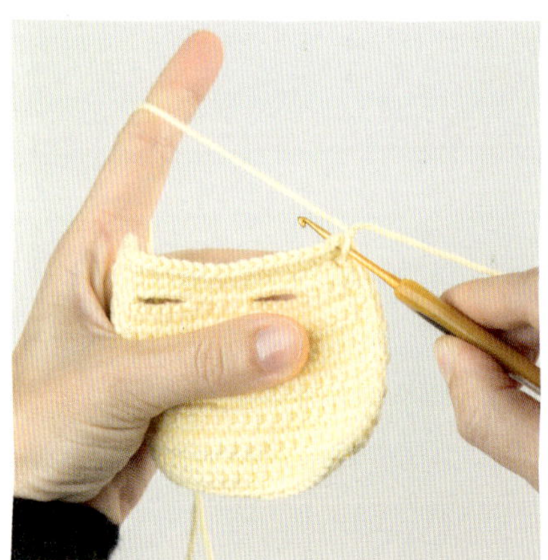

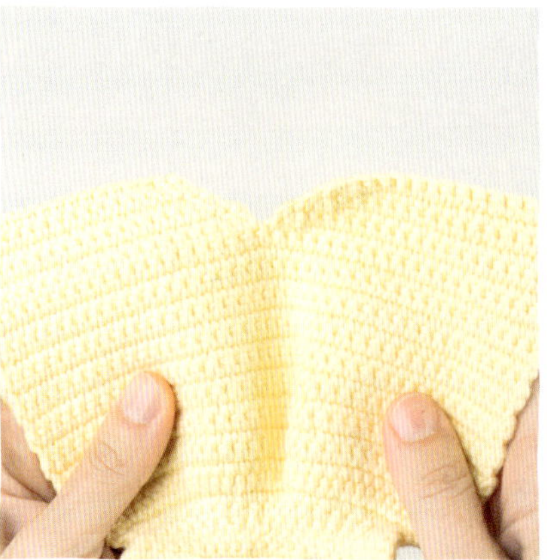

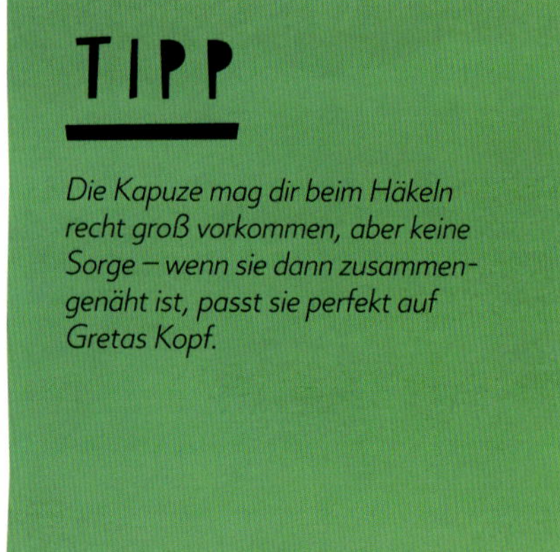

1. Reihe: 1. R.: 1 fe. M. in die folgenden 20 M., 1 Lftm., wenden.

2. R.: 2 fe. M. zus. abm., 18 fe. M., 1 Lftm., wenden.

3. R.: 17 fe. M., 2 fe. M. zus. abm., 1 Lftm., wenden.

4. R.: 2 fe. M. zus. abm., 16 fe. M., 1 Lftm., wenden.

5. R.: 15 fe. M., 2 fe. M. zus. abm., 1 Lftm., wenden.

6. R.: 2 fe. M. zus. abm., 14 fe. M., 1 Lftm., wenden.

Faden lang abschneiden, durch die letzte M. ziehen und das lange Ende zum Zusammennähen der Kapuze hängen lassen.

Die beiden Seiten so zusammenfalten, dass die Ränder aneinanderstoßen. Den langen Faden in die Sticknadel fädeln und beide Seiten zusammennähen, um die Kapuze fertigzustellen.

Wenn die Kapuze oben geschlossen ist, das **hellgelbe** Garn mit einem Laufknoten dort ansetzen, wo Weste und Kapuze zusammentreffen und eine Reihe fe. M. entlang der Öffnung der Kapuze häkeln, dabei zwischen den R. arbeiten, damit es ordentlicher aussieht.

FERTIGSTELLUNG

Die Arme beidseits an den Körper nähen (siehe Techniken: Die Arme annähen).

Die Arme durch die **hellgelbe** Kapuzenweste stecken. Zusammen mit den Armen sieht die Weste nun aus wie eine Kapuzenjacke. Du kannst sie mit wenigen Stichen fixieren.

Nicht vergessen, den Zopf über die Schulter nach vorne zu legen, so wie Greta ihn trägt.

Alle Fäden nach innen in der Puppe vernähen.

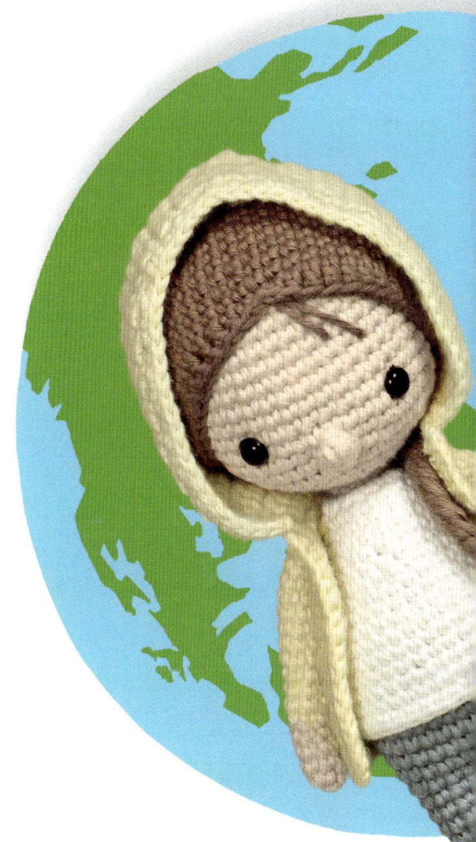

»Ich habe gelernt, dass du nie zu klein bist, um etwas bewirken zu können.«

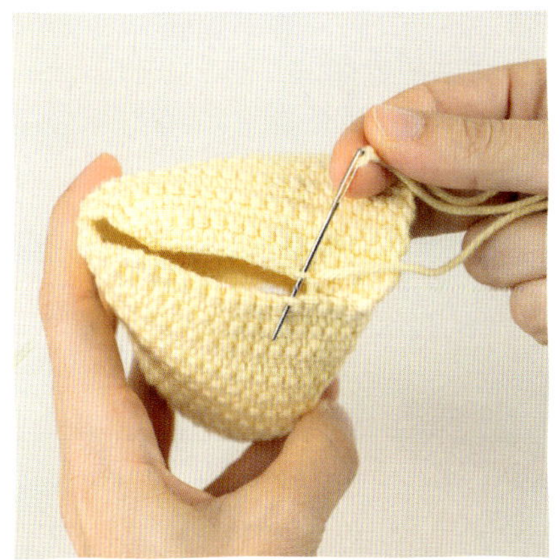

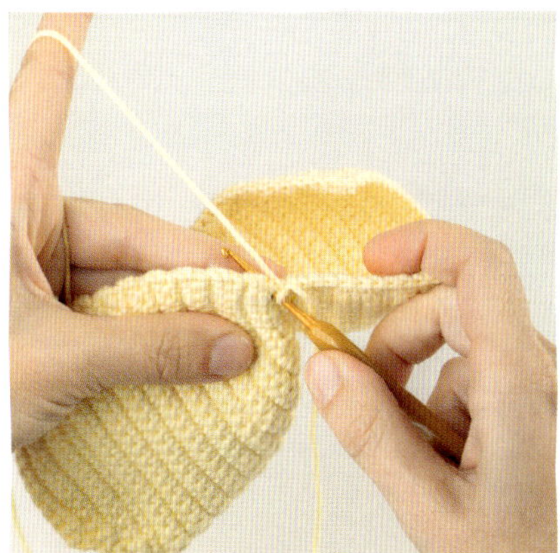

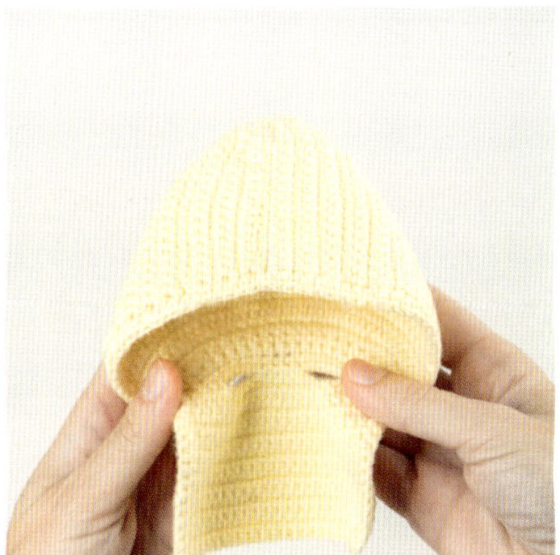

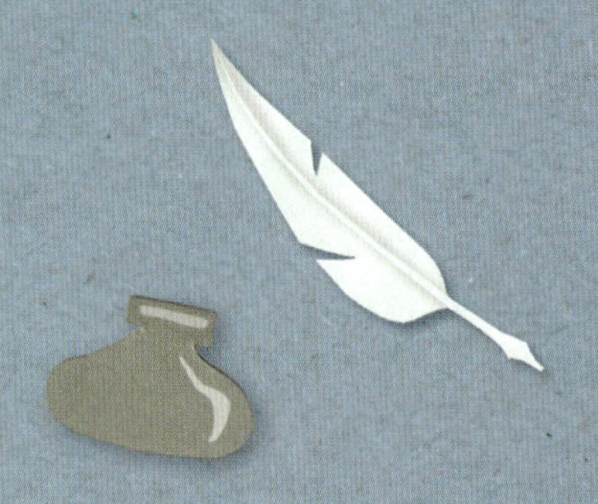

MATERIAL

Häkelnadel 2,5 mm

100 % 8-fädiges Baumwollgarn in den Farben: passende Hautfarbe, Weiß, Babyblau, Dunkelgrau, Braun, Beige, kleine Menge Rosa

Stumpfe Sticknadel

8 mm Sicherheitsaugen

Maschenmarkierer

Füllwatte

FERTIGE GRÖSSE

20 cm

JANE AUSTEN

Warum wurde Jane ausgewählt? Weil sie eine der beliebtesten Autorinnen weltweit ist und ihre Romane zu Klassikern der Weltliteratur wurden, die noch immer neue Fans gewinnen und – wie ihre berühmtesten Werke, »Stolz und Vorurteil«, »Verstand und Gefühl«, »Emma« – auch zu erfolgreichen Film- und Fernsehversionen inspirierten. Sie war geistreich und kreativ, klug, neugierig und hatte einen scharfen Blick für die Gesellschaft ihrer Zeit, die sie beschrieb. Zu ihren Lebzeiten wurden alle ihre Romane anonym herausgegeben. Erst nach ihrem Tod erhielt sie die hoch verdiente Würdigung. Und heute, mehr als 200 Jahre später, sind die von Jane Austen erdachten Liebesgeschichten voller Leidenschaft und sozialer Einblicke noch immer sehr zeitgemäß.

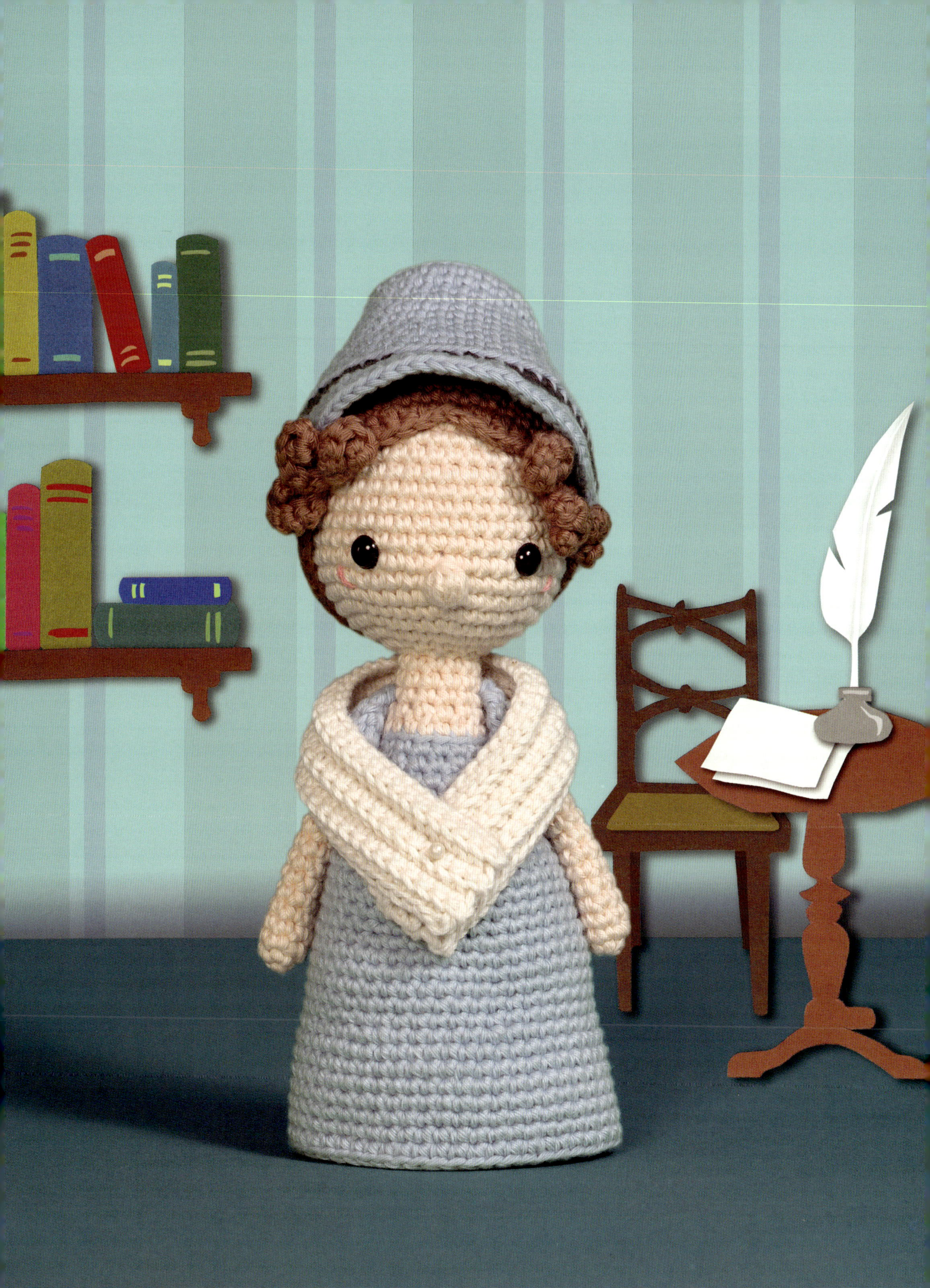

1. BEIN

1. Runde: In der Hautfarbe 6 fe. M. in einen Fadenring (Magic Ring) häkeln. (6 M.)

2. Rd.: 2 fe. M. in jede M. (12 M.)

3.–8. Rd.: 1 fe. M. in jede M.

9. Rd.: Für die Unterbekleidung zu **Weiß** wechseln, 1 fe. M. in jede M., nur ins hMg.

Faden abschneiden, durch die letzte M. ziehen und vernähen. Beiseitelegen.

2. BEIN

Wie das 1. Bein arbeiten, nur den Faden am Ende nicht abschneiden. Es geht direkt weiter mit dem Körper.

KÖRPER

10. Rd.: Mit dem 2. Bein noch auf der Nadel, 3 Lftm. häkeln und diese mit 1 fe. M. mit dem 1. Bein verbinden (siehe Techniken: Die Beine miteinander verbinden), hier einen Maschenmarkierer anbringen, um den Anf. der Rd. zu kennzeichnen, 11 fe. M. entlang des 1. Beins häkeln, 1 fe. M. in jede der 3 Lftm., 12 fe. M. entlang des 2. Beins und 1 fe. M. in jede der 3 Lftm. auf der anderen Seite (30 M.)

11. Rd.: *4 fe. M., 2 fe. M. in die nächste M., ab * bis zum Ende der Rd. wdh. (36 M.)

12.–15. Rd.: 1 fe. M. in jede M.

16. Rd.: Zur **Hautfarbe** wechseln, 1 fe. M. in jede M., nur ins hMg.

Jetzt die Beine fest ausstopfen.

17. Rd.: 1 fe. M. in jede M.

18. Rd.: *4 fe. M., 2 fe. M. zus. abm., ab * bis zum Ende der Rd. wdh. (30 M.)

19. Rd.: Für das Kleid zu **Babyblau** wechseln, 1 fe. M. in jede M.

20. Rd.: Für den Gürtel zu **Dunkelgrau** wechseln, 1 fe. M. in jede M., nur ins hMg.

21. Rd.: *3 fe. M., 2 fe. M. zus. abm., ab * bis zum Ende der Rd. wdh. (24 M.)

22. Rd.: Für das Kleid wieder zu **Babyblau** wechseln, 1 fe. M. in jede M., nur ins hMg.

23. Rd.: 1 fe. M. in jede M.

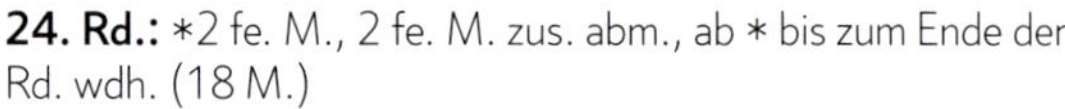

24. Rd.: *2 fe. M., 2 fe. M. zus. abm., ab * bis zum Ende der Rd. wdh. (18 M.)

Jetzt den Körper fest ausstopfen.

25. Rd.: 1 fe. M. in jede M.

26. Rd.: Zur **Hautfarbe** wechseln, 1 fe. M. in jede M., nur ins hMg.

27. Rd.: *1 fe. M., 2 fe. M. zus. abm., ab * bis zum Ende der Rd. wdh. (12 M.)

28.–31. Rd.: 1 fe. M. in jede M.

Den Faden nicht abschneiden. Es geht direkt weiter mit dem Kopf.

KOPF

32. Rd.: 2 fe M. in jede M. (24 M.)

33. Rd.: *3 fe. M., 2 fe. M. in die nächste M., ab * bis zum Ende der Rd. wdh. (30 M.)

Jetzt den Halsbereich fest ausstopfen.

34. Rd.: *4 fe. M., 2 fe. M. in die nächste M., ab * bis zum Ende der Rd. wdh. (36 M.)

35. Rd.: *5 fe. M., 2 fe. M. in die nächste M., ab * bis zum Ende der Rd. wdh. (42 M.)

36. Rd.: 1 fe. M. in jede M.

37. Rd.: 26 fe. M., 1 Noppen-M. für die Nase (siehe Maschen: Noppenmasche), 1 fe. M. in jede M. bis zum Ende der Rd. Darauf achten, die Nase auf die Mitte der Beine auszurichten und die Platzierung falls nötig zu ändern.

38.–46. Rd.: 1 fe. M. in jede M.

47. Rd.: *5 fe. M., 2 fe M. zus. abm., ab * bis zum Ende der Rd. wdh. (36 M.)

Jetzt damit beginnen, den Kopf auszustopfen.

48. Rd.: *4 fe. M., 2 fe. M. zus. abm., ab * bis zum Ende der Rd. wdh. (30 M.)

Eine Runde über der Nase die Sicherheitsaugen mit 8 cm Abstand voneinander anbringen, die Wangen mit **rosa** Garn aufsticken.

49. Rd.: *3 fe. M., 2 fe. M. zus. abm., ab * bis zum Ende der Rd. wdh. (24 M.)

50. Rd.: *2 fe. M., 2 fe. M. zus. abm., ab * bis zum Ende der Rd. wdh. (18 M.)

Fest ausstopfen.

51. Rd.: *1 fe. M., 2 fe. M. zus. abm., ab * bis zum Ende der Rd. wdh. (12 M.)

52. Rd.: 6 Mal (2 fe. M. zus. abm.). (6 M.)

Faden abschneiden, durch die letzte M. ziehen und vernähen.

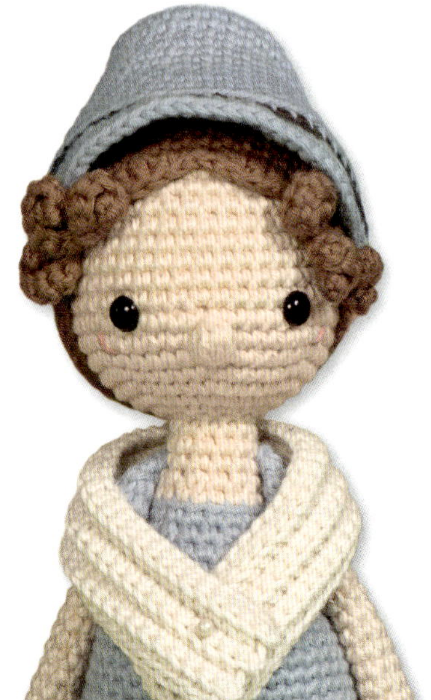

»Nicht was wir sagen oder denken definiert uns, sondern was wir tun.«

ROCK VON JANES REGENCY-KLEID

Den Körper auf den Kopf stellen und **babyblaues** Garn in einem der vorderen Maschenglieder der 20. Rd. auf der Körperrückseite ansetzen.

1. Runde: 1 fe. M. in jede M. der 20. Rd., nur ins vMg. (30 M.)

2. Rd.: 1 fe. M. in jede M.

3. Rd.: *4 fe. M., 2 fe. M. in die nächste M., ab * bis zum Ende der Rd. wdh. (36 M.)

4.–7. Rd.: 1 fe. M. in jede M.

8. Rd.: *5 fe. M., 2 fe. M. in die nächste M., ab * bis zum Ende der Rd. wdh. (42 M.)

9.–13. Rd.: 1 fe. M. in jede M.

14. Rd.: *6 fe. M., 2 fe. M. in die nächste M., ab * bis zum Ende der Rd. wdh. (48 M)

15.–21. Rd.: 1 fe. M. in jede M.

Faden abschneiden, durch die letzte M. ziehen und vernähen.

ARME (ZWEI ANFERTIGEN)

1. Runde: In der **Hautfarbe** 2 Lftm., 4 fe. M. in die zweite Lftm. von der Nadel aus. (4 M.)

2. Rd.: 2 fe. M. in jede M. (8 M.)

3.–12. Rd.: 1 fe. M. in jede M.

13. Rd.: Zu **Babyblau** wechseln, 2 fe. M. in jede M., nur ins hMg. (16 M.)

Die Arme müssen nicht ausgestopft werden.

14.–16. Rd.: 1 fe. M. in jede M.

17. Rd.: 8 Mal (2 fe. M. zus. abm.). (8 M.)

18. Rd.: Mit den Fingern die Öffnung so zusammendrücken, dass jeweils 4 M. übereinanderliegen, beide Seiten zusammenhäkeln, indem 1 fe. M. in jedes dieser Maschenpaare gehäkelt wird (siehe Techniken: Die Arme schließen).

Faden lang abschneiden, durch die letzte Masche ziehen und das lange Ende hängen lassen, um damit den Arm an den Körper zu nähen.

HAAR

1. Runde: Für das Haar mit **braunem** Garn 6 fe. M. in einen Fadenring (Magic Ring) häkeln. (6 M.)

2. Rd.: 2 fe. M. in jede M. (12 M.)

3. Rd.: *1 fe. M., 2 fe. M. in die nächste M., ab * bis zum Ende der Rd. wdh. (18 M.)

4. Rd.: *2 fe. M., 2 fe. M. in die nächste M., ab * bis zum Ende der Rd. wdh. (24 M.)

5. Rd.: *3 fe. M., 2 fe. M. in die nächste M., ab * bis zum Ende der Rd. wdh. (30 M.)

6. Rd.: *4 fe. M., 2 fe. M. in die nächste M., ab * bis zum Ende der Rd. wdh. (36 M.)

7. Rd.: *5 fe. M., 2 fe. M. in die nächste M., ab * bis zum Ende der Rd. wdh. (42 M.)

8. Rd.: *13 fe. M., 2 fe. M. in die nächste M., ab * bis zum Ende der Rd. wdh. (45 M.)

9.–15. Rd.: 1 fe. M. in jede M.

16. Rd.: *1 Kettm., 11 Lftm., 1 fe. M. in die zweite Lftm. von der Nadel aus, 1 fe. M. in jede der Lftm. (10 M.), ab * insgesamt 3 Mal häkeln, 1 Kettm., 1 fe. M., 1 h. Stb., 1 Stb., 1 h. Stb., 1 fe. M., 1 Kettm., 1 fe. M., 1 h. Stb., 1 Stb., 1 h. Stb., 1 fe. M., 1 Kettm., *11 Lftm., 1 fe. M. in die zweite Lftm. von der Nadel aus, 1 fe. M. in jede der 10 Lftm. (10 M.), 1 Kettm., ab * insgesamt 3 Mal häkeln. Die restlichen Maschen der Runde unbearbeitet lassen.

Faden lang abschneiden, durch die letzte M. ziehen, das lange Ende hängen lassen, um das Haar damit an den Kopf zu nähen.

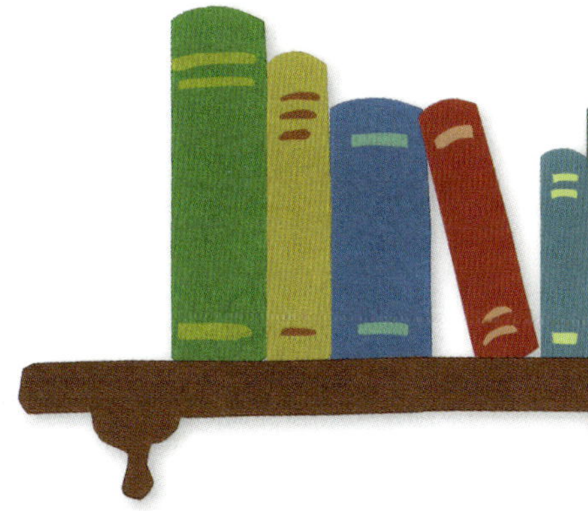

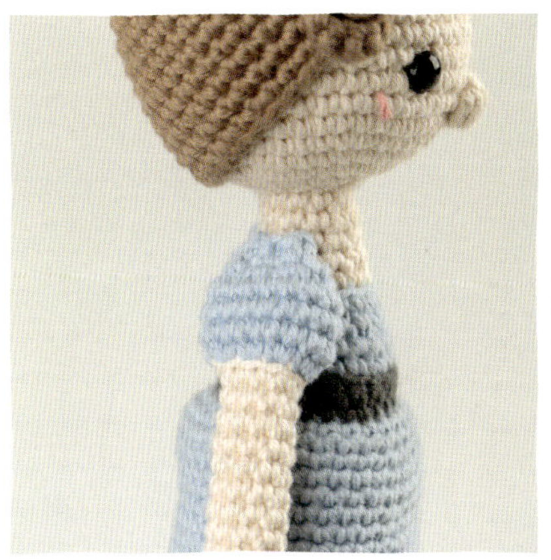

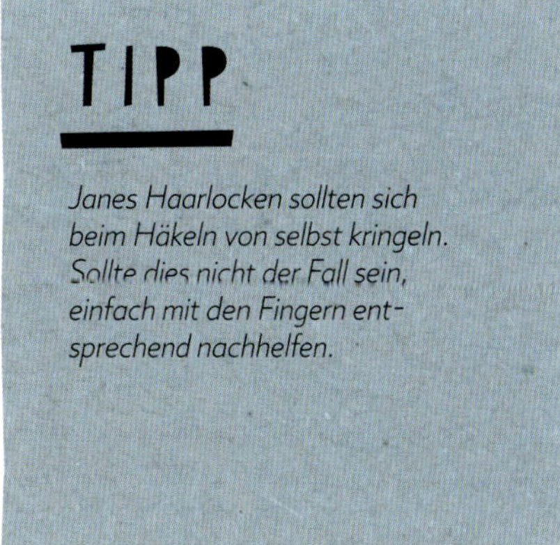

TIPP

Janes Haarlocken sollten sich beim Häkeln von selbst kringeln. Sollte dies nicht der Fall sein, einfach mit den Fingern entsprechend nachhelfen.

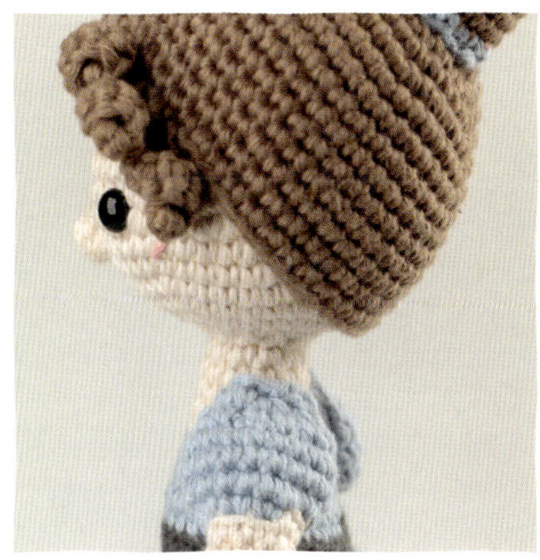

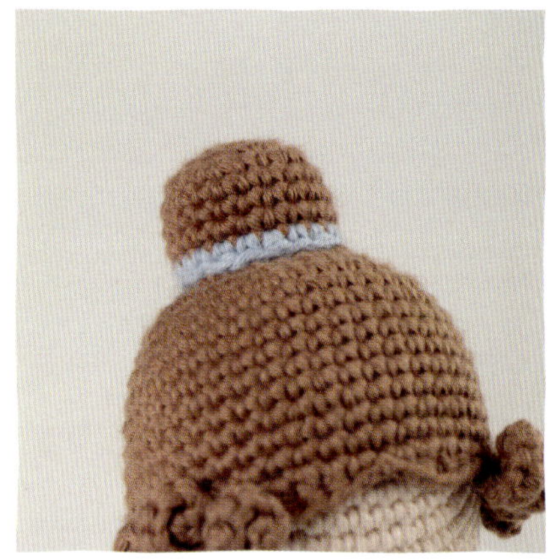

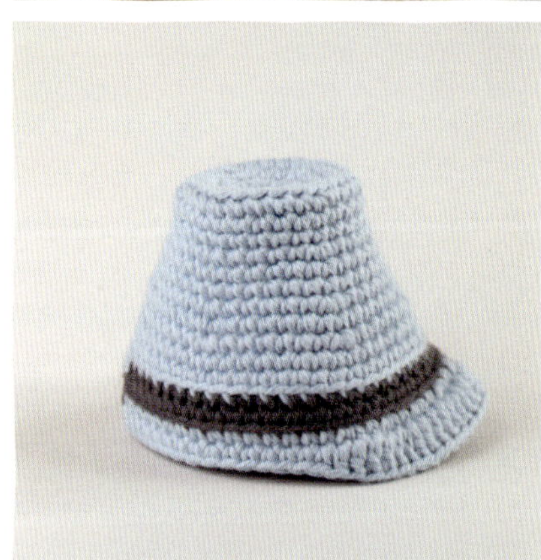

HAARDUTT

1. Runde: In **Braun** 5 fe. M. in einen Fadenring (Magic Ring) häkeln. (5 M.)

2. Rd.: 2 fe. M. in jede M. (10 M.)

3. Rd.: *1 fe. M., 2 fe. M. in die nächste M. ab * bis zum Ende der Rd. wdh. (15 M.)

4. Rd.: *2 fe. M., 2 fe. M. in die nächste M. ab * bis zum Ende der Rd. wdh. (20 M.)

5.–7. Rd.: 1 fe. M. in jede M.

8. Rd.: Zu **Babyblau** wechseln, 1 fe. M. in jede M.

Faden lang abschneiden, durch die letzte M. ziehen, das lange Ende hängen lassen, um damit den Dutt an den Kopf zu nähen.f.

HAUBE

1. Runde: Für die Haube in **Babyblau** 6 fe. M. in einen Fadenring (Magic Ring) häkeln. (6 M.)

2. Rd.: 2 fe. M. in jede M. (12 M.)

3. Rd.: *1 fe. M., 2 fe. M. in die nächste M., ab * bis zum Ende der Rd. wdh. (18 M.)

4. Rd.: *2 fe. M., 2 fe. M. in die nächste M., ab * bis zum Ende der Rd. wdh. (24 M.)

5. Rd.: *3 fe. M., 2 fe. M. in die nächste M., ab * bis zum Ende der Rd. wdh. (30 M.)

6. Rd.: 1 fe. M. in jede M., nur ins hMg.

7. und 8. Rd.: 1 fe. M. in jede M.

9. Rd.: *4 fe. M., 2 fe. M. in die nächste M. ab * bis zum Ende der Rd. wdh. (36 M.)

10. und 11. Rd.: 1 fe. M. in jede M.

12. Rd.: *5 fe. M., 2 fe. M. in die nächste M., ab * bis zum Ende der Rd. wdh. (42 M.)

13. Rd.: 1 fe. M. in jede M.

14. Rd.: *6 fe. M., 2 fe. M. in die nächste M., ab * bis zum Ende der Rd. wdh. (48 M.)

15. und 16. Rd.: 1 fe. M. in jede M.

17. Rd.: Für das Band zu **Dunkelgrau** wechseln, 1 fe. M. in jede M., nur ins hMg.

18. Rd.: 1 fe. M. in jede M.

19. Rd.: Wieder zu **Babyblau** wechseln und alle M. nur ins hMg. arbeiten: 15 fe. M., *2 fe. M. in die nächste M., 2 fe. M. ab * insgesamt 9 Mal häkeln, 15 fe. M. (57 M.)

20. Rd.: 15 fe. M., 1 h. Stb., *4 Stb., 2 Stb. in die nächste M., ab * insgesamt 5 Mal häkeln, 1 h. Stb., 15 fe. M. (62 M.)

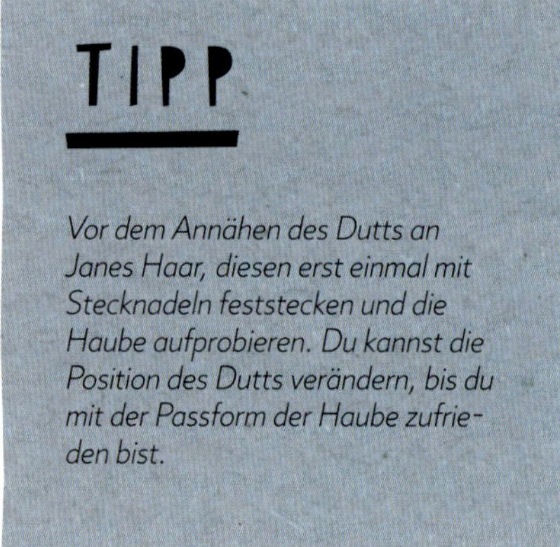

TIPP

Vor dem Annähen des Dutts an Janes Haar, diesen erst einmal mit Stecknadeln feststecken und die Haube aufprobieren. Du kannst die Position des Dutts verändern, bis du mit der Passform der Haube zufrieden bist.

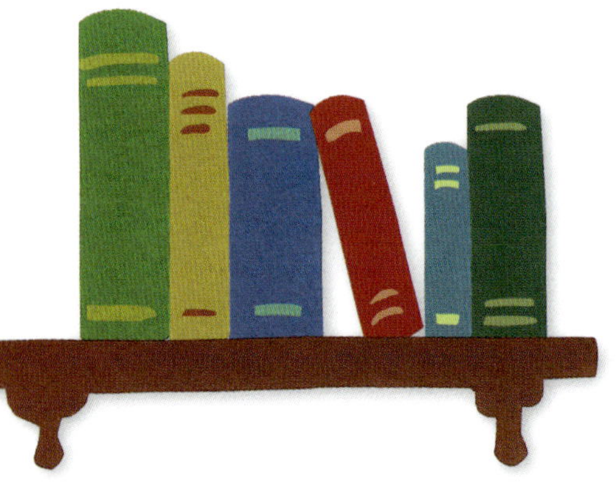

SCHAL

Der Schal wird in Reihen gehäkelt.

1. R.: In **Beige** 51 Lftm. anschlagen, 1 fe. M. in die zweite Lftm. von der Nadel aus, 1 fe. M. in jede M. bis zum Ende der R. (50 M.)

2.–5. R.: 1 Lftm., wenden, 1 fe. M. in jede M., nur ins hMg.

Faden abschneiden, durch die letzte M. ziehen und vernähen.

FERTIGSTELLUNG

Das Haar an den Kopf nähen (siehe Techniken: Das Haar annähen), dabei die Locken laut Abbildung auf ihre Augen abstimmen.

Den Dutt ausstopfen und genau in der Mitte an Janes Haar nähen.

Die Arme beidseits des Körpers annähen (siehe Techniken: Die Arme annähen).

Den Schal über Janes Arme legen. Mit einer hübschen Nadel oder wenigen Stichen fixieren.

Alle Fäden nach innen in der Puppe vernähen.

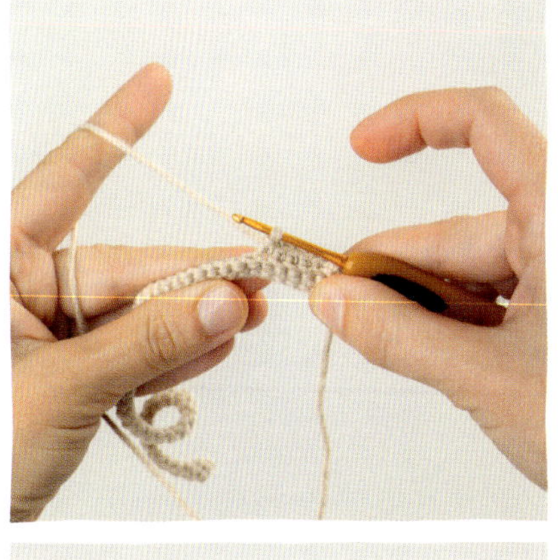

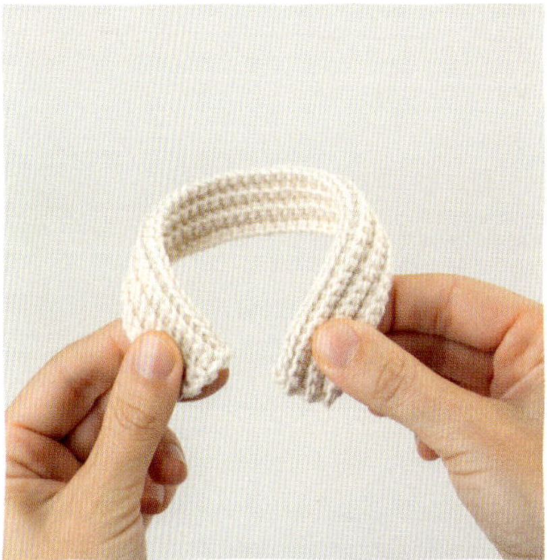

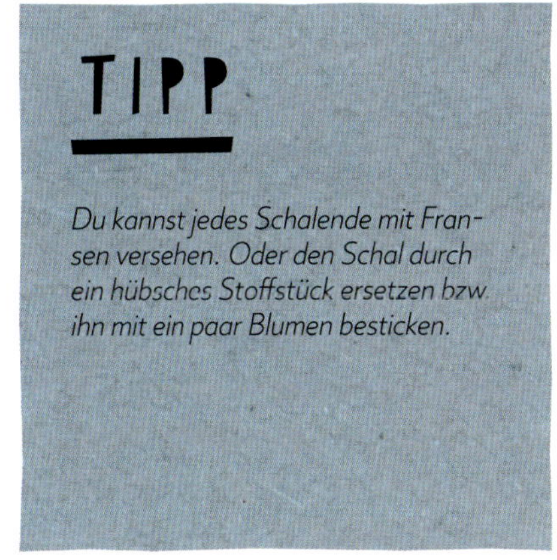

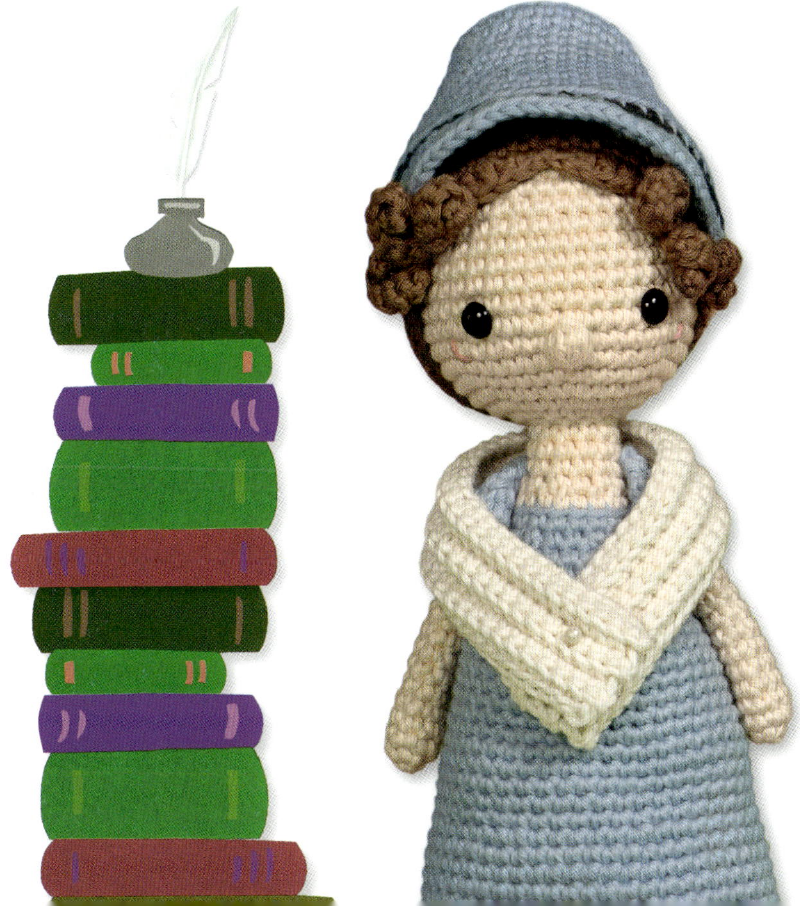

MATERIAL

Häkelnadel 2,5 mm

100 % 8-fädiges Baumwollgarn in den Farben: passende Hautfarbe, Blau, Hellgrau, Schwarz, kleine Menge Rosa

Stumpfe Sticknadel

8 mm Sicherheitsaugen

Maschenmarkierer

Füllwatte

Ein 43 x 15 cm großes Stück Stoff als Kopfbedeckung

FERTIGE GRÖSSE

20 cm

MALALA YOUSAFZAI

Warum wurde Malala ausgewählt? Weil sie den Taliban, als diese ihr in Pakistan das Recht auf den weiteren Schulbesuch verweigern wollten, unerschrocken die Stirn bot und für ihre Rechte und die anderer Mädchen kämpfte. Die Taliban reagierten darauf mit einer Todesdrohung, 2012 schoss ihr ein bewaffneter Taliban in den Kopf. Sie wurde nach Großbritannien gebracht und überlebte nach schwerem Kampf, konnte aber nicht in ihr geliebtes Heimatland zurückkehren. Dennoch setzte sie sich weiter für die kostenlose, sichere und gute Bildung von Mädchen ein und rückte die vielen Missstände unter dem Terrorregime ins Rampenlicht der Öffentlichkeit. Im Jahr 2014 erhielt die damals erst 17-Jährige den Friedensnobelpreis – als jüngste Preisträgerin in der Geschichte dieser Auszeichnung.

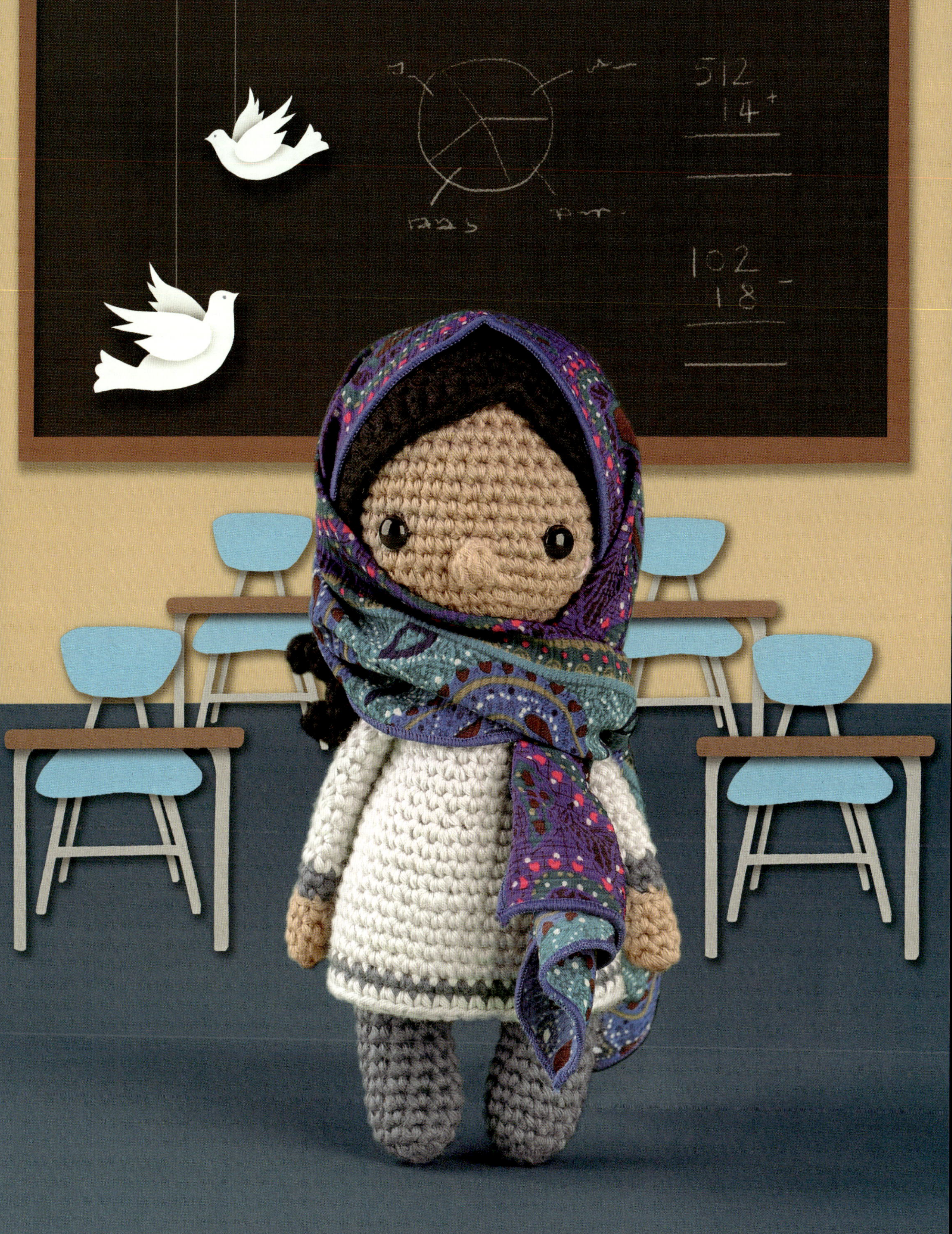
512
14 +
102
18 -

1. BEIN

1. Runde: Mit **blauem** Garn für ihre Hose 6 fe. M. in einen Fadenring (Magic Ring) häkeln. (6 M.)

2. Rd.: 2 fe. M. in jede M. (12 M.)

3.–9. Rd.: 1 fe. M. in jede M.

Faden abschneiden, durch die letzte M. ziehen und vernähen. Beiseitelegen.

2. BEIN

Wie das 1. Bein arbeiten, nur den Faden am Ende nicht abschneiden. Es geht direkt weiter mit dem Körper.

KÖRPER

10. Rd.: Mit dem 2. Bein noch auf der Nadel, 3 Lftm. häkeln und diese mit 1 fe. M. mit dem 1. Bein verbinden (siehe Techniken: Die Beine miteinander verbinden), hier einen Maschenmarkierer anbringen, um den Anf. der Rd. zu kennzeichnen, 11 fe. M. entlang des 1. Beins häkeln, 1 fe. M. in jede der 3 Lftm., 12 fe. M. entlang des 2. Beins und 1 fe. M. in jede der 3 Lftm. auf der anderen Seite (30 M.)

11. Rd.: *4 fe. M., 2 fe. M. in die nächste M., ab * bis zum Ende der Rd. wdh. (36 M.)

12.–16. Rd.: 1 fe. M. in jede M.

17. Rd.: *4 fe. M., 2 fe. M. zus. abm., ab * bis zum Ende der Rd. wdh. (30 M.)

18. Rd.: Zur **Hautfarbe** wechseln, 1 fe. M. in jede M., nur ins hMg.

Jetzt die Beine fest ausstopfen.

19. und 20. Rd.: 1 fe. M. in jede M.

21. Rd.: *3 fe. M., 2 fe. M. zus. abm., ab * bis zum Ende der Rd. wdh. (24 M.)

22. und 23. Rd.: 1 fe. M. in jede M.

24. Rd.: *2 fe. M., 2 fe. M. zus. abm., ab * bis zum Ende der Rd. wdh. (18 M.)

Jetzt den Körper fest ausstopfen.

25. und 26. Rd.: 1 fe. M. in jede M.

27. Rd.: *1 fe. M., 2 fe. M. zus. abm., ab * bis zum Ende der Rd. wdh. (12 M.)

28. Rd.: Für das Tunikashirt zu **Hellgrau** wechseln, 1 fe. M. in jede M.

29. Rd.: Für den Kragen des Tunikashirts zu Blau **wechseln**, 1 fe. M. in jede M., nur ins hMg.

30. Rd.: 1 fe. M. in jede M.

31. Rd.: Zur **Hautfarbe** wechseln, 1 fe. M. in jede M., nur ins hMg

Den Faden nicht abschneiden. Es geht direkt weiter mit dem Kopf.

KOPF

32. Rd.: 2 fe M. in jede M. (24 M.)

33. Rd.: *3 fe. M., 2 fe. M. in die nächste M., ab * bis zum Ende der Rd. wdh. (30 M.)

Jetzt den Halsbereich fest ausstopfen.

34. Rd.: *4 fe. M., 2 fe. M. in die nächste M., ab * bis zum Ende der Rd. wdh. (36 M.)

35. Rd.: *5 fe. M., 2 fe. M. in die nächste M., ab * bis zum Ende der Rd. wdh. (42 M.)

36. Rd.: 1 fe. M. in jede M.

37. Rd.: 26 fe. M., 1 Noppen-M. für die Nase (siehe Maschen: Noppenmasche), 1 fe. M. in jede M. bis zum Ende der Rd. Darauf achten, die Nase auf die Mitte der Beine auszurichten und die Platzierung falls nötig zu ändern.

Nun beginnen wir, Malalas Tunikashirt zu häkeln, da dies ohne den fertigen Kopf einfacher ist. Die Schlinge auf der Nadel mit einem Maschenmarkierer sichern und den Faden abschneiden.

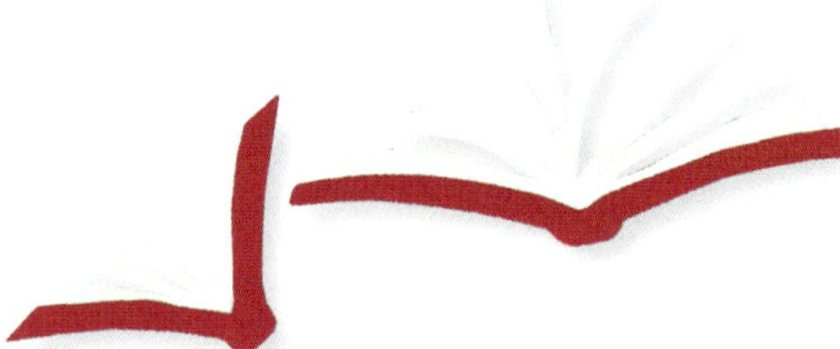

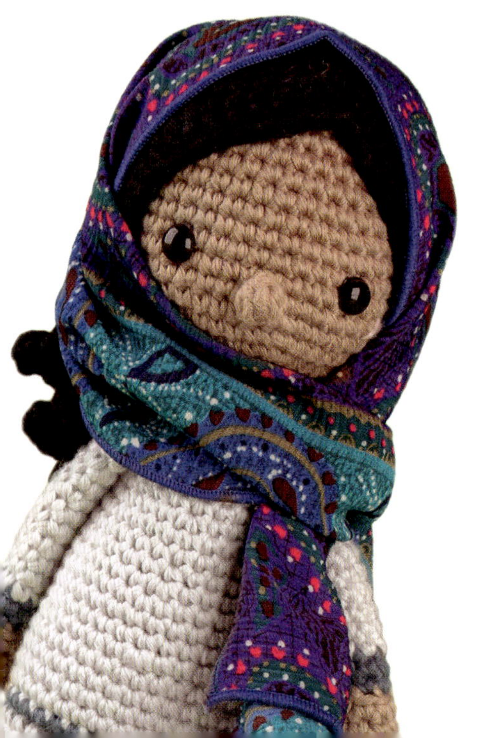

»Ich habe das Recht auf Bildung. Ich habe das Recht, zu spielen. Ich habe das Recht, zu singen. Ich habe das Recht, zu sprechen. Ich habe das Recht, auf den Markt zu gehen. Ich habe das Recht, mich für etwas einzusetzen.«

TUNIKASHIRT

Den Körper auf den Kopf stellen und hellgraues Garn in einem der vorderen Maschenglieder der 29. Rd. hinten am Hals ansetzen.

1. Runde: 1 fe. M. in jede M. der 29. Rd., nur ins vMg. (12 M.)

2. Rd.: *1 fe. M., 2 fe. M. in die nächste M., ab * bis zum Ende der Rd. wdh. (18 M.)

3. Rd.: 1 fe. M. in jede M.

4. Rd.: *2 fe. M., 2 fe. M. in die nächste M., ab * bis zum Ende der Rd. wdh. (24 M.)

5.–7. Rd.: 1 fe. M. in jede M.

8. Rd.: *3 fe. M., 2 fe. M. in die nächste M., ab * bis zum Ende der Rd. wdh. (30 M.)

9. und 10. Rd.: 1 fe. M. in jede M.

11. Rd.: *4 fe. M., 2 fe. M. in die nächste M., ab * bis zum Ende der Rd. wdh. (36 M.)

12.–14. Rd.: 1 fe. M. in jede M.

15. Rd.: *5 fe. M., 2 fe. M. in die nächste M., ab * bis zum Ende der Rd. wdh. (42 M.)

16.–19. Rd.: 1 fe. M. in jede M.

20. Rd.: Zu Blau wechseln, 1 fe. M. in jede M.

21. Rd.: Wieder zu Hellgrau wechseln, 1 fe. M. in jede M.

Faden abschneiden, durch die letzte M. ziehen und vernähen.

Nun geht es mit dem Kopf weiter. Das hautfarbene Garn dort ansetzen, wo die Arbeit am Kopf unterbrochen wurde.

38.–46. Rd.: 1 fe M. in jede M.

47. Rd.: *5 fe. M., 2 fe. M. zus. abm., ab * bis zum Ende der Rd. wdh. (36 M.)

Jetzt den Halsbereich fest ausstopfen.

48. Rd.: *4 fe. M., 2 fe. M. zus. abm., ab * bis zum Ende der Rd. wdh. (30 M.)

Eine Runde über der Nase die Sicherheitsaugen mit 8 cm Abstand voneinander anbringen, die Wangen mit rosa Garn aufsticken.

49. Rd.: *3 fe. M., 2 fe. M. zus. abm., ab * bis zum Ende der Rd. wdh. (24 M.)

50. Rd.: *2 fe. M., 2 fe. M. zus. abm., ab * bis zum Ende der Rd. wdh. (18 M.)

Fest ausstopfen.

51. Rd.: *1 fe. M., 2 fe. M. zus. abm., ab * bis zum Ende der Rd. wdh. (12 M.)

52. Rd.: 6 Mal (2 fe. M. zus. abm.). (6 M.)

Faden abschneiden, durch die letzte M. ziehen und vernähen.

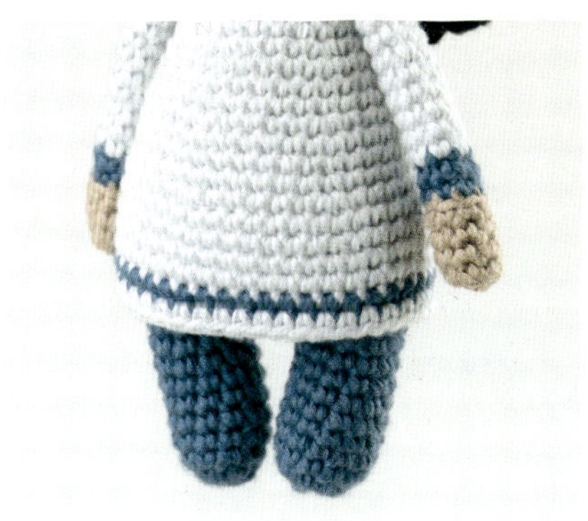

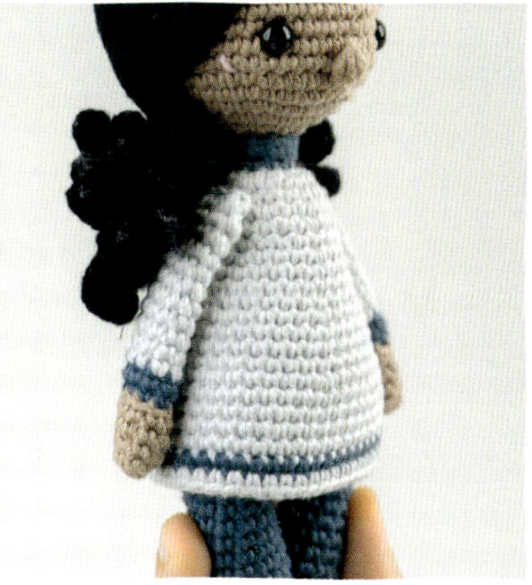

TIPP

Malala liebt bunte Kleidung. Dazu passt das Color Blocking, bei dem einfarbige Kleidungsstücke in knalligen Tönen zu echten Bonbon-Outfits kombiniert werden. Du könntest ihr Tunikashirt also auch mit etwas Stickerei oder bunten Perlen verzieren.

ARME (ZWEI ANFERTIGEN)

1. Runde: In der **Hautfarbe** 2 Lftm., 4 fe. M. in die zweite Lftm. von der Nadel aus. (4 M.)

2. Rd.: 2 fe. M. in jede M. (8 M.)

3.–5. Rd.: 1 fe. M. in jede M.

6. Rd.: Zu **Blau** wechseln, 1 fe. M. in jede M., nur ins hMg.

Die Arme müssen nicht ausgestopft werden.

7. Rd.: 1 fe. M. in jede M.

8. Rd.: Zu **Hellgrau** wechseln, 1 fe. M. in jede M.

9.–17. Rd.: 1 fe. M. in jede M.

18. Rd.: Mit den Fingern die Öffnung so zusammendrücken, dass jeweils 4 M. übereinanderliegen, beide Seiten zusammenhäkeln, indem 1 fe. M. in jedes dieser Maschenpaare gehäkelt wird (siehe Techniken: Die Arme schließen).

Faden lang abschneiden, durch die letzte Masche ziehen und das lange Ende hängen lassen, um damit den Arm an den Körper zu nähen.

HAAR

1. Runde: Für das Haar mit **schwarzem** Garn 6 fe. M. in einen Fadenring (Magic Ring) häkeln. (6 M.)

2. Rd.: 2 fe. M. in jede M. (12 M.)

3. Rd.: *1 fe. M., 2 fe. M. in die nächste M., ab * bis zum Ende der Rd. wdh. (18 M.)

4. Rd.: *2 fe. M., 2 fe. M. in die nächste M., ab * bis zum Ende der Rd. wdh. (24 M.)

5. Rd.: *3 fe. M., 2 fe. M. in die nächste M., ab * bis zum Ende der Rd. wdh. (30 M.)

6. Rd.: *4 fe. M., 2 fe. M. in die nächste M., ab * bis zum Ende der Rd. wdh. (36 M.)

7. Rd.: *5 fe. M., 2 fe. M. in die nächste M., ab * bis zum Ende der Rd. wdh. (42 M.)

8. Rd.: *13 fe. M., 2 fe. M. in die nächste M., ab * bis zum Ende der Rd. wdh. (45 M.)

9.–15. Rd.: 1 fe. M. in jede M.

16. Rd.: 1 Kettm., 1 fe. M., 1 h. Stb., 12 Stb., 1 h. Stb., 1 fe. M., 1 Kettm., 1 fe. M., 1 h. Stb., 8 Stb., 1 h. Stb., 1 fe. M., 1 Kettm., *1 Kettm. in die nächste M., 21 Lftm., 1 fe. M in die zweite Lftm. von der Nadel aus, 1 fe. M. in jede der Lftm. (20 M.), ab * bis zur letzten M. wdh., 1 Kettm. (14 Haarlocken)

Faden lang abschneiden, durch die letzte M. ziehen, das lange Ende hängen lassen, um das Haar damit an den Kopf zu nähen.

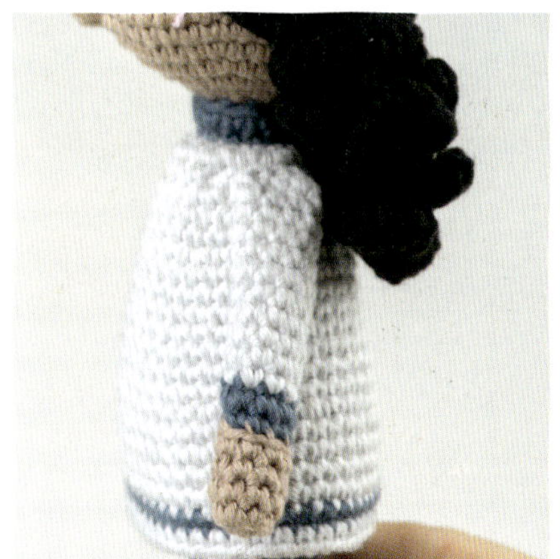

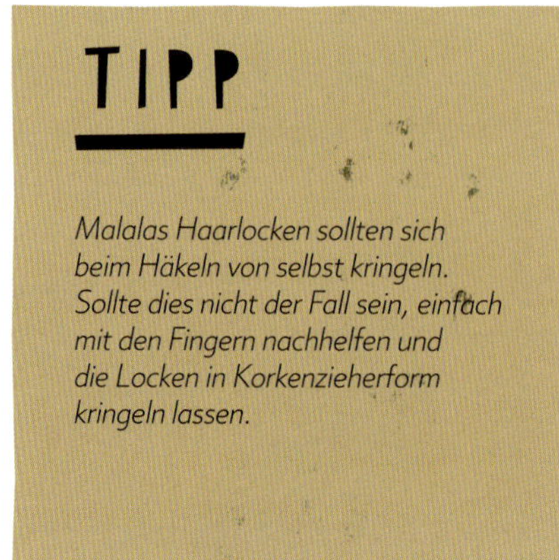

TIPP

Malalas Haarlocken sollten sich beim Häkeln von selbst kringeln. Sollte dies nicht der Fall sein, einfach mit den Fingern nachhelfen und die Locken in Korkenzieherform kringeln lassen.

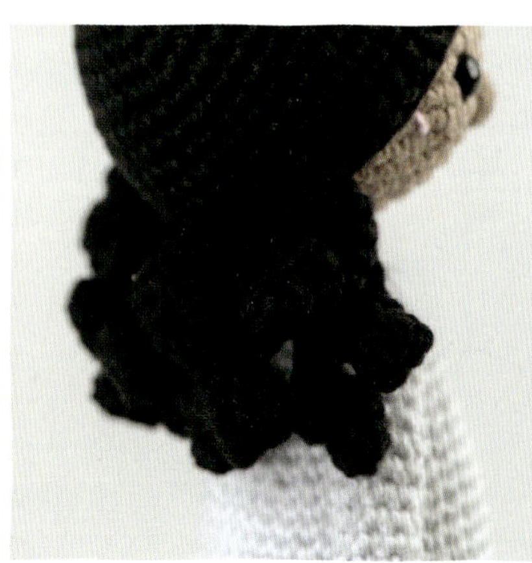

FERTIGSTELLUNG

Das Haar an den Kopf nähen (siehe Techniken: Das Haar annähen). Malalas Haar ist leicht nach rechts gescheitelt.

Die Arme seitlich an den Körper nähen (siehe Techniken: Die Arme annähen).

Das Kopftuch über Malalas Kopf drapieren. Es kann mit wenigen Stichen fixiert werden.

Alle Fäden nach innen in der Puppe vernähen.

MALALAS KOPF BEDECKEN

Das Stoffstück so über Malalas Kopf legen, dass ihr Haar davon bedeckt ist.

Nun das rechte Ende über das linke Ende und über die linke Schulter drapieren und mit einem Stich auf Malalas Rücken fixieren. Das linke Ende soll über ihre Brust hängen.

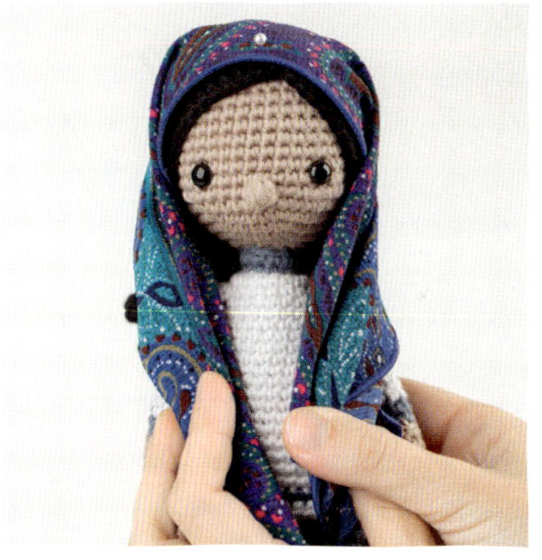

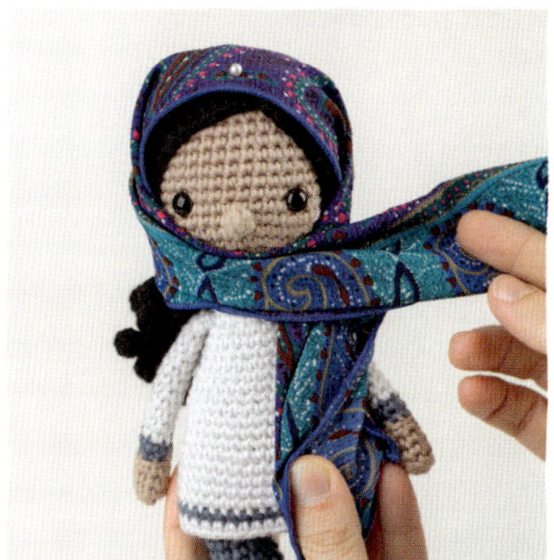

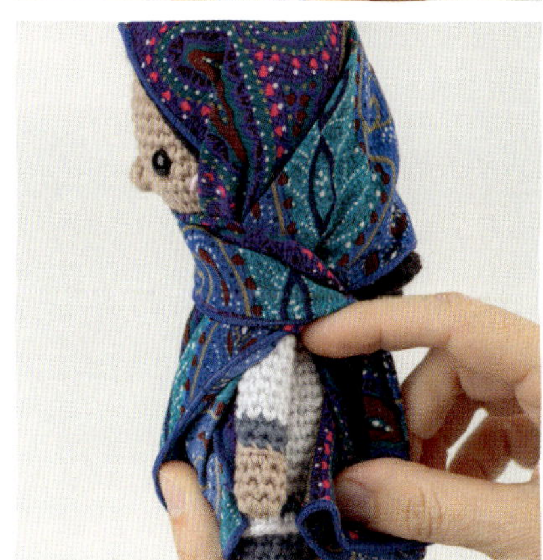

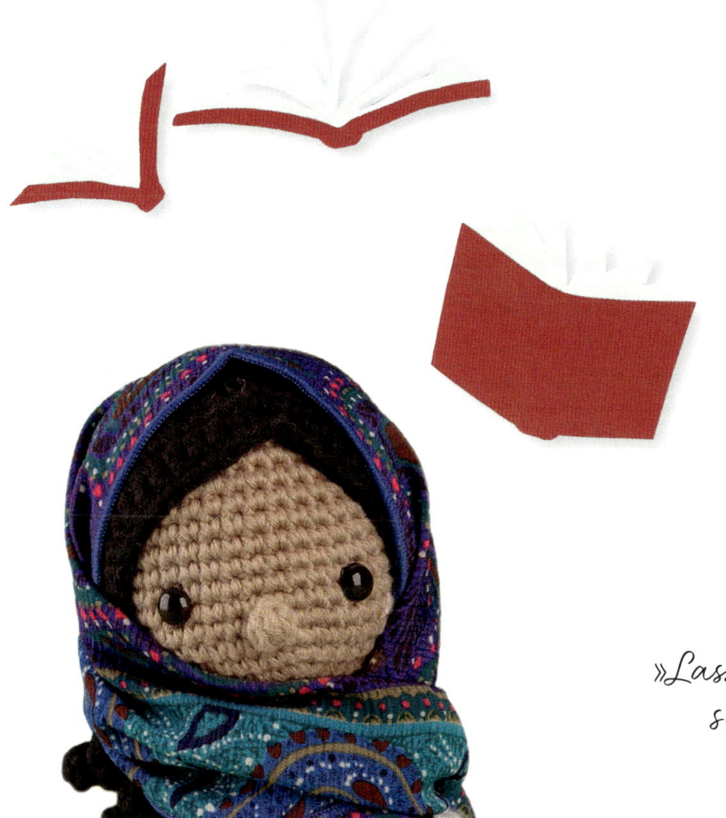

»Lasst uns zu Büchern und Stiften greifen, sie sind unsere stärksten Waffen.«

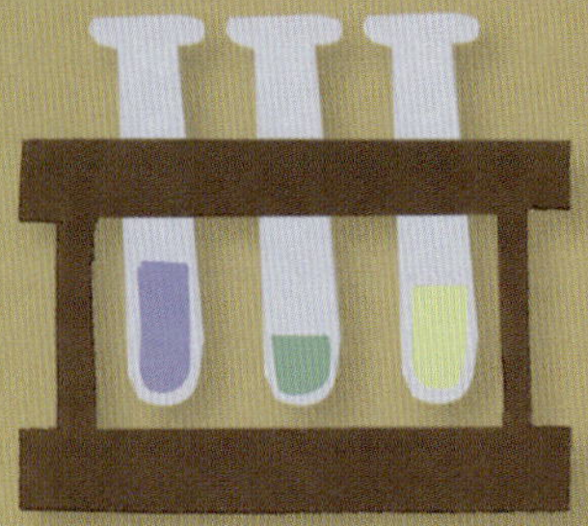

MATERIAL

FÜR MARIE

Häkelnadel 2,5 mm

100% 8-fädiges Baumwollgarn in den Farben: passende Hautfarbe, Weiß, Dunkelgrau, Braun, kleine Menge Rosa

Stumpfe Sticknadel

8 mm Sicherheitsaugen

Maschenmarkierer

Füllwatte

FÜR MARIES GLASKOLBEN

Häkelnadel 2 mm

100% 4-fädiges Baumwollgarn in den Farben: Grün, Hellblau

Füllwatte

FERTIGE GRÖSSE

MARIE
20 cm

GLASKOLBEN
3 cm

Bitte beachten, dass der Glaskolbenmit einer dünneren Häkelnadel und dünnerem Garn gehäkelt wird.

MARIE CURIE

Warum wurde Marie ausgewählt? Weil sie bis heute ein Vorbild für alle Wissenschaftlerinnen ist. Sie war klug und talentiert und unternahm viele Anstrengungen, um studieren zu dürfen, als dies eigentlich noch den Männern vorbehalten war. Als sie die Radioaktivität entdeckte, gab ihr Ehemann Pierre, ebenfalls ein Wissenschaftler, seine eigenen Forschungsarbeiten auf, um Marie zu unterstützen. Gemeinsam entdeckten sie die chemischen Elemente Polonium und Radium. Im Jahr 1903 war Marie die erste Frau, die einen Nobelpreis erhielt (für Physik). Acht Jahre später, 1911, wurde sie sogar noch mit einem zweiten Nobelpreis (für Chemie) geehrt. Dies war das erste Mal, dass jemandem ein zweiter Nobelpreis verliehen wurde. Nach Pierres Tod half Marie bei der Entwicklung des Einsatzes von Röntgenstrahlen in der Medizin. Sie setzte sich dafür ein, Wissen für gute Zwecke zu nutzen, und ihr Vorbild öffnete vielen weiteren Frauen die Tür zu einer wissenschaftlichen Laufbahn.

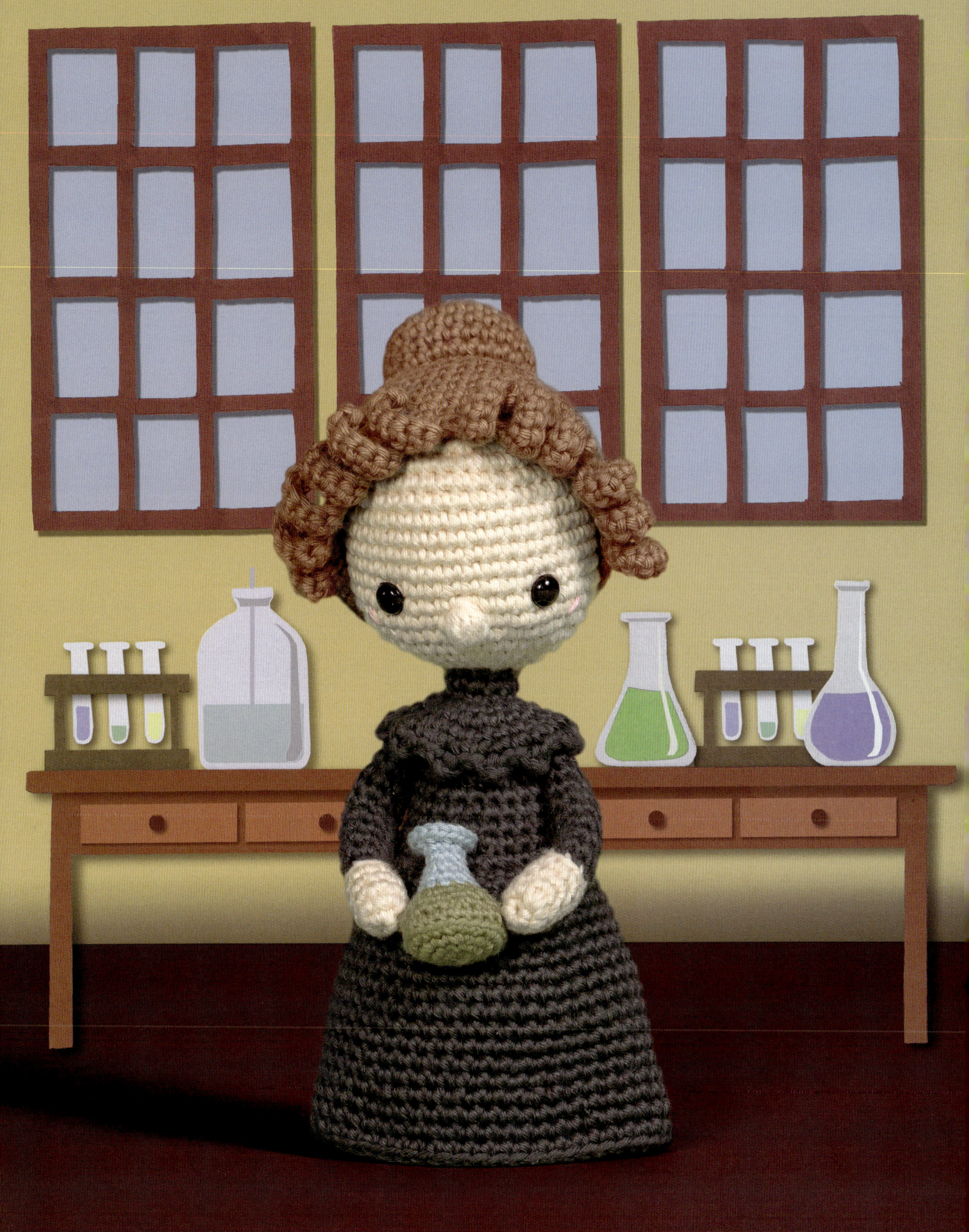

1. BEIN

1. Runde: In der Hautfarbe 6 fe. M. in einen Fadenring (Magic Ring) häkeln. (6 M.)

2. Rd.: 2 fe. M. in jede M. (12 M.)

3.–8. Rd.: 1 fe. M. in jede M.

9. Rd.: Für die Unterbekleidung zu Weiß wechseln, 1 fe. M. in jede M., nur ins hMg.

Faden abschneiden, durch die letzte M. ziehen und vernähen. Beiseitelegen.

2. BEIN

Wie das 1. Bein arbeiten, nur den Faden am Ende nicht abschneiden. Es geht direkt weiter mit dem Körper.

KÖRPER

10. Rd.: Mit dem 2. Bein noch auf der Nadel, 3 Lftm. häkeln und diese mit 1 fe. M. mit dem 1. Bein verbinden (siehe Techniken: Die Beine miteinander verbinden), hier einen Maschenmarkierer anbringen, um den Anf. der Rd. zu kennzeichnen, 11 fe. M. entlang des 1. Beins häkeln, 1 fe. M. in jede der 3 Lftm., 12 fe. M. entlang des 2. Beins und 1 fe. M. in jede der 3 Lftm. auf der anderen Seite (30 M.)

11. Rd.: *4 fe. M., 2 fe. M. in die nächste M., ab * bis zum Ende der Rd. wdh. (36 M.)

12.–15. Rd.: 1 fe. M. in jede M.

16. Rd.: Zur **Hautfarbe** wechseln, 1 fe. M. in jede M., nur ins hMg.

Jetzt die Beine fest ausstopfen.

17. Rd.: *4 fe. M., 2 fe. M. zus. abm., ab * bis zum Ende der Rd. wdh. (30 M.)

18. Rd.: Für den Rock zu **Dunkelgrau** wechseln, 1 fe. M. in jede M.

19. Rd.: 1 fe. M. in jede M., nur ins hMg.

20. Rd.: *3 fe. M., 2 fe. M. zus. abm., ab * bis zum Ende der Rd. wdh. (24 M.)

21.–23. Rd.: 1 fe. M. in jede M.

24. Rd.: *2 fe. M., 2 fe. M. zus. abm., ab * bis zum Ende der Rd. wdh. (18 M.)

Jetzt den Körper fest ausstopfen.

25. und 26. Rd.: 1 fe. M. in jede M.

27. Rd.: *1 fe. M., 2 fe. M. zus. abm., ab * bis zum Ende der Rd. wdh. (12 M.)

28. Rd.: 1 fe. M. in jede M.

29. Rd.: 1 fe. M. in jede M., nur ins hMg.

30. und 31. Rd.: 1 fe. M. in jede M.

Den Faden nicht abschneiden. Es geht direkt weiter mit dem Kopf.

KOPF

32. Rd.: Zur **Hautfarbe** wechseln, 2 fe M. in jede M. (24 M.)

33. Rd.: *3 fe. M., 2 fe. M. in die nächste M., ab * bis zum Ende der Rd. wdh. (30 M.)

Jetzt den Halsbereich fest ausstopfen.

34. Rd.: *4 fe. M., 2 fe. M. in die nächste M., ab * bis zum Ende der Rd. wdh. (36 M.)

35. Rd.: *5 fe. M., 2 fe. M. in die nächste M., ab * bis zum Ende der Rd. wdh. (42 M.)

36. Rd.: 1 fe. M. in jede M.

37. Rd.: 26 fe. M., 1 Noppen-M. für die Nase (siehe Maschen: Noppenmasche), 1 fe. M. in jede M. bis zum Ende der Rd. Darauf achten, die Nase auf die Mitte der Beine auszurichten und die Platzierung falls nötig zu ändern.

Nun beginnen wir, den Kragen von Maries Kleid zu häkeln, da dies ohne den fertigen Kopf einfacher ist. Die Schlinge auf der Nadel mit einem Maschenmarkierer sichern und den Faden abschneiden.

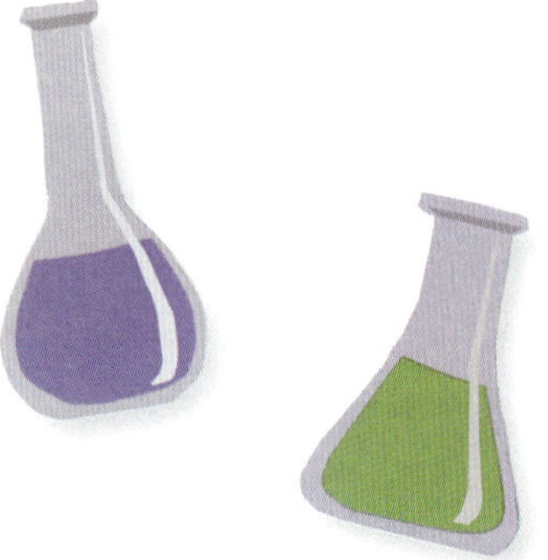

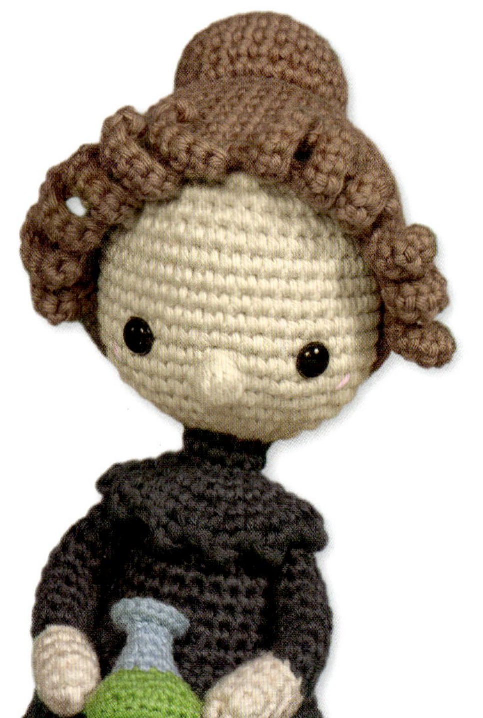

»Wie Alfred Nobel gehöre ich zu denen, die glauben, dass der Menschheit aus neuen Entdeckungen mehr Wohltaten als Übel erwachsen werden.«

KRAGEN

Den Körper auf den Kopf stellen und das **dunkelgraue** Garn in einem der vorderen Maschenglieder der 29. Runde hinten am Hals ansetzen.

1. Runde: *1 fe. M., 2 fe. M. in die nächste M., ab * bis zum Ende der Rd. wdh. (18 M.)

2. Rd.: *2 fe. M., 2 fe. M. in die nächste M., ab * bis zum Ende der Rd. wdh. (24 M.)

3. Rd.: 1 fe. M. in jede M.

4. Rd.: *2 fe. M., 1 Picot (siehe Maschen: Picot) auf die vorherige M., ab * 12 Mal häkeln. Zum Abschluss 1 Kettm. in die erste fe. M. der Rd.

Faden abschneiden, durch die letzte M. ziehen und vernähen.

Nun geht es mit dem Kopf weiter. Das **hautfarbene** Garn dort ansetzen, wo die Arbeit am Kopf unterbrochen wurde.

38.–46. Rd.: 1 fe. M. in jede M.

47. Rd.: *5 fe. M., 2 fe M. zus. abm., ab * bis zum Ende der Rd. wdh. (36 M.)

Jetzt damit beginnen, den Kopf auszustopfen.

48. Rd.: *4 fe. M., 2 fe. M. zus. abm., ab * bis zum Ende der Rd. wdh. (30 M.)

Eine Runde über der Nase die Sicherheitsaugen mit 8 cm Abstand voneinander anbringen, die Wangen mit **rosa** Garn aufsticken.

49. Rd.: *3 fe. M., 2 fe. M. zus. abm., ab * bis zum Ende der Rd. wdh. (24 M.)

50. Rd.: *2 fe. M., 2 fe. M. zus. abm., ab * bis zum Ende der Rd. wdh. (18 M.)

Fest ausstopfen.

51. Rd.: *1 fe. M., 2 fe. M. zus. abm., ab * bis zum Ende der Rd. wdh. (12 M.)

52. Rd.: 6 Mal (2 fe. M. zus. abm.). (6 M.)

Faden abschneiden, durch die letzte M. ziehen und vernähen.

ROCK

Den Körper auf den Kopf stellen und **dunkelgraues** Garn in einem der vorderen Maschenglieder der 19. Rd. auf der Körperrückseite ansetzen.

1. Runde: 1 fe. M. in jede M. der 19. Rd., nur ins vMg. (30 M.)

2. Rd.: *4 fe. M., 2 fe. M. in die nächste M., ab * bis zum Ende der Rd. wdh. (36 M.)

3. Rd.: 1 fe. M. in jede M.

4. Rd.: *5 fe. M., 2 fe. M. in die nächste M., ab * bis zum Ende der Rd. wdh. (42 M.)

5.–7. Rd.: 1 fe. M. in jede M.

8. Rd.: *6 fe. M., 2 fe. M. in die nächste M., ab * bis zum Ende der Rd. wdh. (48 M.)

9.–14. Rd.: 1 fe. M. in jede M.

15. Rd.: *7 fe.M., 2 fe.M. in die nächste M., ab* bis zum Ende der Rd. wdh. (54 M.)

16.–18. Rd.: 1 fe. M. in jede M.

Faden abschneiden, durch die letzte M. ziehen und vernähen.

ARME (ZWEI ANFERTIGEN)

1. Runde: In der **Hautfarbe** 2 Lftm., 4 fe. M. in die zweite Lftm. von der Nadel aus. (4 M.)

2. Rd.: 2 fe. M. in jede M. (8 M.)

3.–5. Rd.: 1 fe. M. in jede M.

6. Rd.: Zu **Dunkelgrau** wechseln, 1 fe. M. in jede M., nur ins hMg.

Die Arme müssen nicht ausgestopft werden.

7.–16. Rd.: 1 fe. M. in jede M.

17. Rd.: Mit den Fingern die Öffnung so zusammendrücken, dass jeweils 4 M. übereinanderliegen, beide Seiten zusammenhäkeln, indem 1 fe. M. in jedes dieser Maschenpaare gehäkelt wird (siehe Techniken: Die Arme schließen).

Faden lang abschneiden, durch die letzte Masche ziehen und das lange Ende hängen lassen, um damit den Arm an den Körper zu nähen.

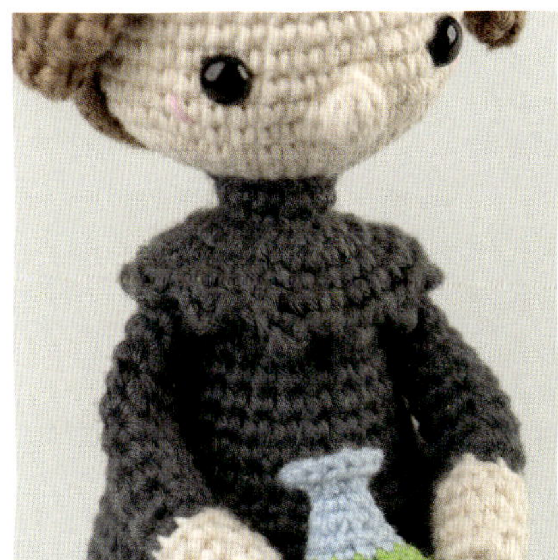

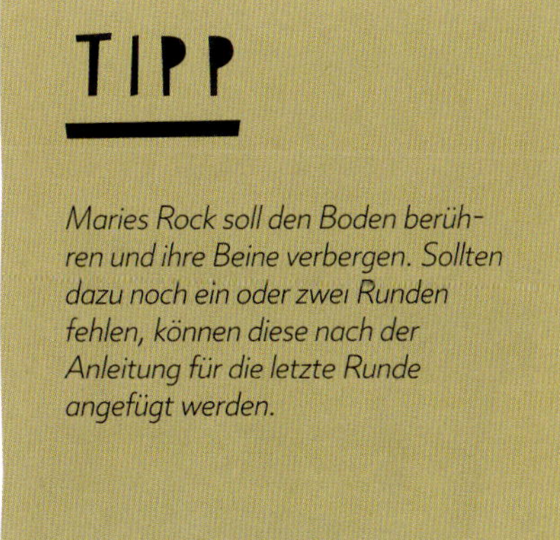

TIPP

Maries Rock soll den Boden berühren und ihre Beine verbergen. Sollten dazu noch ein oder zwei Runden fehlen, können diese nach der Anleitung für die letzte Runde angefügt werden.

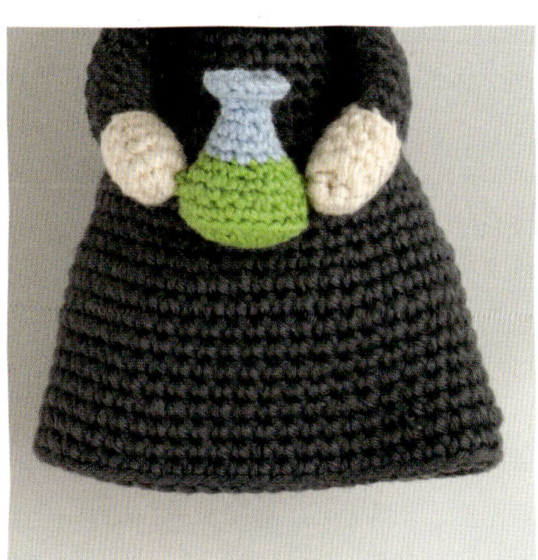

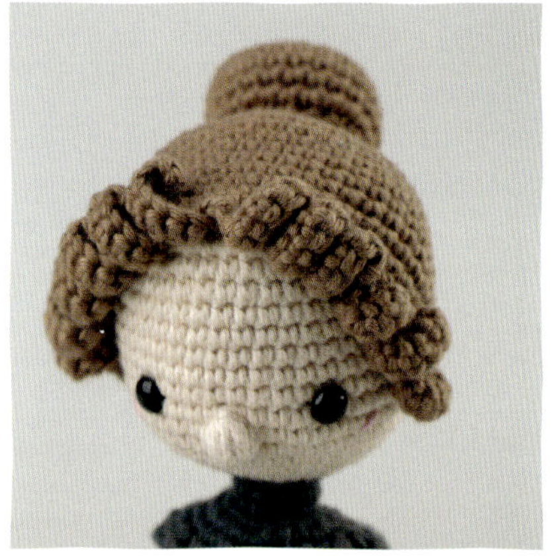

TIPP

Die Locken auf Maries Stirn müssen in sechs Locken zur einen und sechs zur anderen Seite geteilt werden. Drapiere sie mit den Fingern, dann sollten sie so halten.

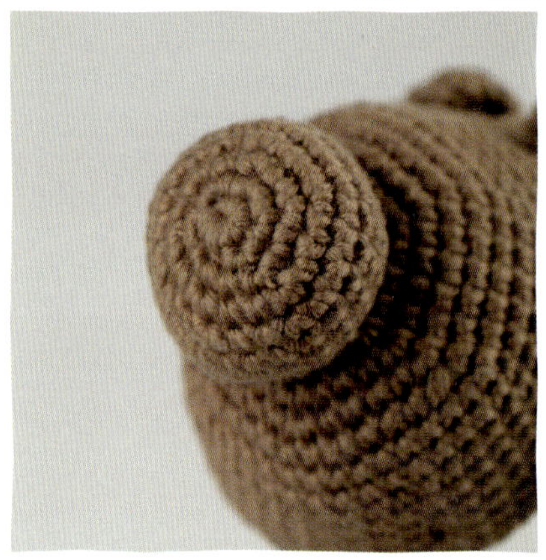

HAAR

1. Runde: Für das Haar mit **braunem** Garn 6 fe. M. in einen Fadenring (Magic Ring) häkeln. (6 M.)

2. Rd.: 2 fe. M. in jede M. (12 M.)

3. Rd.: *1 fe. M., 2 fe. M. in die nächste M., ab * bis zum Ende der Rd. wdh. (18 M.)

4. Rd.: *2 fe. M., 2 fe. M. in die nächste M., ab * bis zum Ende der Rd. wdh. (24 M.)

5. Rd.: *3 fe. M., 2 fe. M. in die nächste M., ab * bis zum Ende der Rd. wdh. (30 M.)

6. Rd.: *4 fe. M., 2 fe. M. in die nächste M., ab * bis zum Ende der Rd. wdh. (36 M.)

7. Rd.: *5 fe. M., 2 fe. M. in die nächste M., ab * bis zum Ende der Rd. wdh. (42 M.)

8. Rd.: *13 fe. M., 2 fe. M. in die nächste M., ab * bis zum Ende der Rd. wdh. (45 M.)

9.–15. Rd.: 1 fe. M. in jede M.

16. Rd.: *9 Lftm., 1 fe. M. in die zweite Lftm. von der Nadel aus, 1 fe. M. in jede Lftm (8 M.), 2 fe. M., ab * 12 Mal häkeln. Die restlichen Maschen der Runde unbearbeitet lassen.

Faden lang abschneiden, durch die letzte M. ziehen, das lange Ende hängen lassen, um das Haar damit an den Kopf zu nähen.

HAARDUTT

1. Runde: In Braun 6 fe. M. in einen Fadenring (Magic Ring) häkeln. (6 M.)

2. Rd.: 2 fe. M. in jede M. (12 M.)

3. Rd.: *1 fe. M., 2 fe. M. in die nächste M. ab * bis zum Ende der Rd. wdh. (18 M.)

4. Rd.: *2 fe. M., 2 fe. M. in die nächste M. ab * bis zum Ende der Rd. wdh. (24 M.)

5.–8. Rd.: 1 fe. M. in jede M.

9. Rd.: *2 fe. M., 2 fe. M. zus. abm., ab * bis zum Ende der Rd. wdh. (18 M.)

Faden lang abschneiden, durch die letzte M. ziehen, das lange Ende hängen lassen, um damit den Dutt an den Kopf zu nähen.

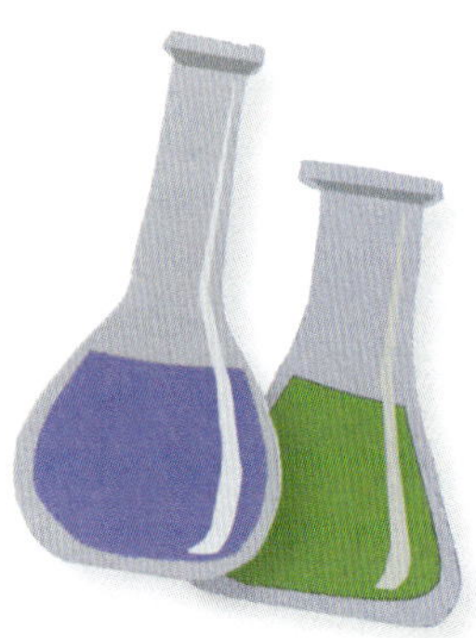

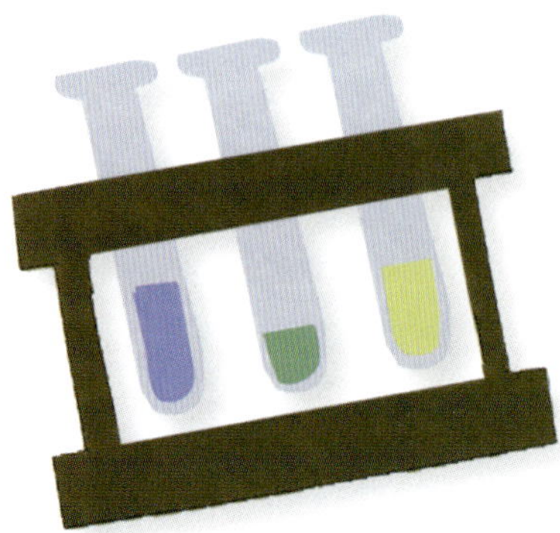

MARIES ERLENMEYERKOLBEN

Wichtig! Dieser Glaskolben fürs Labor wird mit der dünneren Häkelnadel (2 mm) und dem 4-fädigen Garn gehäkelt.

1. Runde: In Grün 6 fe. M. in einen Fadenring (Magic Ring) häkeln. (6 M.)

2. Rd.: 2 fe. M. in jede M. (12 M.)

3. Rd.: *1 fe. M., 2 fe. M. in die nächste M., ab * bis zum Ende der Rd. wdh. (18 M.)

4. Rd.: *2 fe. M., 2 fe. M. in die nächste M., ab * bis zum Ende der Rd. wdh. (24 M.)

5. Rd.: 1 fe. M. in jede M., nur ins hMg.

6. Rd.: *2 fe. M., 2 fe. M. zus. abm., ab * bis zum Ende der Rd. wdh. (18 M.)

7. Rd.: 1 fe. M. in jede M.

Jetzt damit beginnen, nur die untere Hälfte des Kolbens auszustopfen.

8. Rd.: *1 fe. M., 2 fe. M. zus. abm., ab * bis zum Ende der Rd. wdh. (12 M.)

9. Rd.: Zu Hellblau wechseln, 1 fe. M. in jede M.

10. Rd.: 1 fe. M. in jede M.

11. Rd.: *1 fe. M., 2 fe. M. zus. abm., ab * bis zum Ende der Rd. wdh. (8 M.)

12. und 13. Rd.: 1 fe. M. in jede M.

14. Rd.: 2 fe. M. in jede M. (16 M.)

Zum Abschluss 1 Kettm. in die nächste M., Faden abschneiden, durch die letzte M. ziehen und vernähen.

FERTIGSTELLUNG

Das Haar an den Kopf nähen (siehe Techniken: Das Haar annähen), dabei die Locken aufteilen, 6 zur einen und 6 zur anderen Seite.

Den Dutt ausstopfen und auf Maries Haar nähen

Die Arme beidseits des Körpers annähen (siehe Techniken: Die Arme annähen), direkt unter dem Kragen ihres Kleides (dieser muss hierzu angehoben werden).

Den Erlenmeyerkolben an Maries Hand nähen.

Alle Fäden nach innen in der Puppe vernähen.

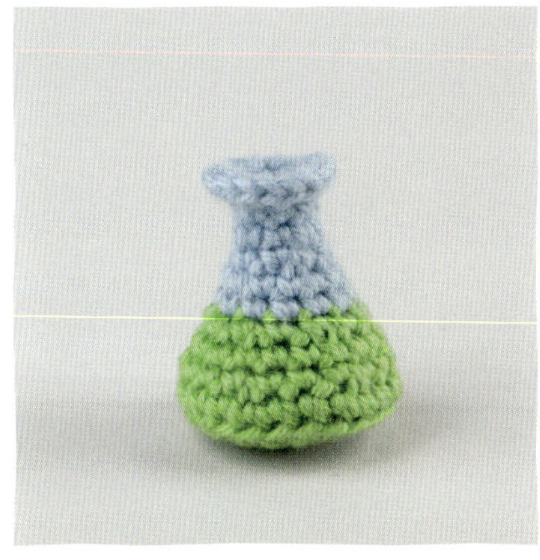

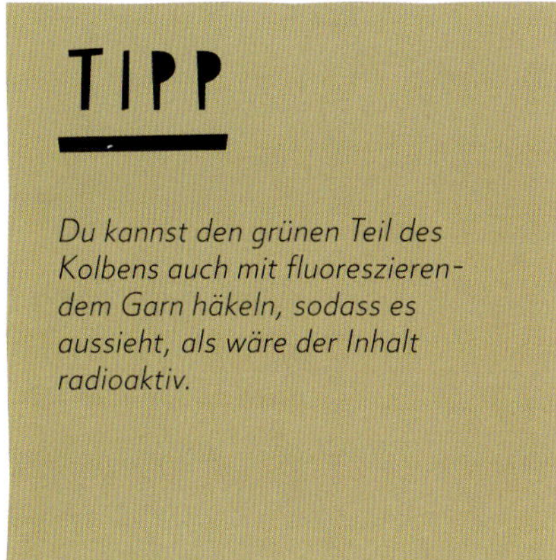

TIPP

Du kannst den grünen Teil des Kolbens auch mit fluoreszierendem Garn häkeln, sodass es aussieht, als wäre der Inhalt radioaktiv.

»Das Leben ist für keinen von uns einfach. Aber was heißt das schon? Wir müssen beharrlich bleiben und vor allem auf uns selbst vertrauen. Wir müssen daran glauben, dass wir für etwas begabt sind und aus dieser Begabung etwas machen.«

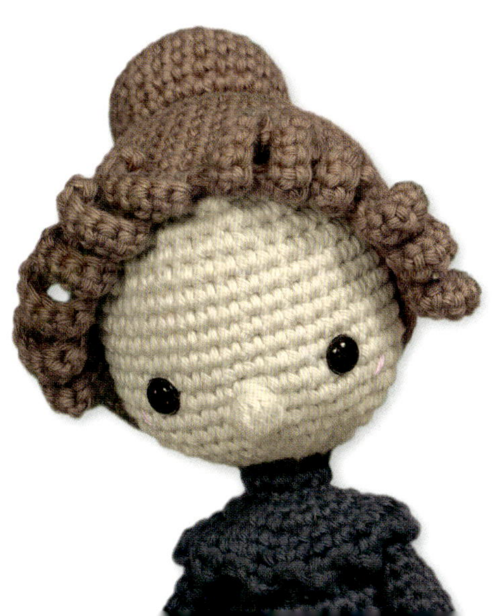

MATERIAL

Häkelnadel 2,5 mm

100 % 8-fädiges Baumwollgarn in den Farben: passende Hautfarbe, Weiß, Graugrün, Stahlblau, Hellblau, Schwarz, Braun, kleine Menge Rosa

Stumpfe Sticknadel

8 mm Sicherheitsaugen

Maschenmarkierer

Füllwatte

20 cm schwarz ummantelter Draht und eine Zange für Rosas Brille

Bastelkleber oder schwarzes Nähgarn

FERTIGE GRÖSSE

20 cm

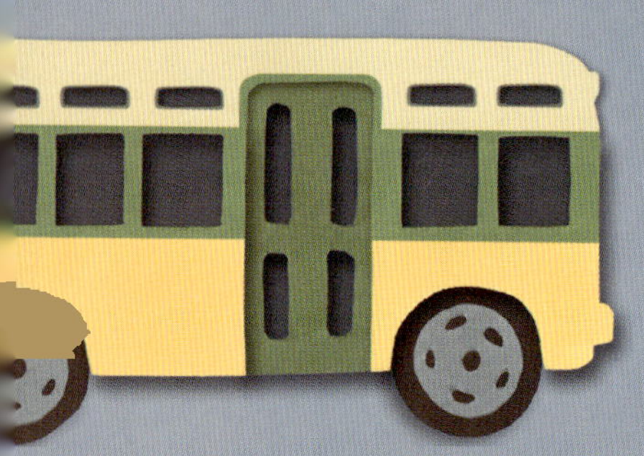

ROSA PARKS

Warum wurde Rosa ausgewählt? Weil sie für die Gleichberechtigung aller Menschen gekämpft hat. Und weil sie in Zeiten der Rassentrennung keine Angst hatte, für ihre Rechte einzustehen. Nachdem sie sich weigerte, ihren Sitzplatz im Bus für eine weiße Person zu räumen, wurde sie verhaftet, angeklagt und zu einer Geldstrafe verurteilt. Auch als Reaktion auf ihre Verhaftung organisierte Martin Luther King einen Boykott der Busse des öffentlichen Nahverkehrs, der erst beendet werden sollte, wenn eine respektvolle Behandlung, gleiche Rechte für alle Fahrgäste sowie die Einstellung von schwarzen Busfahrern sichergestellt wäre. Es dauerte fast ein Jahr, bis letztlich vom Obersten Gerichtshof (Supreme Court) bestätigt wurde, dass die Praxis der Rassentrennung in den Bussen gegen die Verfassung der Vereinigten Staaten von Amerika verstieß. Damit erreichte die Bürgerrechtsbewegung einen entscheiden Sieg, und Rosa Parks wurde wie Martin Luther King zu einer Ikone dieser Bewegung. Für ihr Engagement und ihre Zivilcourage wurde sie u.a. mit der Freiheitsmedaille (Presidential Medal of Freedom) und der Goldenen Ehrenmedaille des Kongresses (Congressional Gold Medal of Honor) ausgezeichnet, den beiden höchsten zivilen Auszeichnungen, die in den Vereinigten Staaten vergeben werden.

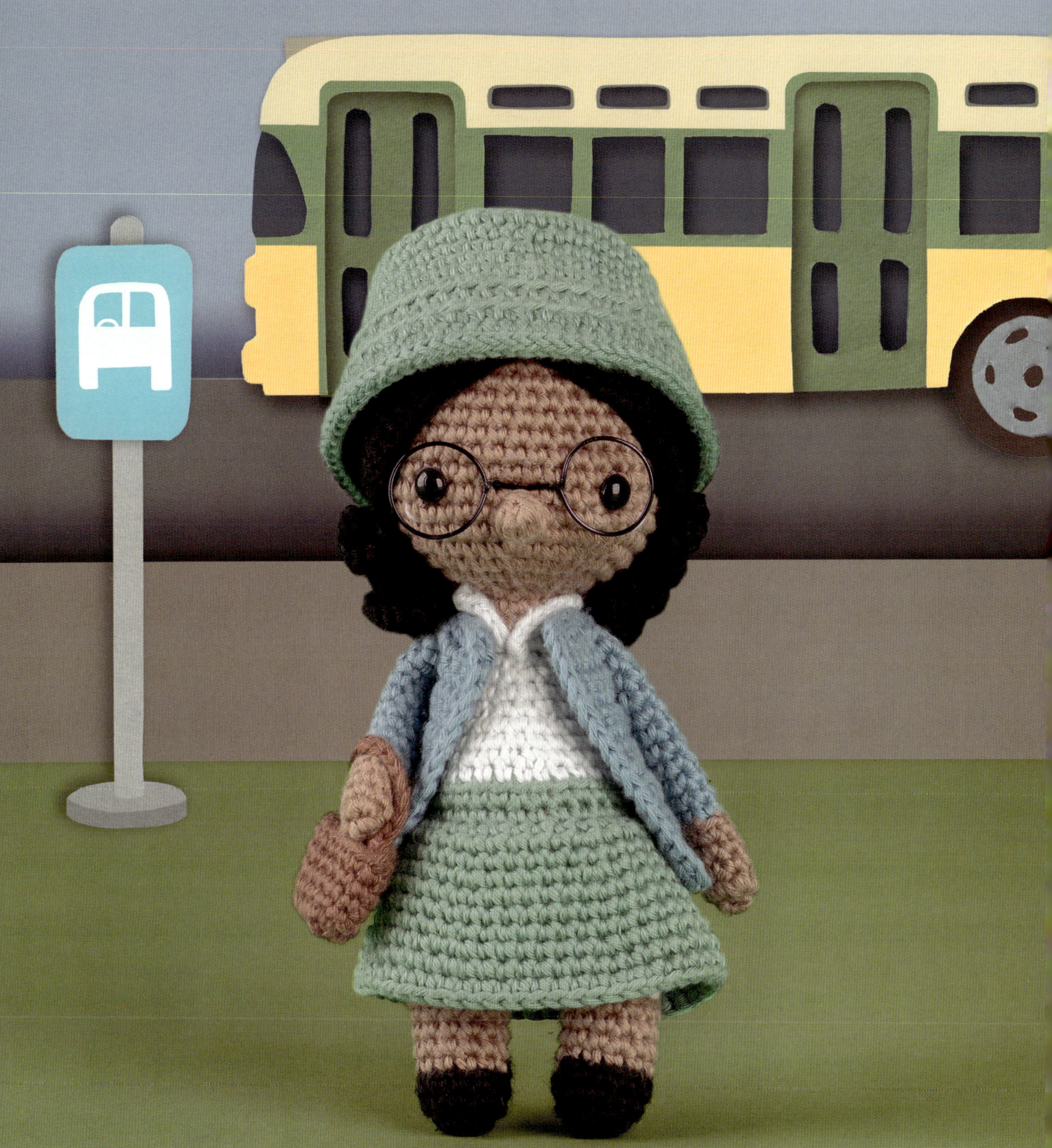

1. BEIN

1. Runde: Für die Schuhe mit **schwarzem** Garn 6 fe. M. in einen Fadenring (Magic Ring) häkeln. (6 M.)

2. Rd.: 2 fe. M. in jede M. (12 M.)

3. und 4. Rd.: 1 fe. M. in jede M.

5. Rd.: Zur **Hautfarbe** wechseln, 1 fe. M. in jede M., nur ins hMg.

6.–8. Rd.: 1 fe. M. in jede M.

9. Rd.: Für die Unterbekleidung zu **Weiß** wechseln, 1 fe. M. in jede M., nur ins hMg.

Faden abschneiden, durch die letzte M. ziehen und vernähen. Beiseitelegen.

2. BEIN

Wie das 1. Bein arbeiten, nur den Faden am Ende nicht abschneiden. Es geht direkt weiter mit dem Körper.

KÖRPER

10. Rd.: Mit dem 2. Bein noch auf der Nadel, 3 Lftm. häkeln und diese mit 1 fe. M. mit dem 1. Bein verbinden (siehe Techniken: Die Beine miteinander verbinden), hier einen Maschenmarkierer anbringen, um den Anf. der Rd. zu kennzeichnen, 11 fe. M. entlang des 1. Beins häkeln, 1 fe. M. in jede der 3 Lftm., 12 fe. M. entlang des 2. Beins und 1 fe. M. in jede der 3 Lftm. auf der anderen Seite (30 M.)

11. Rd.: *4 fe. M., 2 fe. M. in die nächste M., ab * bis zum Ende der Rd. wdh. (36 M.)

12.–15. Rd.: 1 fe. M. in jede M.

16. Rd.: Zur **Hautfarbe** wechseln, 1 fe. M. in jede M., nur ins hMg.

Jetzt die Beine fest ausstopfen.

17. Rd.: Für den Rock zu **Graugrün** wechseln, *4 fe. M., 2 fe. M. zus. abm., ab * bis zum Ende der Rd. wdh. (30 M.)

18. Rd.: 1 fe. M. in jede M., nur ins hMg.

19. Rd.: 1 fe. M. in jede M.

20. Rd.: Für die Bluse zu **Hellblau** wechseln, 1 fe. M. in jede M., nur ins hMg.

21. Rd.: .*3 fe. M., 2 fe. M. zus. abm., ab * bis zum Ende der Rd. wdh. (24 M.).

22. und 23. Rd.: 1 fe. M. in jede M.

24. Rd.: *2 fe. M., 2 fe. M. zus. abm., ab * bis zum Ende der Rd. wdh. (18 M.)

Jetzt den Körper fest ausstopfen.

25. und 26. Rd.: 1 fe. M. in jede M.

27. Rd.: *1 fe. M., 2 fe. M. zus. abm., ab * bis zum Ende der Rd. wdh. (12 M.)

28. Rd.: 1 fe. M. in jede M.

29. Rd.: 7 fe. M., zur **Hautfarbe** wechseln, 1 fe. M., wieder zu **Hellblau** wechseln, 4 fe. M.

30. Rd.: 6 fe. M., zur **Hautfarbe** wechseln, 3 fe. M. wieder zu **Hellblau** wechseln, 3 fe. M.

31. Rd.: 5 fe. M., zur **Hautfarbe** wechseln, 5 fe. M. wieder zu **Hellblau** wechseln, 2 fe. M.

In der vorderen Mitte der Puppe solltest du jetzt ein hautfarbenes Dreieck haben. Den Faden nicht abschneiden.

Es geht direkt weiter mit dem Kopf.

»Du musst niemals Angst haben, etwas zu tun, wenn du weißt, dass du das Richtige tust.«

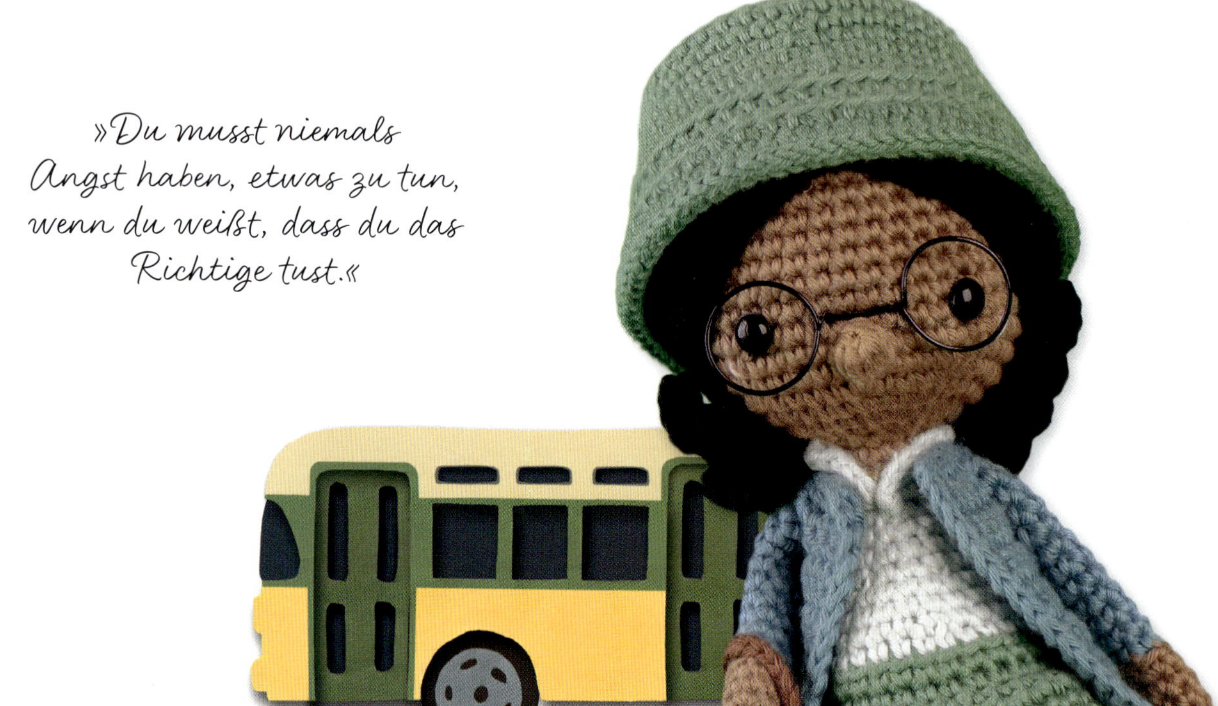

KOPF

32. Rd.: Zur **Hautfarbe** wechseln, 2 fe. M. in jede der ersten 5 M. (hellblau), nur ins hMg., 2 fe. M. in jede der folgenden 5 M. (hautfarben), dabei in beide Maschenglieder einstechen, 2 fe. M. in jede der letzten 2 M. (**hellblau**), nur ins hMg. (24 M.)

33. Rd.: *3 fe. M., 2 fe. M. in die nächste M., ab * bis zum Ende der Rd. wdh. (30 M.)

Jetzt den Halsbereich fest ausstopfen.

34. Rd.: *4 fe. M., 2 fe. M. in die nächste M., ab * bis zum Ende der Rd. wdh. (36 M.)

35. Rd.: *5 fe. M., 2 fe. M. in die nächste M., ab * bis zum Ende der Rd. wdh. (42 M.)

36. Rd.: 1 fe. M. in jede M.

37. Rd.: 26 fe. M., 1 Noppen-M. für die Nase (siehe Maschen: Noppenmasche), 1 fe. M. in jede M. bis zum Ende der Rd. Darauf achten, die Nase genau auf die Mitte der Beine auszurichten und die Positionierung falls nötig zu ändern.

Bevor es mit dem Kopf weitergeht, wird jetzt der Kragen von Rosas Bluse gearbeitet. Die Schlinge auf der Nadel mit einem Maschenmarkierer sichern.

Genaue Fotos zum Häkeln eines Kragens oder Halsausschnitts siehe Techniken: Einen V-Ausschnitt häkeln.

Das **hellblaue** Garn 2 Rd. unter der Spitze des **hautfarbenen** Dreiecks ansetzen. In die Zwischenräume zwischen den Maschen einstechen und 2 oberflächl. fe. M. nach oben bis zur unteren Spitze des Dreiecks häkeln.

Nun der Diagonale des Dreiecks folgen und zuerst die rechte Seite häkeln. 1 oberflächl. fe. M. zwischen jede Rd. häkeln, die Nadel dabei in die Zwischenräume zwischen den Rd. einstechen, bis zu der Rd., wo sich die **hellblauen** Maschenglieder auf der Vorderseite zeigen.

Nun 2 fe. M. in jedes vordere Maschenglied der Bluse häkeln, das an Rosas Hals grenzt, bis der Rand des Dreiecks auf der anderen Seite erreicht ist. (14 M.). 5 oberflächl. fe. M. zwischen die Rd. häkeln, dabei der Diagonale des Dreiecks bis zur Anfangs-M. folgen und in diese Anfangs-M. 1 Kettm. häkeln.

Den Faden abschneiden, durch die letzte M. ziehen und vernähen.

Nun geht es mit dem Kopf weiter. Wieder das hautfarbene Garn dort ansetzen, wo die Arbeit am Kopf unterbrochen wurde.

38.–46. Rd.: 1 fe. M. in jede M.

47. Rd.: *5 fe. M., 2 fe. M. zus. abm., ab * bis zum Ende der Rd. wdh. (36 M.)

Jetzt damit beginnen, den Kopf auszustopfen.

48. Rd.: *4 fe. M., 2 fe. M. zus. abm., ab * bis zum Ende der Rd. wdh. (30 M.)

Eine Runde über der Nase die Sicherheitsaugen mit 8 cm Abstand voneinander anbringen, die Wangen mit **rosa** Garn aufsticken.

49. Rd.: *3 fe. M., 2 fe. M. zus. abm., ab * bis zum Ende der Rd. wdh. (24 M.)

50. Rd.: *2 fe. M., 2 fe. M. zus. abm., ab * bis zum Ende der Rd. wdh. (18 M.)

Fest ausstopfen.

51. Rd.: *1 fe. M., 2 fe. M. zus. abm., ab * bis zum Ende der Rd. wdh. (12 M.)

52. Rd.: 6 Mal (2 fe. M. zus. abm.). (6 M.)

Faden abschneiden, durch die letzte M. ziehen und vernähen.

ROCK

Den Körper auf den Kopf stellen und **graugrünes** Garn in einem der vorderen Maschenglieder der 18. Rd. auf der Körperrückseite ansetzen.

1. Runde: 1 fe. M. in jede M. der 18. Rd., nur ins vMg. (30 M.)

2. Rd.: *4 fe. M., 2 fe. M. in die nächste M., ab * bis zum Ende der Rd. wdh. (36 M.)

3. Rd.: 1 fe. M. in jede M.

4. Rd.: *5 fe. M., 2 fe. M. in die nächste M., ab * bis zum Ende der Rd. wdh. (42 M.)

5.–7. Rd.: 1 fe. M. in jede M.

8. Rd.: *6 fe. M., 2 fe. M. in die nächste M., ab * bis zum Ende der Rd. wdh. (48 M.)

9. und 10. Rd.: 1 fe. M. in jede M.

Faden abschneiden, durch die letzte M. ziehen und vernähen.

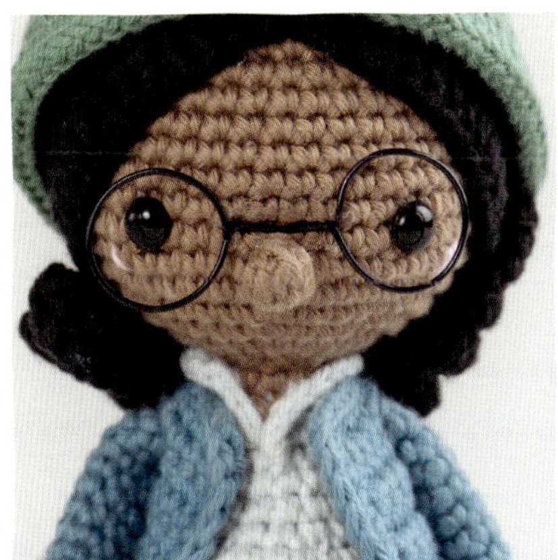

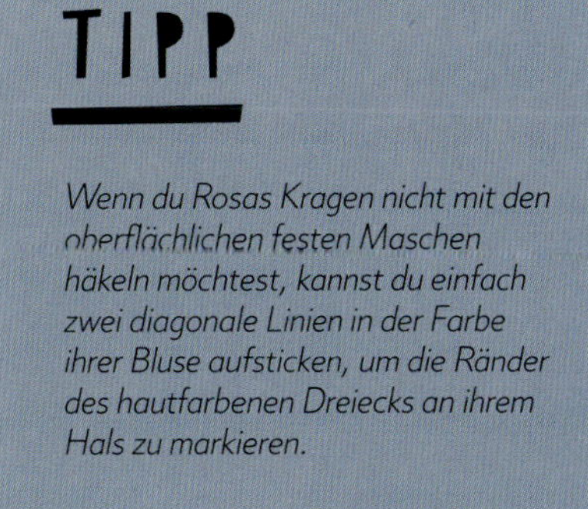

TIPP

Wenn du Rosas Kragen nicht mit den oberflächlichen festen Maschen häkeln möchtest, kannst du einfach zwei diagonale Linien in der Farbe ihrer Bluse aufsticken, um die Ränder des hautfarbenen Dreiecks an ihrem Hals zu markieren.

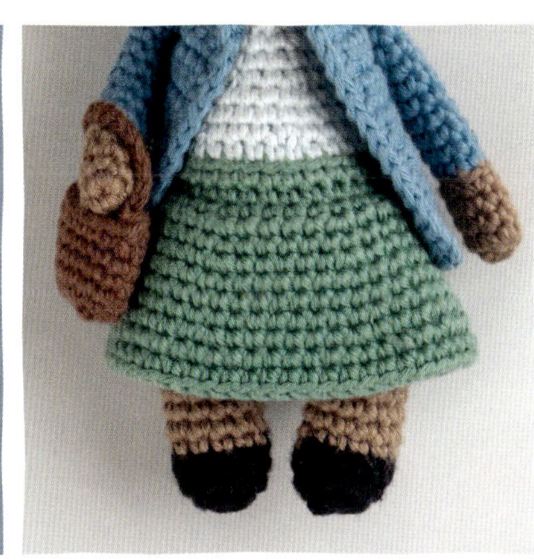

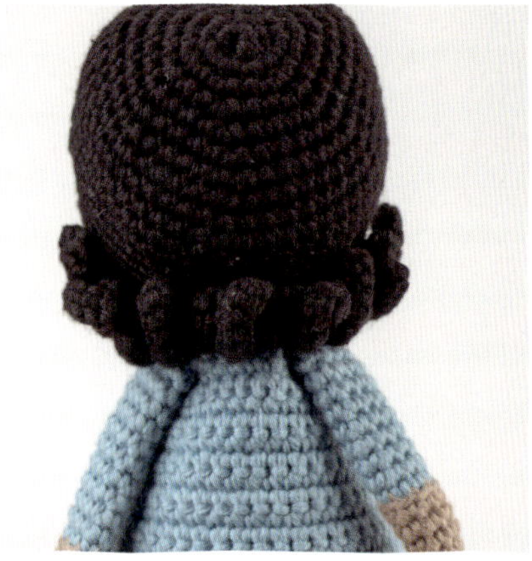

TIPP

Rosas kurze Haarlocken sollten sich von selbst kringeln. Ist dies nicht der Fall, kannst du mit den Fingern nachhelfen, indem du sie aufdrehst.

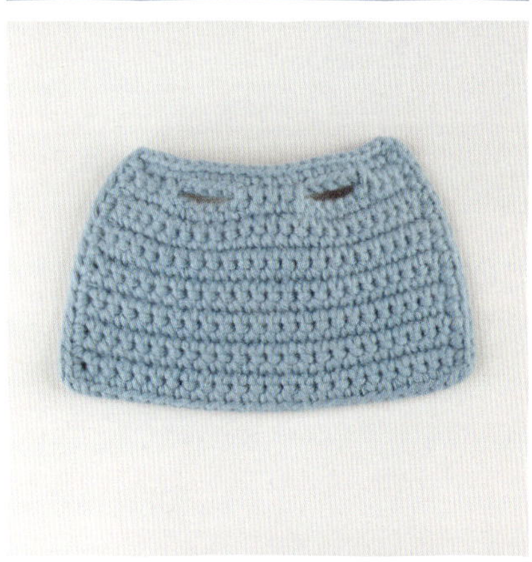

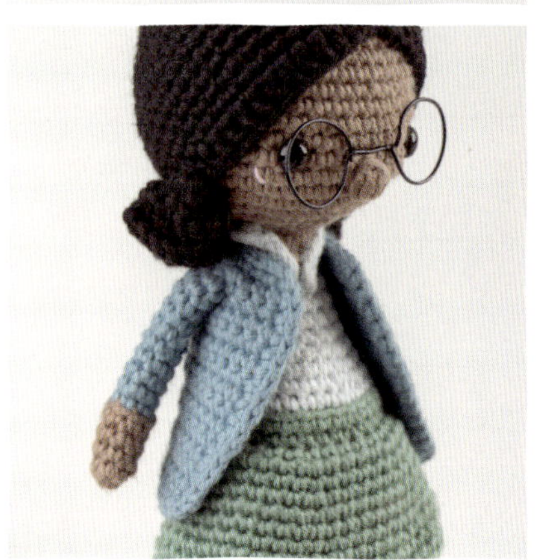

HAAR

1. Runde: Für das Haar mit **schwarzem** Garn 6 fe. M. in einen Fadenring (Magic Ring) häkeln. (6 M.)

2. Rd.: 2 fe. M. in jede M. (12 M.)

3. Rd.: *1 fe. M., 2 fe. M. in die nächste M., ab * bis zum Ende der Rd. wdh. (18 M.)

4. Rd.: *2 fe. M., 2 fe. M. in die nächste M., ab * bis zum Ende der Rd. wdh. (24 M.)

5. Rd.: *3 fe. M., 2 fe. M. in die nächste M., ab * bis zum Ende der Rd. wdh. (30 M.)

6. Rd.: *4 fe. M., 2 fe. M. in die nächste M., ab * bis zum Ende der Rd. wdh. (36 M.)

7. Rd.: *5 fe. M., 2 fe. M. in die nächste M., ab * bis zum Ende der Rd. wdh. (42 M.)

8. Rd.: *13 fe. M., 2 fe. M. in die nächste M., ab * bis zum Ende der Rd. wdh. (45 M.)

9.–15. Rd.: 1 fe. M. in jede M.

16. Rd.: 1 Kettm., 1 fe. M., 1 h. Stb., 10 Stb., 1 h. Stb., 1 fe. M., 1 Kettm., 1 fe. M., 1 h. Stb., 10 Stb., 1 h. Stb., 1 fe. M., 1 Kettm., *11 Kettm., 1 fe. M. in die zweite Lftm. von der Nadel aus, 1 fe. M. in jede der Lftm., 1 Kettm., ab * bis zur letzten M. wdh. (14 kurze Haarlocken)

Faden lang abschneiden, durch die letzte M. ziehen, das lange Ende hängen lassen, um das Haar damit an den Kopf zu nähen.

ARME (ZWEI ANFERTIGEN)

1. Rd.: In der **Hautfarbe** 2 Lftm., 4 fe. M. in die zweite Lftm. von der Nadel aus. (4 M.)

2. Rd.: 2 fe. M. in jede M. (8 M.)

3.–5. Rd.: 1 fe. M. in jede M.

6. Rd.: Für den Mantel zu **Stahlblau** wechseln, 1 fe. M. in jede M., nur ins hMg.

Die Arme müssen nicht ausgestopft werden.

7.–16. Rd.: 1 fe. M. in jede M.

17. Rd.: Mit den Fingern die Öffnung so zusammendrücken, dass jeweils 4 M. übereinanderliegen, beide Seiten zusammenhäkeln, indem 1 fe. M. in jedes dieser Maschenpaare gehäkelt wird (siehe Techniken: Die Arme schließen).

Faden lang abschneiden, durch die letzte Masche ziehen und das lange Ende hängen lassen, um damit den Arm an den Körper zu nähen.

JACKE

Die Jacke ist eigentlich eine Weste, wenn du sie deiner Rosa aber anziehst, sieht sie in Verbindung mit den Armen wie eine Jacke aus. Die Weste wird mit **stahlblauem** Garn in Reihen gearbeitet.

1. Reihe: 21 Lftm., 1 fe. M. in die zweite Lftm. von der Nadel aus, dann 1 fe. M. in jede Lftm. bis zum Ende der Reihe, 1 Lftm., wenden. (20 M.)

2. R.: 4 fe. M., *6 Lftm., die folgenden 4 M. auslassen (so entsteht das Armloch), 4 fe. M., ab * einmal wdh., 1 Lftm., wenden.

3. R.: 4 fe. M., *6 fe. M. in die Kette aus 6 Lftm., 4 fe. M., ab * einmal wdh., 1 Lftm., wenden. (24 M.)

4.–14. R.: 1 fe. M. in jede M., 1 Lftm., wenden.

15. R.: 1 fe. M. in jede M., 1 Lftm., die Arbeit um 90 ° im Uhrzeigersinn drehen und 14 fe. M. an der Seite der Weste häkeln, dabei in die Zwischenräume zwischen den Reihen einstechen. An der oberen Ecke angekommen, 20 Kettm. in die verbleibenden Schlingen der Anschlags-Luftmaschenkette häkeln. Anschließend 1 Lftm., die Arbeit wieder um 90 ° im Uhrzeigersinn drehen und 15 fe. M. entlang der anderen Seite der Weste häkeln, dabei wieder in die Zwischenräume zwischen den Reihen einstechen (siehe Techniken: Umranden von flachen Teilen).

Faden abschneiden, durch die letzte M. ziehen und vernähen.

HUT

1. Runde: Für den Hut in **Graugrün** 6 fe. M. in einen Fadenring häkeln (6 M.)

2. Rd.: 2 fe. M. in jede M. (12 M.)

3. Rd.: 2 fe. M. in jede M. (24 M.)

4. Rd.: *3 fe. M., 2 fe. M. in die nächste M., ab * bis zum Ende der Rd. wdh. (30 M.)

5. Rd.: *4 fe. M., 2 fe. M. in die nächste M., ab * bis zum Ende der Rd. wdh. (36 M.)

6. Rd.: *5 fe. M., 2 fe. M. in die nächste M., ab * bis zum Ende der Rd. wdh. (42 M.)

7. Rd.: 1 fe. M. in jede M.

8. Rd.: 1 fe. M. in jede M., nur ins hMg.

9. Rd.: 1 fe. M. in jede M.

10. Rd.: *6 fe. M., 2 fe. M. in die nächste M., ab * bis zum Ende der Rd. wdh. (48 M.)

11. Rd.: 1 fe. M. in jede M.

12. Rd.: *23 fe. M., 2 fe. M. in die nächste M., ab * einmal wdh. (50 M.)

13. Rd.: 1 fe. M. in jede M.

14. Rd.: 1 fe. M. in jede M., nur ins hMg.

15. Rd.: 1 fe. M. in jede M.

16. Rd.: Bei allen M. nur ins hintere Maschenglied einstechen: *1 fe. M., 2 fe. M. in die nächste M., ab * bis zum Ende der Rd. wdh. (75 M.)

17. Rd.: 1 fe. M. in jede M.

18. Rd.: 1 Kettm. in jede M.

Faden abschneiden, durch die letzte M. ziehen und vernähen.

FERTIGSTELLUNG

Das Haar an den Kopf nähen (siehe Techniken: Das Haar annähen).

Die Arme seitlich an den Körper nähen (siehe Techniken: Die Arme annähen).

Die Arme durch die Armlöcher der Weste schieben. So sieht sie aus wie eine Jacke.

Rosa den Hut aufsetzen.

Rosas Brille anfertigen (siehe Techniken: Eine Brille anfertigen) und mit Bastelkleber auf der Nase befestigen. Die Brille kann auch mit **schwarzem** Nähgarn angenäht werden.

Alle Fäden nach innen in der Puppe vernähen.

HANDTASCHE

1. Runde: Mit **braunem** Garn 7 Lftm., 2 fe. M. in die zweite Lftm. von der Nadel aus, 1 fe. M. in jede der nächsten 4 Lftm., 4 fe. M. in die letzte Lftm., wenden und auf der anderen Seite der Anschlagskette arbeiten, 1 fe. M. in jede der nächsten 4 Lftm., 2 fe. M. in die letzte Lftm. (16 M.)

2.–6. Rd.: 1 fe. M. in jede M.

Faden abschneiden, durch die letzte M. ziehen und vernähen.

HANDTASCHEN-HENKEL

Mit **braunem** Garn (am Anf. einen langen Faden hängen lassen) 15 Lftm. häkeln. Faden lang abschneiden, durch die letzte M. ziehen und das lange Ende hängen lassen.

Den Henkel an die Tasche nähen, hierzu die Fäden auf beiden Seiten verwenden.

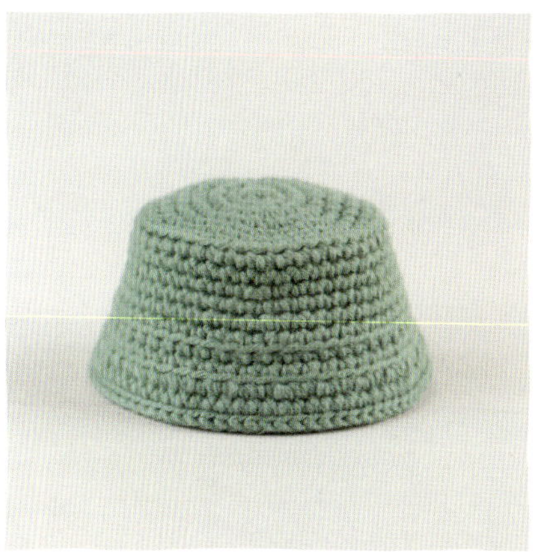

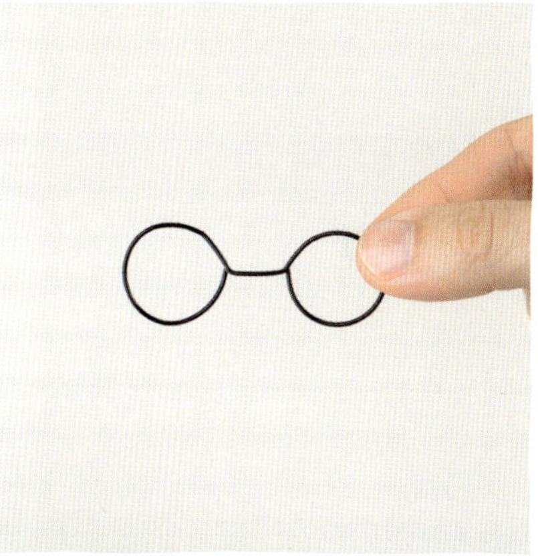

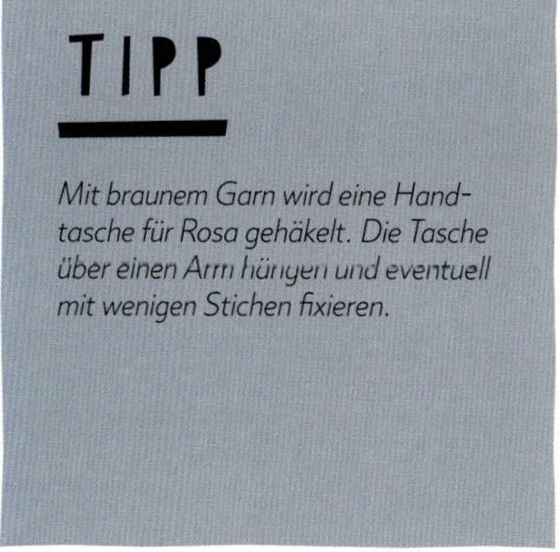

TIPP

Mit braunem Garn wird eine Handtasche für Rosa gehäkelt. Die Tasche über einen Arm hängen und eventuell mit wenigen Stichen fixieren.

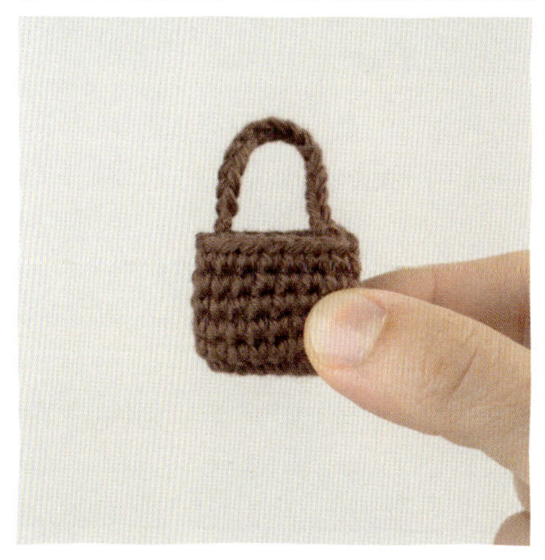

MATERIAL

Häkelnadel 2,5 mm

100 % 8-fädiges Baumwollgarn in den Farben: passende Hautfarbe, Dunkelgrau, Hellgrau, Schwarz, Braun, Weiß, kleine Menge Rosa

Stumpfe Sticknadel

8 mm Sicherheitsaugen

Maschenmarkierer

Füllwatte

20 cm schwarz ummantelter Draht und eine Zange für Ruths Brille

Bastelkleber oder schwarzes Nähgarn

2 grüne Glas- oder Kunststoffperlen für ihre Ohrringe

FERTIGE GRÖSSE

20 cm

RUTH BADER GINSBURG

Warum wurde Ruth ausgewählt? Weil sie eine Ikone des liberalen Amerika ist, eine Pionierin für Frauenrechte, die sich auch durch ihre eigenen Erfahrungen mit Diskriminierungen auf persönlicher und beruflicher Ebene nie davon abhalten ließ, sich für die Gleichstellung der Geschlechter einzusetzen. An der Harvard University war sie eine von acht Frauen, die in einer Klasse von über 500 Studenten Jura studierte – dabei wurde ihr vom Dekan vorgehalten, sie besetze einen Platz, den man auch einem Mann hätte geben können. Später wechselte sie an die Columbia University und machte dort den besten Abschluss ihrer Klasse. Trotz ihrer herausragenden akademischen Leistungen wollte sie zunächst niemand als Anwältin einstellen. Daraufhin ging sie zurück an die Uni und wurde die erste Frau, die an der Rutgers Law School unterrichtete, einer der besten staatlichen Universitäten der USA – allerdings für weniger Gehalt als ihre Kollegen. Sie engagierte sich in der amerikanischen Bürgerrechtsunion (American Civil Liberties Union, ACLU) und vertrat insgesamt sechs richtungsweisende Fälle zur Gleichberechtigung vor dem Supreme Court, von denen sie fünf gewann. Von 1993 bis zu ihrem Tod im September 2020 war sie dort Beisitzende Richterin – als eine von bis dahin nur zwei Frauen in der Geschichte dieses neunköpfig besetzten obersten Gerichts der Vereinigten Staaten.

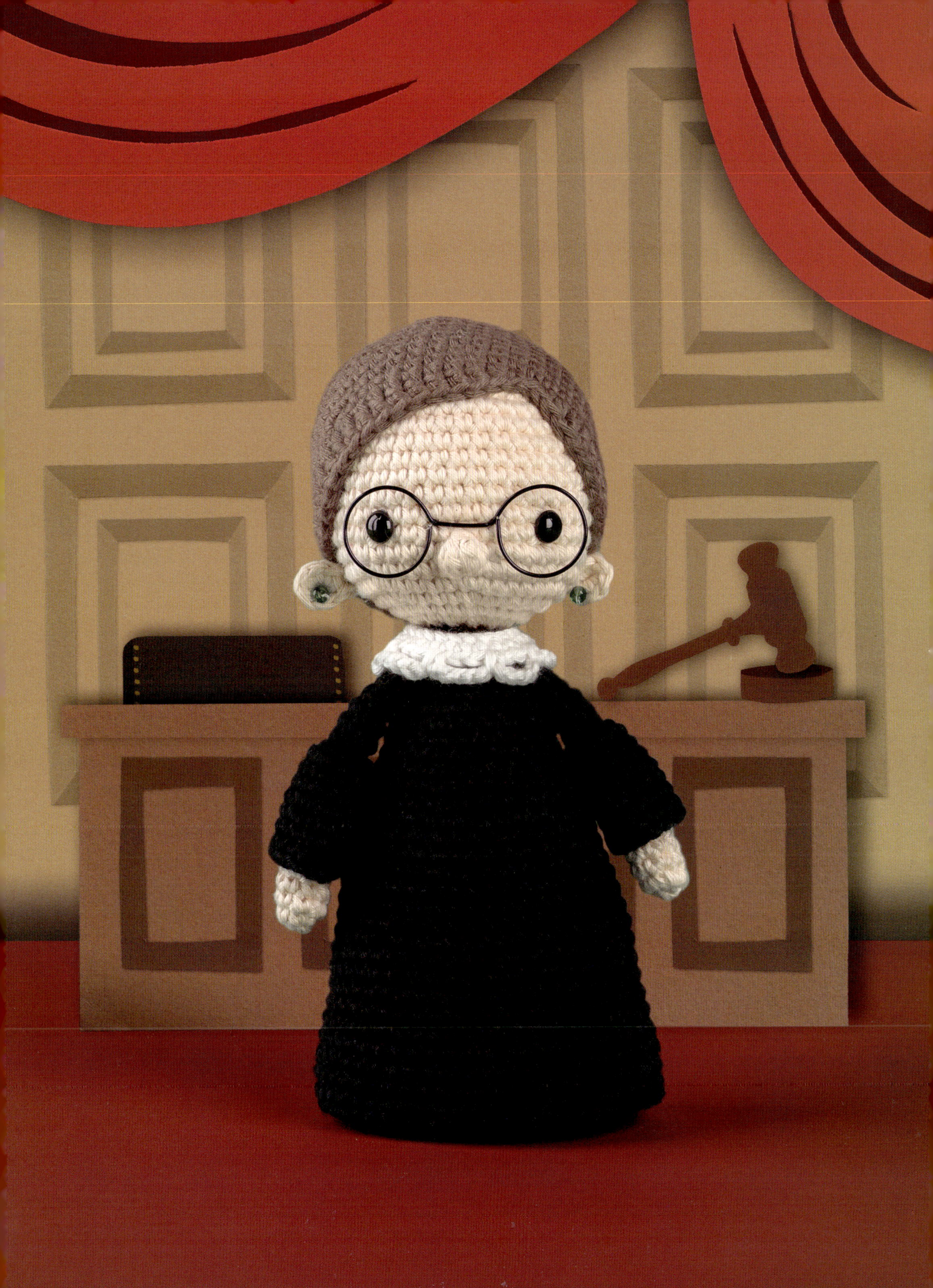

1. BEIN

1. Runde: Mit **dunkelgrauem** Garn für die Hose 6 fe. M. in einen Fadenring (Magic Ring) häkeln. (6 M.)

2. Rd.: 2 fe. M. in jede M. (12 M.)

3.–9. Rd.: 1 fe. M. in jede M.

Faden abschneiden, durch die letzte M. ziehen und vernähen. Beiseitelegen.

2. BEIN

Wie das 1. Bein arbeiten, nur den Faden am Ende nicht abschneiden. Es geht direkt weiter mit dem Körper.

KÖRPER

10. Rd.: Mit dem 2. Bein noch auf der Nadel, 3 Lftm. häkeln und diese mit 1 fe. M. mit dem 1. Bein verbinden (siehe Techniken: Die Beine miteinander verbinden), hier einen Maschenmarkierer anbringen, um den Anf. der Rd. zu kennzeichnen, 11 fe. M. entlang des 1. Beins häkeln, 1 fe. M. in jede der 3 Lftm., 12 fe. M. entlang des 2. Beins und 1 fe. M. in jede der 3 Lftm. auf der anderen Seite (30 M.)

11. Rd.: *4 fe. M., 2 fe. M. in die nächste M., ab * bis zum Ende der Rd. wdh. (36 M.)

12.–16. Rd.: 1 fe. M. in jede M.

17. Rd.: *4 fe. M., 2 fe. M. zus. abm., ab * bis zum Ende der Rd. wdh. (30 M.)

18. Rd.: Für die Bluse zu **Hellgrau** wechseln, 1 fe. M. in jede M., nur ins hMg.

Jetzt die Beine fest ausstopfen.

19. und 20. Rd.: 1 fe. M. in jede M.

21. Rd.: *3 fe. M., 2 fe. M. zus. abm., ab *bis zum Ende der Rd. wdh. (24 M.)

22. und 23. Rd.: 1 fe. M. in jede M.

24. Rd.: *2 fe. M., 2 fe. M. zus. abm., ab * bis zum Ende der Rd. wdh. (18 M.)

Jetzt den Körper fest ausstopfen.

25. und 26. Rd.: 1 fe. M. in jede M.

27. Rd.: *1 fe. M., 2 fe. M. zus. abm., ab * bis zum Ende der Rd. wdh. (12 M.)

28. Rd.: Für die Robe zu **Schwarz** wechseln, 1 fe. M. in jede M.

29. Rd.: 1 fe. M. in jede M., nur ins hMg.

30. Rd.: 1 fe M. in jede M.

31. Rd.: Zur **Hautfarbe** wechseln, 1 fe. M. in jede M., nur ins hMg.

Den Faden nicht abschneiden. Es geht direkt weiter mit dem Kopf.

KOPF

32. Rd.: 2 fe M. in jede M. (24 M.)

33. Rd.: *3 fe. M., 2 fe. M. in die nächste M., ab * bis zum Ende der Rd. wdh. (30 M.)

Jetzt den Halsbereich fest ausstopfen.

34. Rd.: *4 fe. M., 2 fe. M. in die nächste M., ab * bis zum Ende der Rd. wdh. (36 M.)

35. Rd.: *5 fe. M., 2 fe. M. in die nächste M., ab * bis zum Ende der Rd. wdh. (42 M.)

36. Rd.: 1 fe. M. in jede M.

37. Rd.: 26 fe. M., 1 Noppen-M. für die Nase (siehe Maschen: Noppenmasche), 1 fe. M. in jede M. bis zum Ende der Rd. Darauf achten, die Nase auf die Mitte der Beine auszurichten und die Platzierung falls nötig zu ändern.

Nun beginnen wir, Ruths Robe für den Supreme Court zu häkeln, da dies ohne den fertigen Kopf einfacher ist. Die Schlinge auf der Nadel mit einem Maschenmarkierer sichern und den Faden abschneiden.

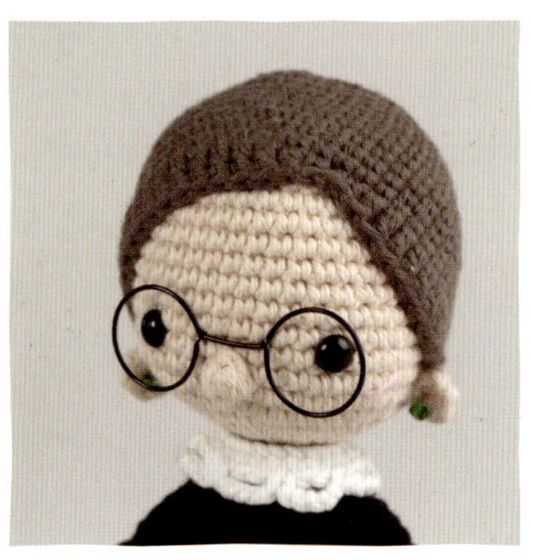

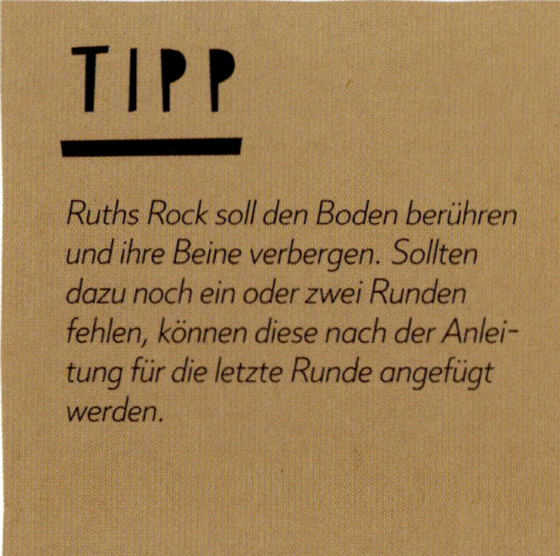

TIPP

Ruths Rock soll den Boden berühren und ihre Beine verbergen. Sollten dazu noch ein oder zwei Runden fehlen, können diese nach der Anleitung für die letzte Runde angefügt werden.

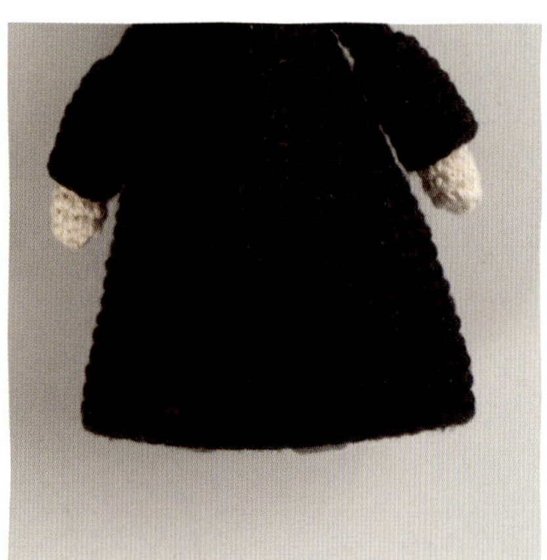

ROBE

Den Körper auf den Kopf stellen und **schwarzes** Garn in einem der vorderen Maschenglieder der 29. Rd. hinten am Hals ansetzen.

1. Runde: 1 fe. M. in jede M. der 29. Rd., nur ins vMg. (12 M.)

2. Rd.: *1 fe. M., 2 fe. M. in die nächste M., ab * bis zum Ende der Rd. wdh. (18 M.)

3. Rd.: 1 fe. M. in jede M.

4. Rd.: *2 fe. M., 2 fe. M. in die nächste M., ab * bis zum Ende der Rd. wdh. (24 M.)

5.–7. Rd.: 1 fe. M. in jede M.

8. Rd.: *3 fe. M., 2 fe. M. in die nächste M., ab * bis zum Ende der Rd. wdh. (30 M.)

9.–10. Rd.: 1 fe. M. in jede M.

11. Rd.: *4 fe. M., 2 fe. M. in die nächste M., ab * bis zum Ende der Rd. wdh. (36 M.)

12.–14. Rd.: 1 fe. M. in jede M.

15. Rd.: *5 fe. M., 2 fe. M. in die nächste M., ab * bis zum Ende der Rd. wdh. (42 M.)

16.–18. Rd.: 1 fe. M. in jede M.

19. Rd.: *6 fe. M., 2 fe. M. in die nächste M., ab * bis zum Ende der Rd. wdh. (48 M.)

20.–31. Rd.: 1 fe. M. in jede M.

Faden abschneiden, durch die letzte M. ziehen und vernähen.

Nun geht es mit dem Kopf weiter. Das hautfarbene Garn an der Stelle wieder ansetzen, wo die Arbeit am Kopf unterbrochen wurde.

38.–46. Rd.: 1 fe. M. in jede M.

47. Rd.: *5 fe. M., 2 fe. M. zus. abm., ab * bis zum Ende der Rd. wdh. (36 M.)

Jetzt damit beginnen, den Kopf auszustopfen.

48. Rd.: *4 fe. M., 2 fe. M. zus. abm., ab * bis zum Ende der Rd. wdh. (30 M.)

Eine Runde über der Nase die Sicherheitsaugen mit 8 cm Abstand voneinander anbringen, die Wangen mit rosa Garn aufsticken.

49. Rd.: *3 fe. M., 2 fe. M. zus. abm., ab * bis zum Ende der Rd. wdh. (24 M.)

50. Rd.: *2 fe. M., 2 fe. M. zus. abm., ab * bis zum Ende der Rd. wdh. (18 M.)

Fest ausstopfen.

51. Rd.: *1 fe. M., 2 fe. M. zus. abm., ab * bis zum Ende der Rd. wdh. (12 M.)

52. Rd.: 6 Mal (2 fe. M. zus. abm.). (6 M.)

Faden abschneiden, durch die letzte M. ziehen und vernähen.

OHREN (ZWEI ANFERTIGEN)

1. Runde: In der Hautfarbe 6 fe. M. in einen Fadenring (Magic Ring) häkeln. (6 M.)

Den Ring mit einer Kettm. in die erste fe. M. schließen, den Faden lang abschneiden, durch die letzte M. ziehen und das lange Ende hängen lassen, um das Ohr damit an den Kopf zu nähen.

»Ich versuche, durch meine Übergeugungen und meinen Sprachstil zu lehren, wie falsch es ist, Menschen anhand ihres Aussehens, ihrer Hautfarbe oder ihres Geschlechts zu beurteilen.«

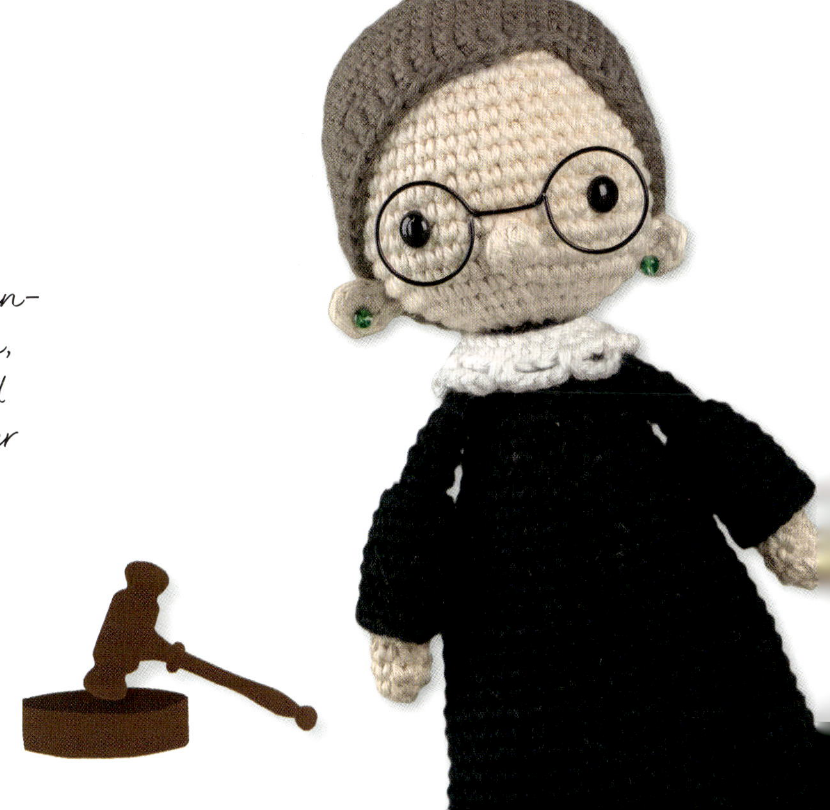

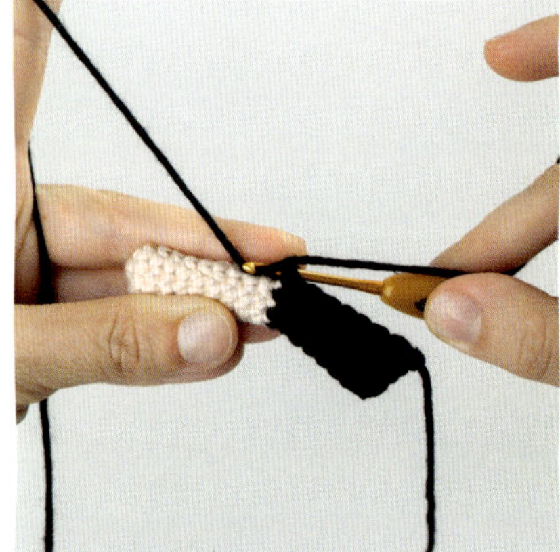

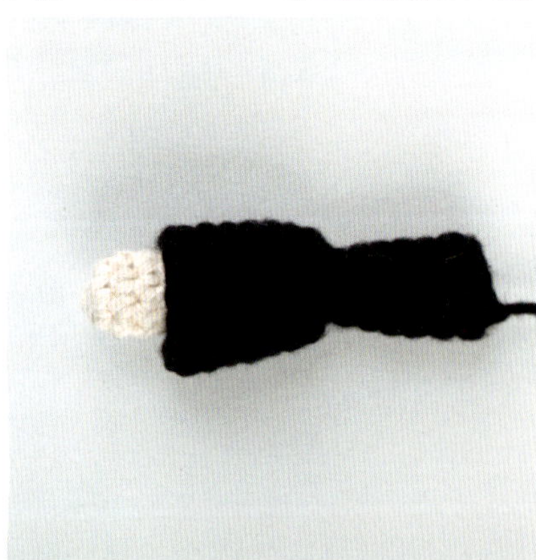

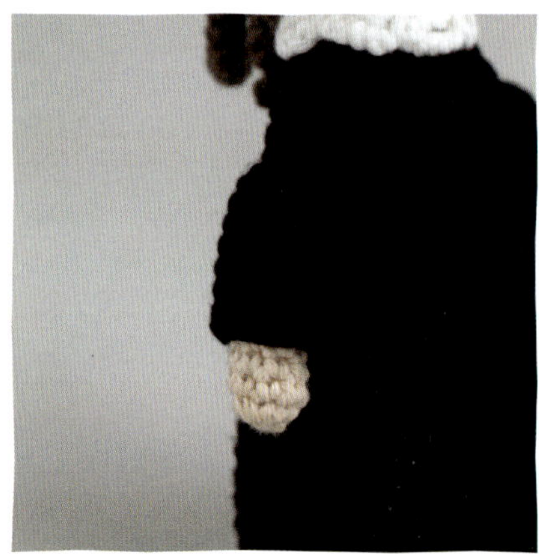

ARME (ZWEI ANFERTIGEN)

1. Runde: In der **Hautfarbe** 2 Lftm., 4 fe. M. in die zweite Lftm. von der Nadel aus. (4 M.)

2. Rd.: 2 fe. M. in jede M. (8 M.)

3.–10. Rd.: 1 fe. M. in jede M.

11. Rd.: Zu **Schwarz** wechseln, 1 fe. M. in jede M.

Die Arme müssen nicht ausgestopft werden.

12. Rd.: 1 fe. M. in jede M., nur ins hMg.

13.–17. Rd.: 1 fe. M. in jede M.

18. Rd.: Mit den Fingern die Öffnung so zusammendrücken, dass jeweils 4 M. übereinanderliegen, beide Seiten zusammenhäkeln, indem 1 fe. M. in jedes dieser Maschenpaare gehäkelt wird (siehe Techniken: Die Arme schließen).

Faden lang abschneiden, durch die letzte Masche ziehen und das lange Ende hängen lassen, um damit den Arm an den Körper zu nähen.

ÄRMEL

Das **schwarze** Garn in einem der restlichen vorderen **Maschenglieder** der 12. Rd. eines Armes ansetzen.

1. Runde: 1 fe. M. in jede M. der 12. Rd., nur in die vMg. (8 M.)

2. Rd.: *1 fe. M., 2 fe. M. in die nächste M., ab * bis zum Ende der Rd. wdh. (12 M.)

3. Rd.: 1 fe. M. in jede M.

4. Rd.: *3 fe. M., 2 fe. M. in die nächste M., ab * bis zum Ende der Rd. wdh. (15 M. sts)

5.–8. Rd.: 1 fe. M. in jede M.

Faden abschneiden, durch die letzte M. ziehen und vernähen. Den Ärmel auch am anderen Arm häkeln

HAAR

1. Runde: Für das Haar mit **braunem** Garn 6 fe. M. in einen Fadenring (Magic Ring) häkeln. (6 M.)

2. Rd.: 2 fe. M. in jede M. (12 M.)

3. Rd.: *1 fe. M., 2 fe. M. in die nächste M., ab * bis zum Ende der Rd. wdh. (18 M.)

4. Rd.: *2 fe. M., 2 fe. M. in die nächste M., ab * bis zum Ende der Rd. wdh. (24 M.)

5. Rd.: *3 fe. M., 2 fe. M. in die nächste M., ab * bis zum Ende der Rd. wdh. (30 M.)

6. Rd.: *4 fe. M., 2 fe. M. in die nächste M., ab * bis zum Ende der Rd. wdh. (36 M.)

7. Rd.: *5 fe. M., 2 fe. M. in die nächste M., ab * bis zum Ende der Rd. wdh. (42 M.)

8. Rd.: *13 fe. M., 2 fe. M. in die nächste M., ab * bis zum Ende der Rd. wdh. (45 M.)

9.–15. Rd.: 1 fe. M. in jede M.

16. Rd.: 1 Kettm., 1 fe. M., 1 h. Stb., 14 Stb., 1 h. Stb., 1 fe. M., 1 Kettm., 1 fe. M., 1 h. Stb., 6 Stb., 1 h. Stb., 1 fe. M., 1 Kettm. Die restlichen Maschen unbearbeitet lassen.

Faden lang abschneiden, durch die letzte M. ziehen, das lange Ende hängen lassen, um das Haar damit an den Kopf zu nähen.

PFERDESCHWANZLOCKEN (DREI ANFERTIGEN)

1. Reihe: Mit **braunem** Garn 11 Lftm., 1 fe. M. in die zweite Lftm. von der Nadel aus, 1 fe. M. in jede Lftm. bis zum Ende der R. (10 M.)

Faden lang abschneiden, durch die letzte M. ziehen und das lange Ende zum Annähen an den Kopf hängen lassen.

WEISSER KRAGEN

1. Reihe: Mit **weißem** Garn arbeiten, zu Beginn ein langes Garnende hängen lassen, 22 Lftm., 1 fe. M. in die zweite Lftm. von der Nadel aus, 1 fe. M. in jede weitere Lftm. bis zum Ende der R., 1 Lftm. wenden (21 M.)

2. R.: 5 Lftm., die folgenden 2 M. überspringen, 1 Kettm. in die dritte M., *6 Lftm., die folgenden 2 M. überspringen, 1 Kettm. in die dritte M., ab * insgesamt 6 Mal häkeln.

Faden so lang abschneiden, dass die Kette um den Hals gelegt werden kann, durch die letzte M. ziehen. Ein Ende in die Sticknadel einfädeln und die Ränder mit einigen Stichen abflachen

FERTIGSTELLUNG

Das Haar an den Kopf nähen (siehe Techniken: Das Haar annähen). Ruths Haar ist leicht nach rechts gescheitelt.

Die Haarlocken hinten am Haar annähen, um ihren kurzen Pferdeschwanz nachzubilden. Die Locken mit einem **schwarzen** Garnstück zusammenbinden.

Die Ohren seitlich an den Kopf nähen.

An jedes Ohr eine **grüne** Perle als Ohrring nähen.

Die Arme beidseits an die Robe nähen (siehe Techniken: Die Arme annähen).

Den Kragen um Ruths Hals legen.

Ruths Brille anfertigen (siehe Techniken: Eine Brille anfertigen) und mit Bastelkleber auf der Nase ankleben. Die Brille kann auch mit **schwarzem** Nähgarn angenäht werden.

Alle Fäden nach innen in der Puppe vernähen.

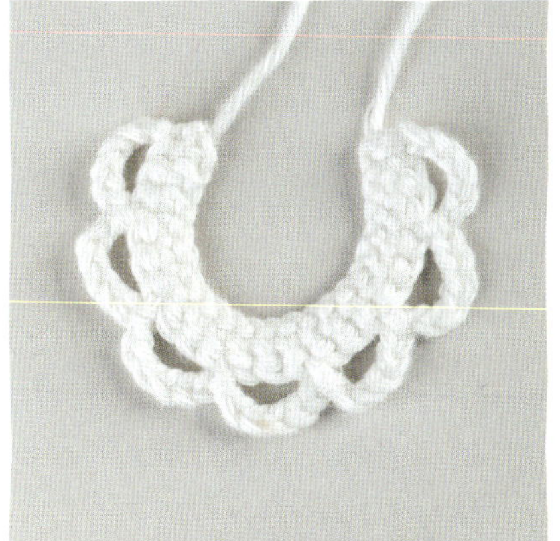

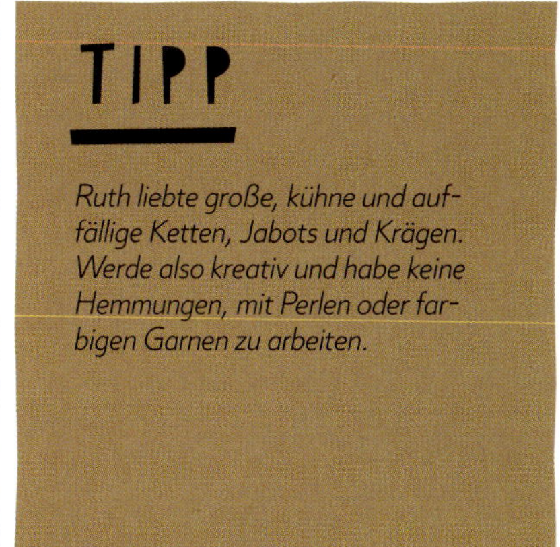

TIPP

Ruth liebte große, kühne und auffällige Ketten, Jabots und Krägen. Werde also kreativ und habe keine Hemmungen, mit Perlen oder farbigen Garnen zu arbeiten.

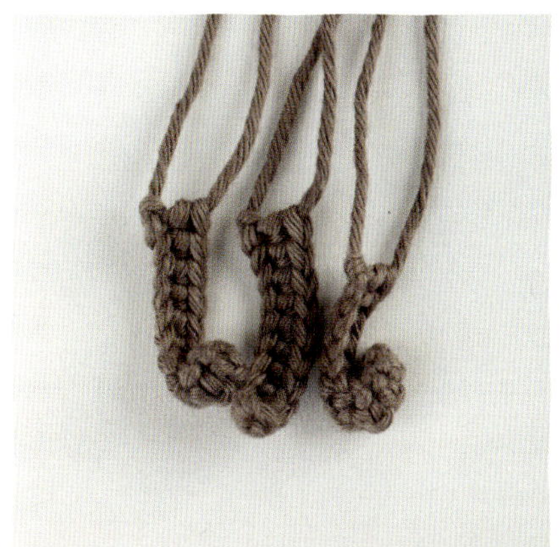

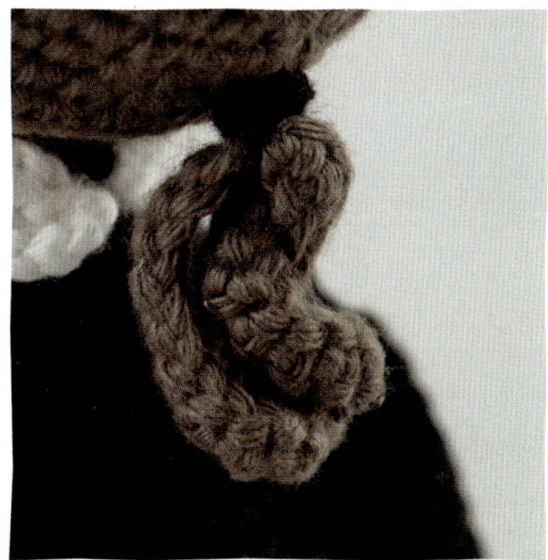

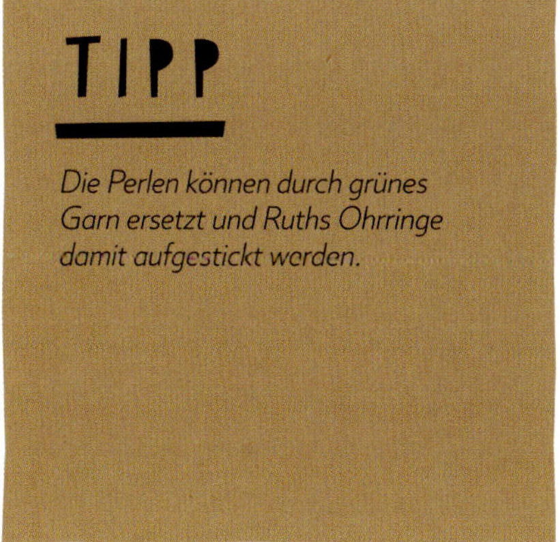

TIPP

Die Perlen können durch grünes Garn ersetzt und Ruths Ohrringe damit aufgestickt werden.

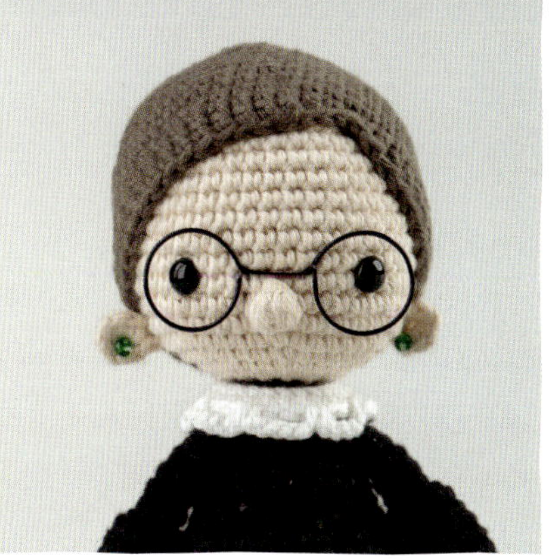

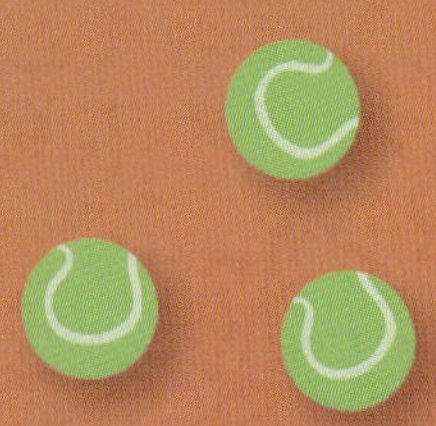

MATERIAL

Häkelnadel 2,5 mm

100 % 8-fädiges Baumwollgarn in den Farben: passende Hautfarbe, Weiß, Hellviolett, Schwarz, kleine Menge Rosa

Stumpfe Sticknadel

8 mm Sicherheitsaugen

Maschenmarkierer

Füllwatte

FERTIGE GRÖSSE

20 cm

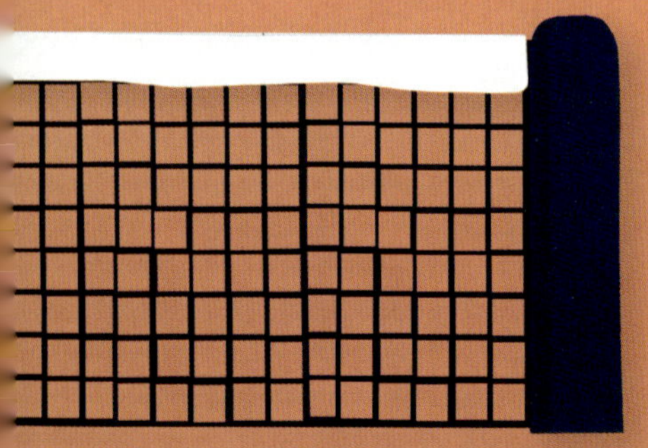

SERENA WILLIAMS

Warum wurde Serena ausgewählt? Weil sie eine der erfolgreichsten Tennisspielerinnen der Welt ist. In einer atemberaubenden Karriere hob sie das Frauentennis ab Ende der 1990er-Jahre auf ein neues, athletisches Niveau und holte sich bislang 23 Grand-Slam-Turnier-Siege im Einzel, 14 im Doppel und zwei im Mixed. Zudem gewann sie mehrere Goldmedaillen bei Olympischen Spielen, beendete fünfmal eine Saison auf Rang eins der Tennisweltrangliste und wurde sechsmal vom Tennisweltverband (ITF) zur Spielerin des Jahres gekürt. All diese Erfolge hat sie sich hart arbeitet und im Training mit ihrer Schwester Venus einen charakteristisch-kraftvollen Stil entwickelt, der ihren Gegnerinnen sehr zu schaffen macht. Vor allem aber besitzt sie die beeindruckende Gabe, die verschiedensten Hindernisse zu überwinden und Rückschläge zu verkraften – sei es in sportlicher Hinsicht oder als Folge von Verletzungen. Nicht zuletzt ihrer enormen mentalen Stärke verdankt sie immer wieder verblüffende Comebacks.

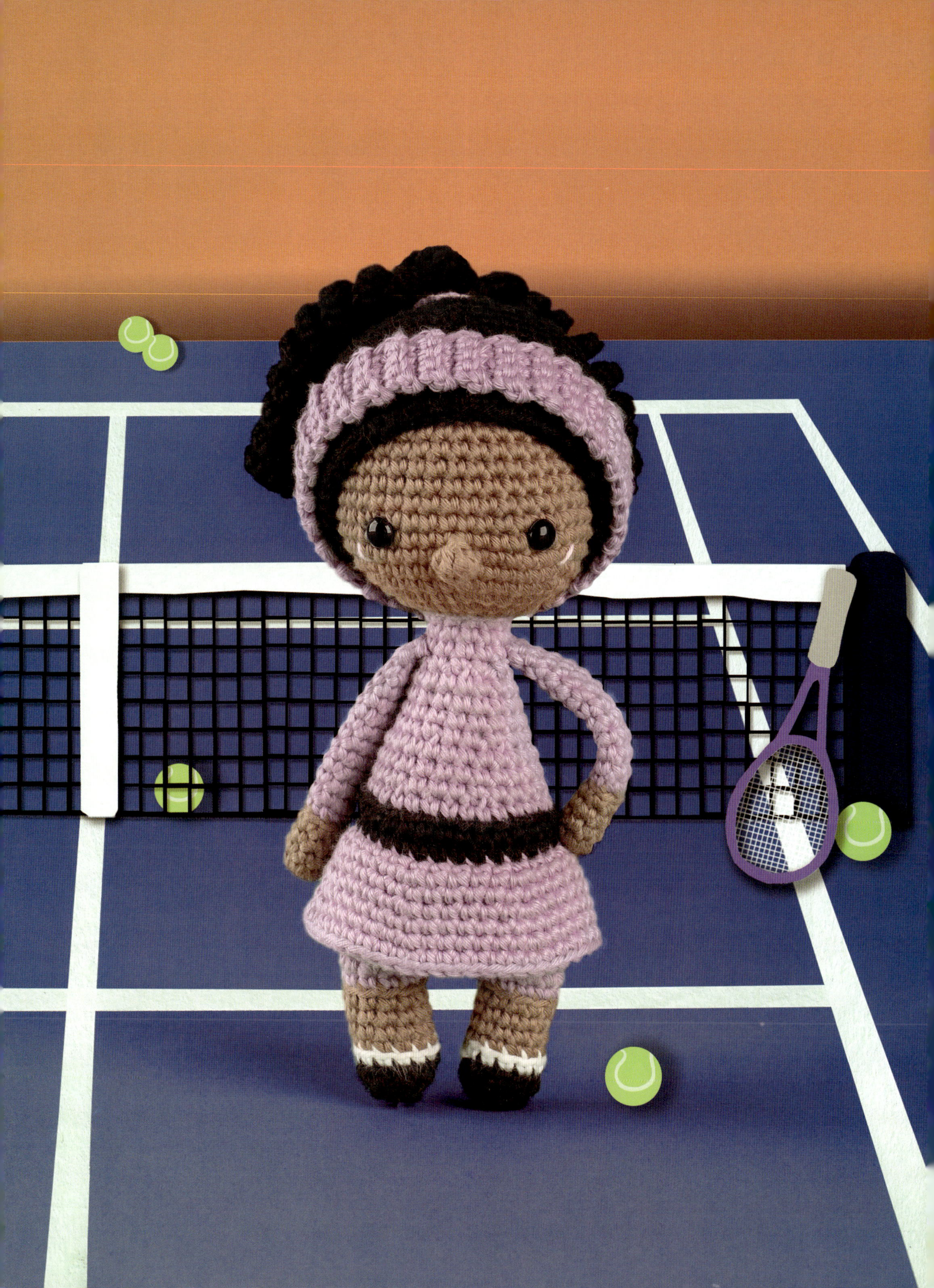

1. BEIN

1. Runde: Mit **Schwarz** für die Tennisschuhe 6 fe. M. in einen Fadenring (Magic Ring) häkeln. (6 M.)

2. Rd.: 2 fe. M. in jede M. (12 M.)

3. Rd.: 1 fe. M. in jede M.

4. Rd.: Für die Socken zu **Weiß** wechseln, 1 fe. M. in jede M., nur ins hMg.

5. Rd.: Zur **Hautfarbe** wechseln, 1 fe. M. in jede M., nur ins hMg.

6.–8. Rd.: 1 fe. M. in jede M.

9. Rd.: Für die Unterbekleidung zu Hellviolett wechseln, 1 fe. M. in jede M., nur ins hMg.

Faden abschneiden, durch die letzte M. ziehen und vernähen. Beiseitelegen.

2. BEIN

Wie das 1. Bein arbeiten, nur den Faden am Ende nicht abschneiden. Es geht direkt weiter mit dem Körper.

KÖRPER

10. Rd.: Mit dem 2. Bein noch auf der Nadel, 3 Lftm. häkeln und diese mit 1 fe. M. mit dem 1. Bein verbinden (siehe Techniken: Die Beine miteinander verbinden), hier einen Maschenmarkierer anbringen, um den Anf. der Rd. zu kennzeichnen, 11 fe. M. entlang des 1. Beins häkeln, 1 fe. M. in jede der 3 Lftm., 12 fe. M. entlang des 2. Beins und 1 fe. M. in jede der 3 Lftm. auf der anderen Seite (30 M.)

11. Rd.: *4 fe. M., 2 fe. M. in die nächste M., ab * bis zum Ende der Rd. wdh. (36 M.)

12.–16. Rd.: 1 fe. M. in jede M.

Jetzt die Beine fest ausstopfen.

17. Rd.: *4 fe. M., 2 fe. M. zus. abm., ab * bis zum Ende der Rd. wdh. (30 M.)

18. Rd.: Für den Gürtel zu **Schwarz** wechseln, 1 fe. M. in jede M., nur ins hMg.

19. Rd.: 1 fe. M. in jede M.

20. Rd.: Für den Tennisdress zu **Hellviolett** wechseln, 1 fe. M. in jede M., nur ins hMg.

21. Rd.: *3 fe. M., 2 fe. M. zus. abm., ab * bis zum Ende der Rd. wdh. (24 M.)

22. und 23. Rd.: 1 fe. M. in jede M.

24. Rd.: *2 fe. M., 2 fe. M. zus. abm., ab * bis zum Ende der Rd. wdh. (18 M.)

Jetzt den Körper fest ausstopfen.

25.–27. Rd.: 1 fe. M. in jede M.

28. Rd.: *1 fe. M., 2 fe. M. zus. abm., ab * bis zum Ende der Rd. wdh. (12 M.)

29.–31. Rd.: 1 fe. M. in jede M.

Den Faden nicht abschneiden. Es geht direkt weiter mit dem Kopf.

KOPF

32. Rd.: Zur **Hautfarbe** wechseln, 2 fe. M. in jede M. (24 M.)

33. Rd.: *3 fe. M., 2 fe. M. in die nächste M., ab * bis zum Ende der Rd. wdh. (30 M.)

Jetzt den Halsbereich fest ausstopfen.

34. Rd.: *4 fe. M., 2 fe. M. in die nächste M., ab * bis zum Ende der Rd. wdh. (36 M.)

35. Rd.: *5 fe. M., 2 fe. M. in die nächste M., ab * bis zum Ende der Rd. wdh. (42 M.)

36. Rd.: 1 fe. M. in jede M.

37. Rd.: 26 fe. M., 1 Noppen-M. für die Nase (siehe Maschen: Noppenmasche), 1 fe. M. in jede M. bis zum Ende der Rd. Darauf achten, die Nase auf die Mitte der Beine auszurichten und die Platzierung falls nötig zu ändern.

38.–46. Rd.: 1 fe M. in jede M.

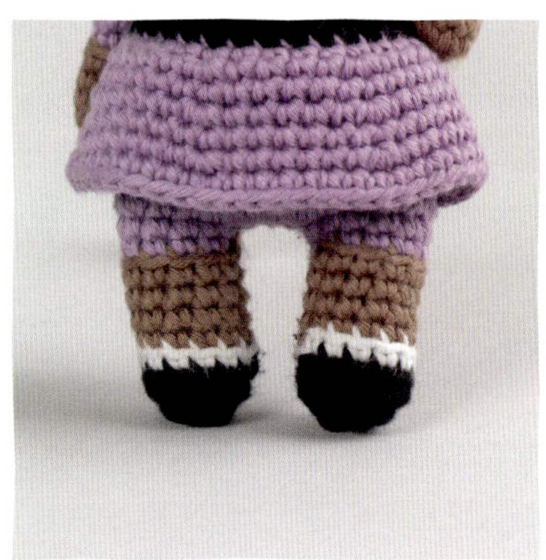

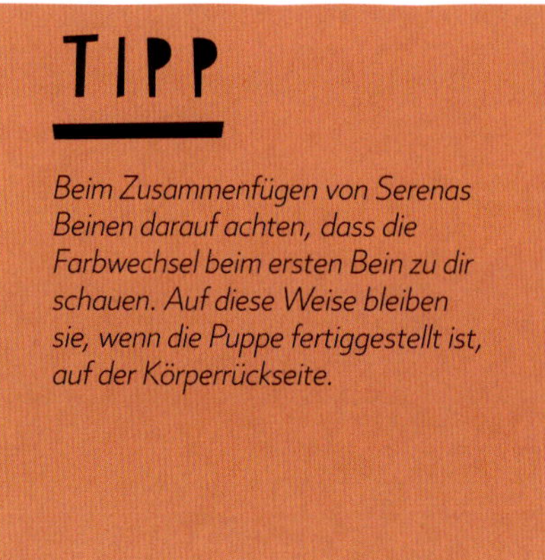

TIPP

Beim Zusammenfügen von Serenas Beinen darauf achten, dass die Farbwechsel beim ersten Bein zu dir schauen. Auf diese Weise bleiben sie, wenn die Puppe fertiggestellt ist, auf der Körperrückseite.

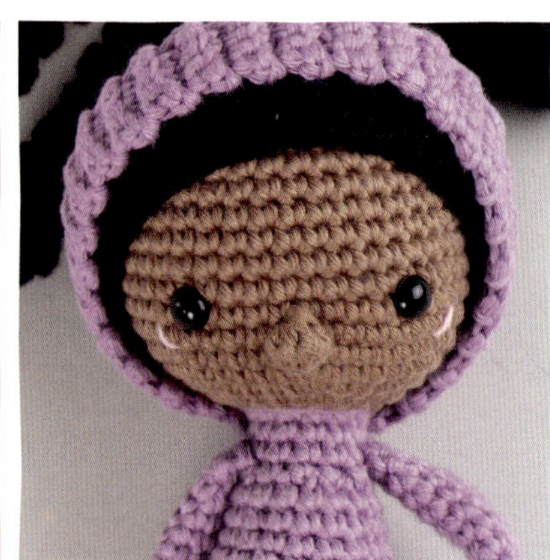

47. Rd.: *5 fe. M., 2 fe. M. zus. abm., ab * bis zum Ende der Rd. wdh. (36 M.)

Jetzt damit beginnen, den Kopf auszustopfen.

48. Rd.: *4 fe. M., 2 fe. M. zus. abm., ab * bis zum Ende der Rd. wdh. (30 M.)

Eine Runde über der Nase die Sicherheitsaugen mit 8 cm Abstand voneinander anbringen, die Wangen mit **rosa** Garn aufsticken.

49. Rd.: *3 fe. M., 2 fe. M. zus. abm., ab * bis zum Ende der Rd. wdh. (24 M.)

50. Rd.: *2 fe. M., 2 fe. M. zus. abm., ab * bis zum Ende der Rd. wdh. (18 M.)

Fest ausstopfen.

51. Rd.: *1 fe. M., 2 fe. M. zus. abm., ab * bis zum Ende der Rd. wdh. (12 M.)

52. Rd.: 6 Mal (2 fe. M. zus. abm.). (6 M.)

Faden abschneiden, durch die letzte M. ziehen und vernähen.

TENNISDRESS-ROCK

Den Körper auf den Kopf stellen und **hellviolettes** Garn in einem der vorderen Maschenglieder der 18. Rd. auf der Körperrückseite ansetzen.

1. Runde: 1 fe. M. in jede M. der 18. Rd., nur ins vMg. (30 M.)

2. Rd.: *4 fe. M., 2 fe. M. in die nächste M., ab * bis zum Ende der Rd. wdh. (36 M.)

3. Rd.: 1 fe. M. in jede M.

4. Rd.: *5 fe. M., 2 fe. M. in die nächste M., ab * bis zum Ende der Rd. wdh. (42 M.)

5. Rd.: 1 fe. M. in jede M.

6. Rd.: *6 fe. M., 2 fe. M. in die nächste M., ab * bis zum Ende der Rd. wdh. (48 M.)

7. Rd.: 1 fe M. in jede M.

Faden abschneiden, durch die letzte M. ziehen und vernähen.

ARME (ZWEI ANFERTIGEN)

1. Rd.: In der **Hautfarbe** 2 Lftm., 4 fe. M. in die zweite Lftm. von der Nadel aus. (4 M.)

2. Rd.: 2 fe. M. in jede M. (8 M.)

3.–5. Rd.: 1 fe. M. in jede M.

6. Rd.: Zu **Hellviolett** wechseln, 1 fe. M. in jede M., nur ins hMg.

Die Arme müssen nicht ausgestopft werden.

7.–16. Rd.: 1 fe. M. in jede M.

17. Rd.: Mit den Fingern die Öffnung so zusammendrücken, dass jeweils 4 M. übereinanderliegen, beide Seiten zusammenhäkeln, indem 1 fe. M. in jedes dieser Maschenpaare gehäkelt wird (siehe Techniken: Die Arme schließen).

Faden lang abschneiden, durch die letzte Masche ziehen und das lange Ende hängen lassen, um damit den Arm an den Körper zu nähen.

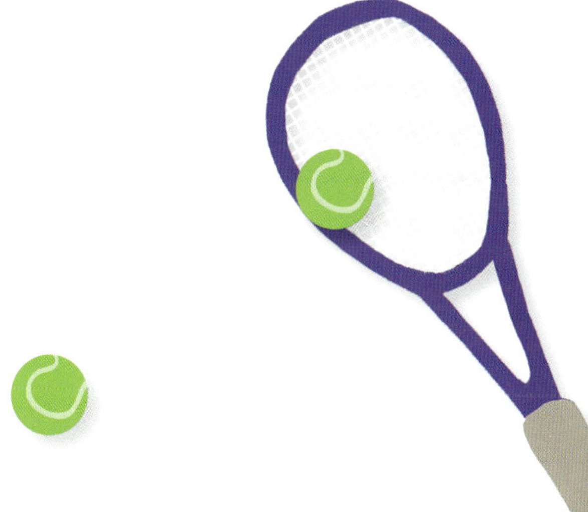

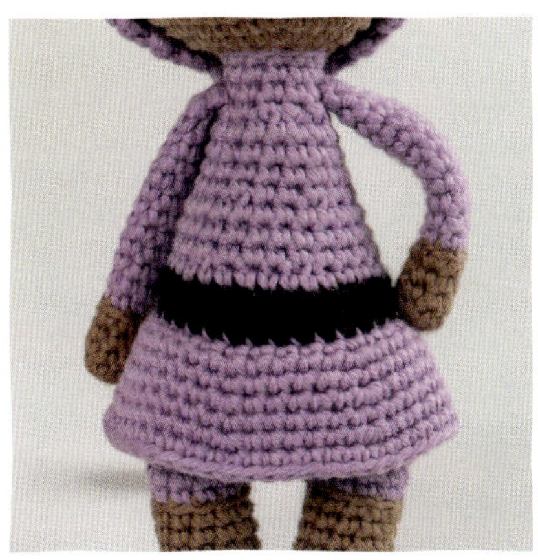

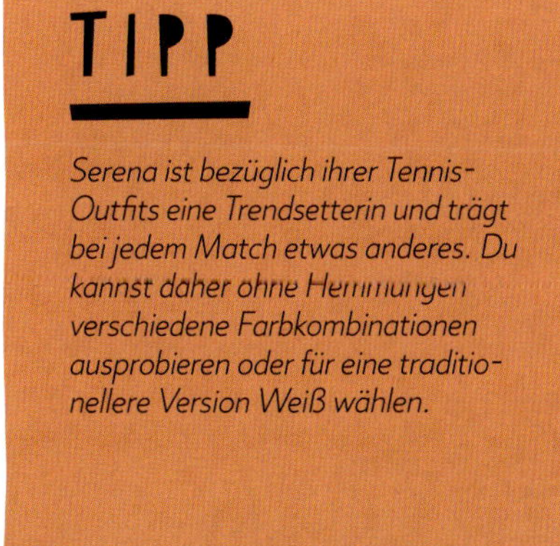

TIPP

Serena ist bezüglich ihrer Tennis-Outfits eine Trendsetterin und trägt bei jedem Match etwas anderes. Du kannst daher ohne Hemmungen verschiedene Farbkombinationen ausprobieren oder für eine traditionellere Version Weiß wählen.

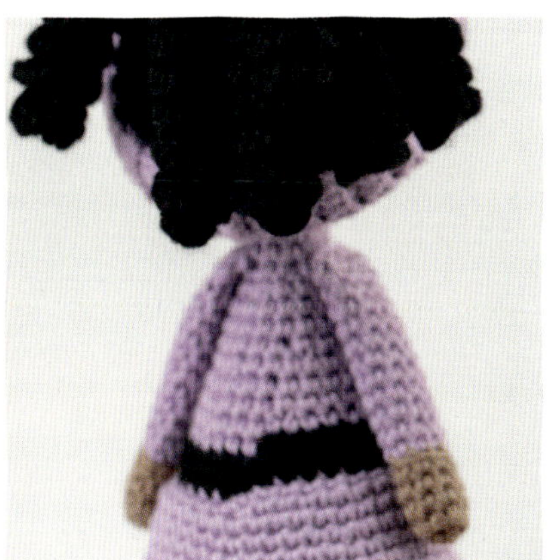

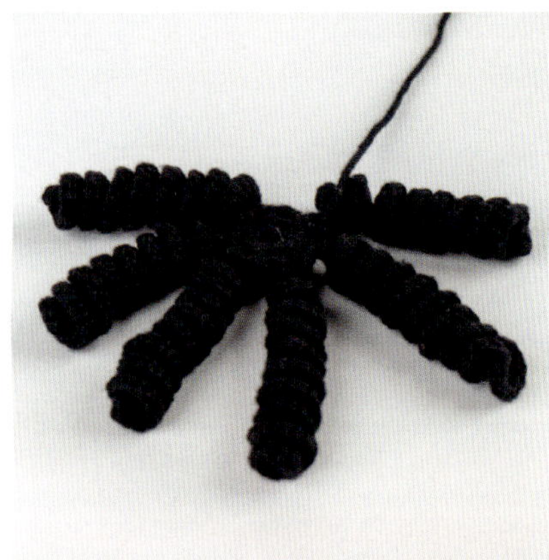

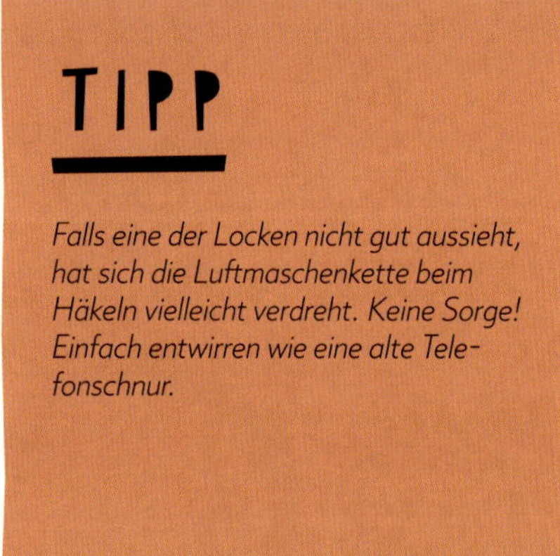

TIPP

Falls eine der Locken nicht gut aussieht, hat sich die Luftmaschenkette beim Häkeln vielleicht verdreht. Keine Sorge! Einfach entwirren wie eine alte Telefonschnur.

HAAR

1. Runde: Für das Haar mit **schwarzem** Garn 6 fe. M. in einen Fadenring (Magic Ring) häkeln. (6 M.)

2. Rd.: 2 fe. M. in jede M. (12 M.)

3. Rd.: *1 fe. M., 2 fe. M. in die nächste M., ab * bis zum Ende der Rd. wdh. (18 M.)

4. Rd.: *2 fe. M., 2 fe. M. in die nächste M., ab * bis zum Ende der Rd. wdh. (24 M.)

5. Rd.: *3 fe. M., 2 fe. M. in die nächste M., ab * bis zum Ende der Rd. wdh. (30 M.)

6. Rd.: *4 fe. M., 2 fe. M. in die nächste M., ab * bis zum Ende der Rd. wdh. (36 M.)

7. Rd.: *5 fe. M., 2 fe. M. in die nächste M., ab * bis zum Ende der Rd. wdh. (42 M.)

8. Rd.: *13 fe. M., 2 fe. M. in die nächste M., ab * bis zum Ende der Rd. wdh. (45 M.)

9.–17. Rd.: 1 fe. M. in jede M.

Faden lang abschneiden, durch die letzte M. ziehen, das lange Ende hängen lassen, um das Haar damit an den Kopf zu nähen.

PFERDESCHWANZ

1. Runde: Mit **schwarzem** Garn 6 fe. M. in einen Fadenring (Magic Ring) häkeln. (6 M.)

2. Rd.: 2 fe. M. in jede M. (12 M.)

3. Rd.: *41 Lftm. 3 fe. M. in die zweite Lftm. von der Nadel aus, 3 fe. M. in jede der Lftm. (120 M.), 2 fe. M., nur ins hMg., ab * insgesamt 6 Mal häkeln (6 Haarlocken)

Faden lang abschneiden, durch die letzte M. ziehen, das lange Ende hängen lassen, um den Pferdeschwanz damit an den Kopf zu nähen.

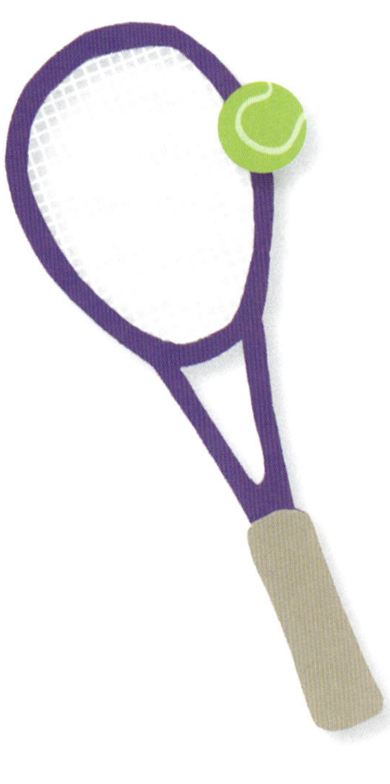

»Für mich ist vor allem entscheidend, wie man sich erholt. Ich habe schon immer gesagt, bei Champions zählt nicht, wie oft sie gewinnen, sondern wie sie sich von Tiefpunkten erholen, ob das nun eine Verletzung oder eine Niederlage ist.«

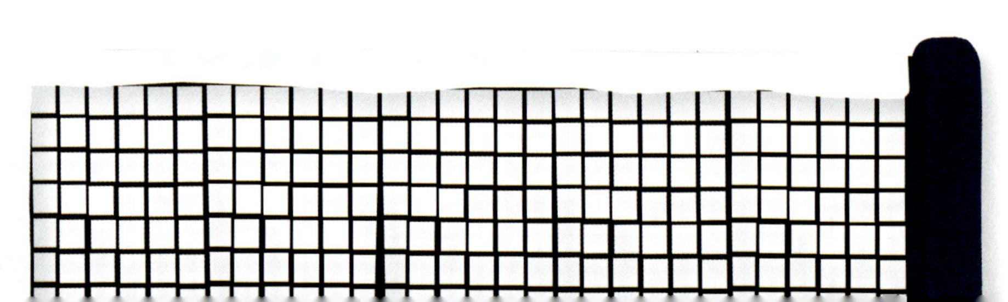

HAARBAND

Das Haarband wird in Reihen gehäkelt.

1. R.: Mit **hellviolettem** Garn 5 Lftm., 1 fe. M. in die zweite M. von der Nadel aus, 1 fe. M. in jede weitere Lftm. (4 M.)

2.–55. R.: 1 Lftm., wenden, 1 fe. M. in jede M., nur ins hMg.

56. R.: Die Länge des Haarbands um Serenas Kopf abmessen und durch Hinzufügen oder Auftrennen von ein oder zwei Reihen entsprechend anpassen. Sobald du mit der Länge zufrieden bist, beide Enden zu einem Kreis verbinden: 1 Lftm. 1 Kettm. in jedes hintere Maschenglied der letzten R., dabei bleibt ein Maschenglied der Anschlagskette frei (4 Kettm.).

Faden abschneiden, durch die letzte M. ziehen und vernähen.

FERTIGSTELLUNG

Das Haar an den Kopf nähen (siehe Techniken: Das Haar annähen).

Den Pferdeschwanz – mit der linken Seite nach oben – oben an Serenas Kopf nähen und mit der Sticknadel in den verbliebenen vorderen Maschengliedern der 3. Rd. ein- und ausstechen. Die Locken mit etwas **hellviolettem** Garn zusammenbinden.

Die Arme beidseits an den Körper nähen (siehe Techniken: Die Arme annähen).

Das Haarband um den Kopf legen.

Alle Fäden nach innen in der Puppe vernähen.

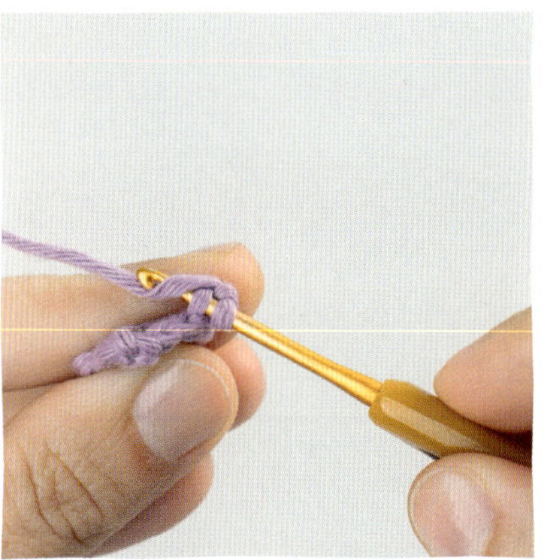

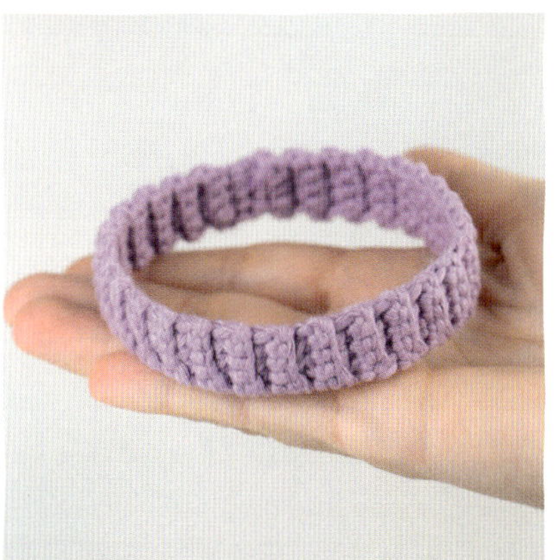

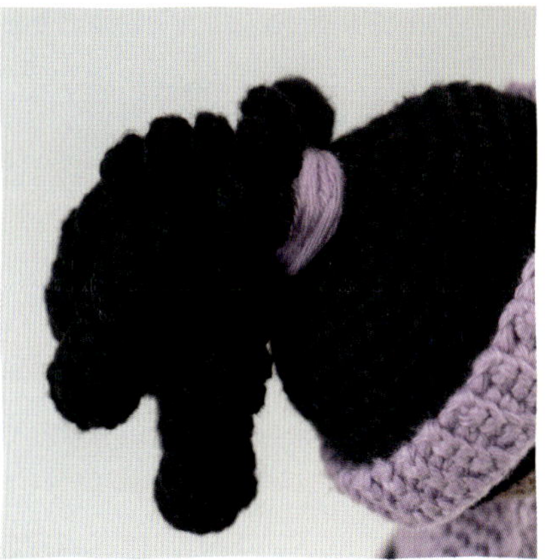

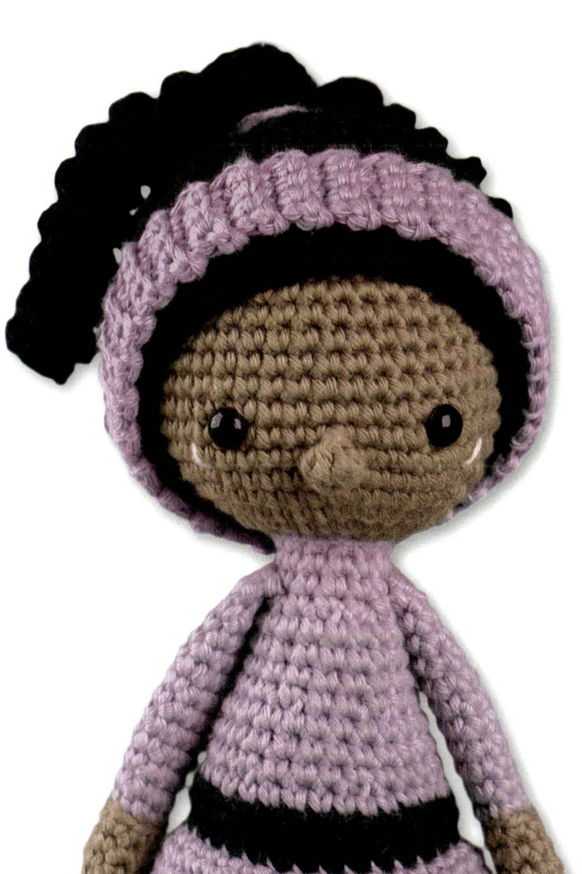

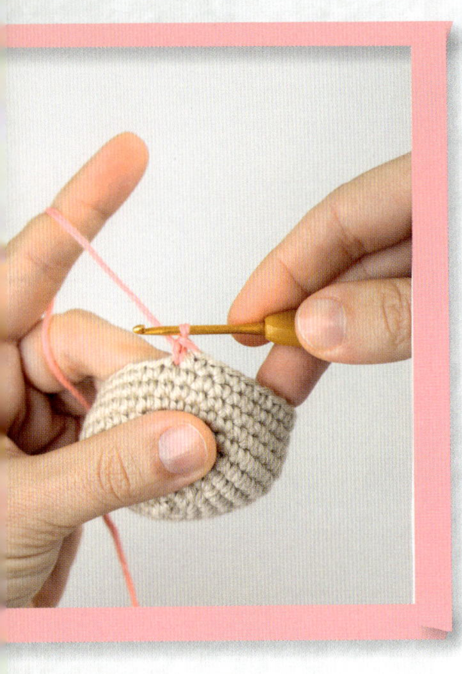
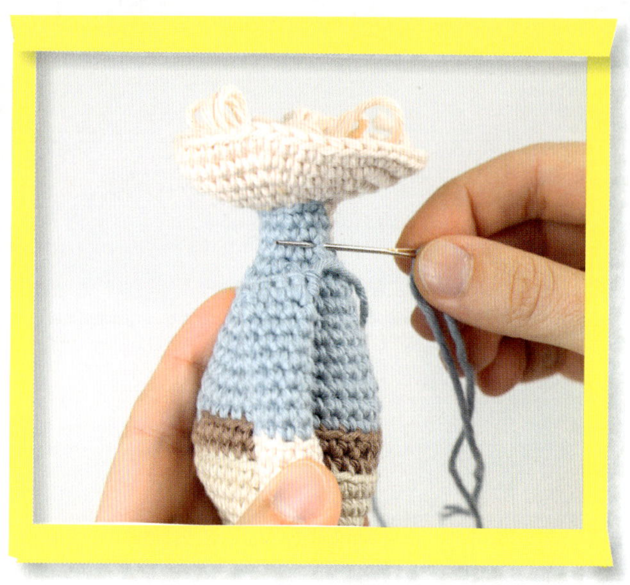
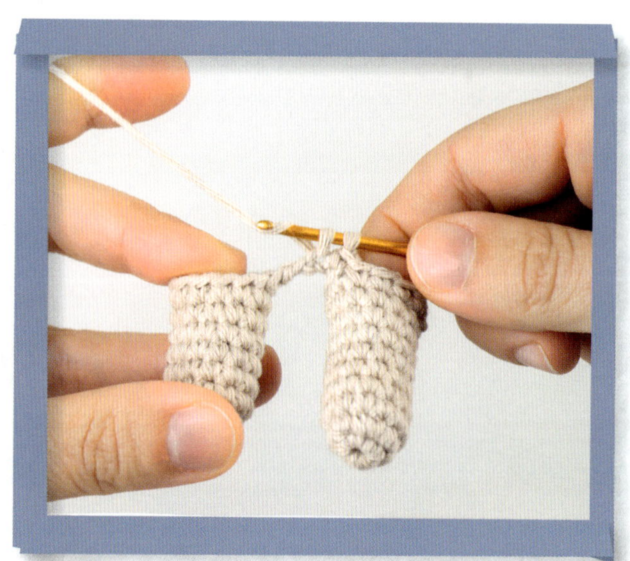
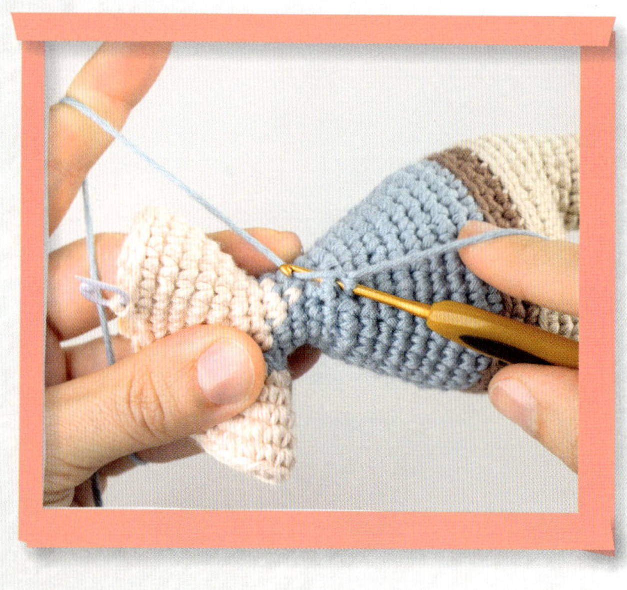
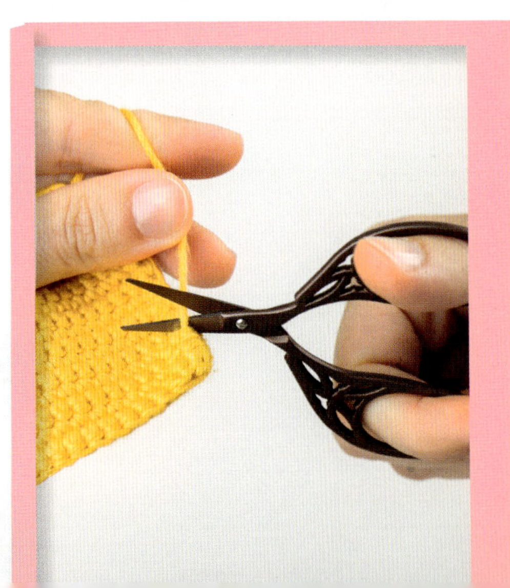

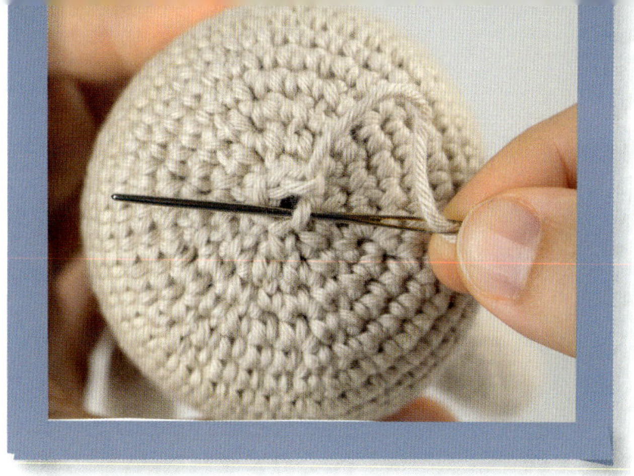

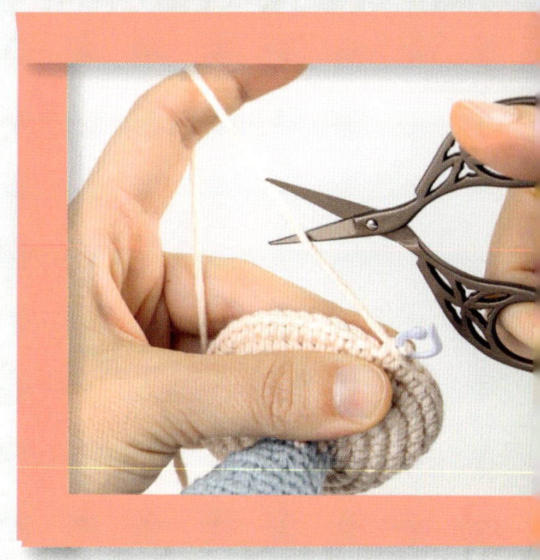

TECHNIKEN UND TUTORIALS

Hier findest du alle Techniken und Tutorials, die zur Anfertigung der Puppen und ihrer Accessoires nötig sind. Ich erkläre jede Technik, unterstützt von zahlreichen Fotos, sodass alles problemlos nachzuvollziehen sein sollte. Aber vielleicht arbeitest du ja lieber nach deinen eigenen Methoden? Dann mach das – solltest du trotzdem eine Erklärung brauchen, findest du sie hier. Ich hoffe, sie werden dir bei der Nutzung von Häkelnadel und Maschen ebenso helfen wie beim Zusammennähen der Superfrauen-Puppen.

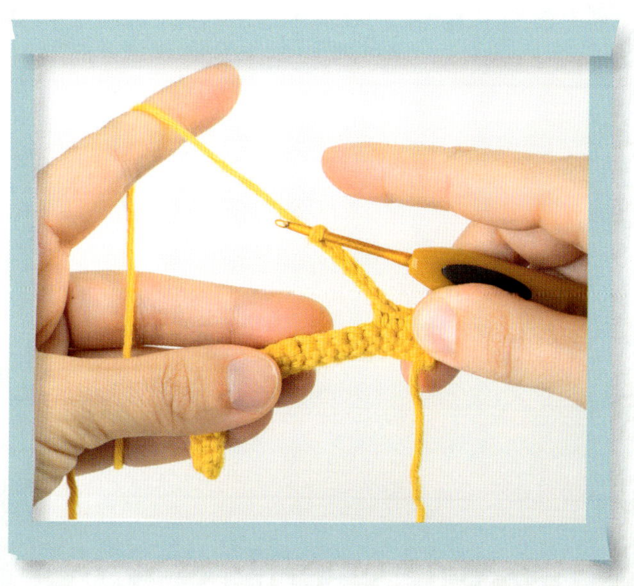

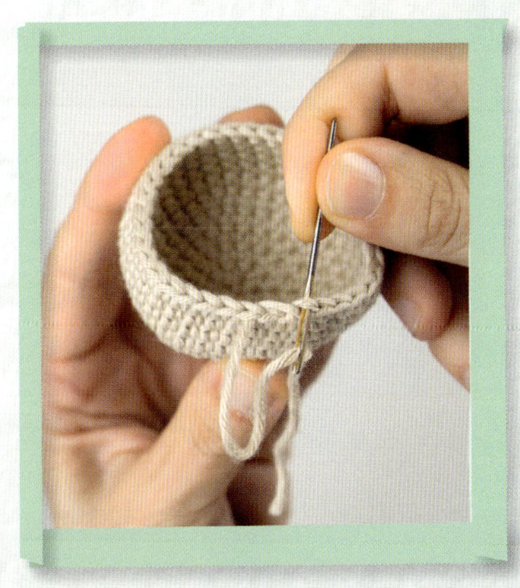

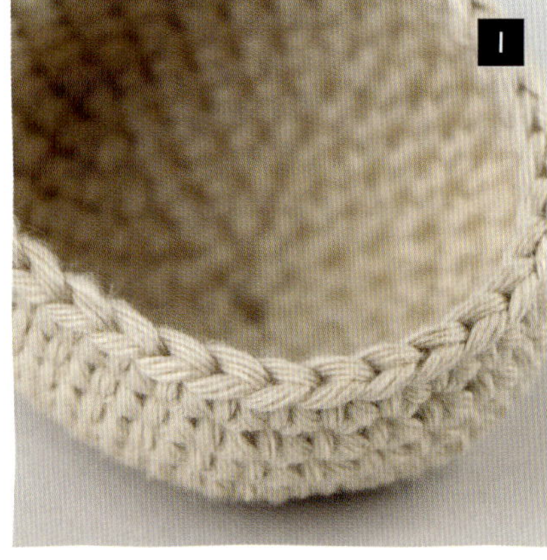

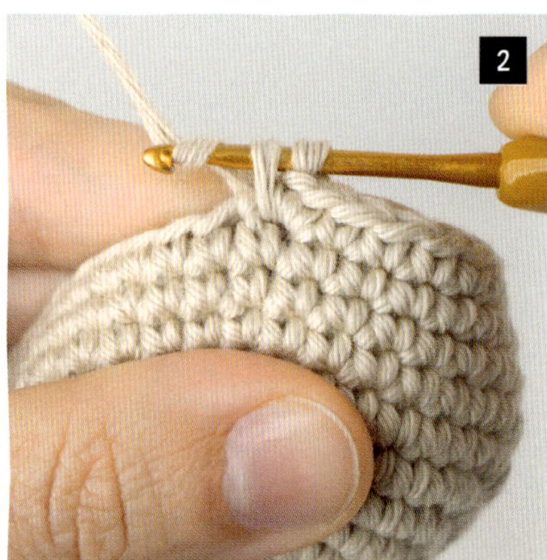

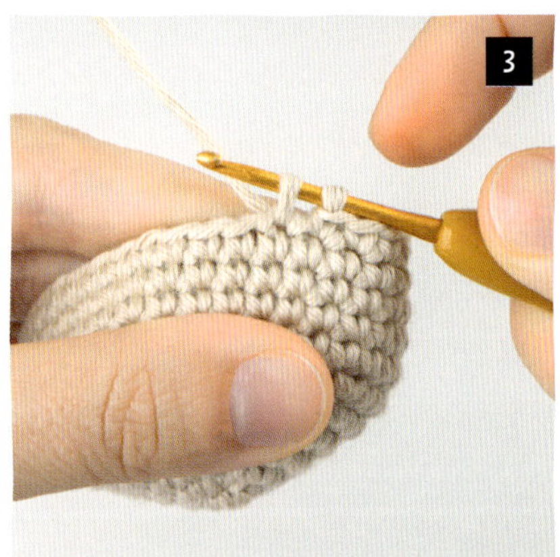

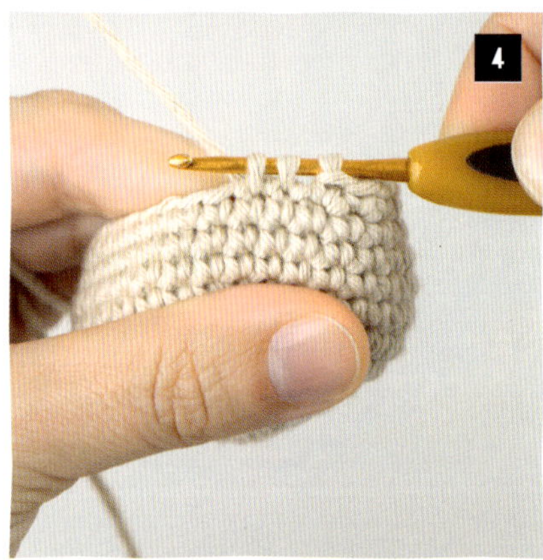

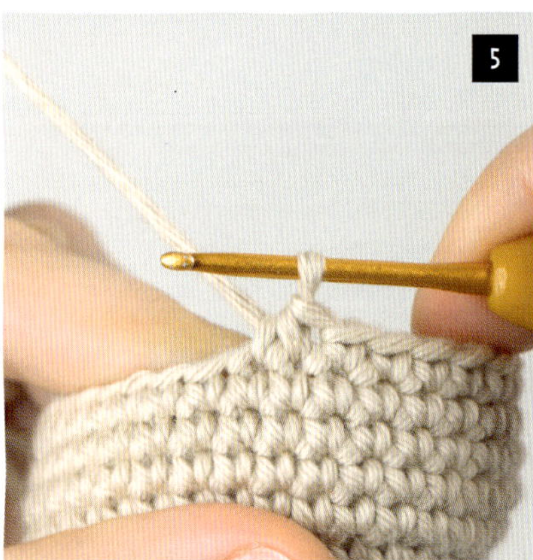

TIPP

Eine unsichtbare Abnahme fester Maschen kann verwendet werden, um die Abnahme unauffälliger zu machen, indem nur in die vorderen Maschenglieder eingestochen wird.

ANATOMIE EINER MASCHE

Jede fertige Masche sieht wie ein querliegendes V aus, bei dem sich zwei Maschenglieder an einem Ende treffen (**1**). Das Maschenglied, das näher bei dir liegt, ist das vordere Maschenglied, das andere ist das hintere Maschenglied. Gelegentlich verlangt die Anleitung, bei einigen Maschen nur in das vordere oder nur in das hintere Maschenglied einzustechen und das hat immer einen Grund: mit den anderen Maschengliedern wird später gearbeitet!

ZUNEHMEN

Dies bedeutet, zwei Maschen in ein und dieselbe Masche zu häkeln (**2**). Nachdem du die erste Masche gehäkelt hast, stichst du mit der Nadel einfach wieder in dieselbe Masche ein und häkelst die nächste Masche.

UNSICHTBARE ABNAHME EINER FESTEN MASCHE

Die Abnahme einer festen Masche bedeutet, zwei Maschen gleichzeitig so abzumaschen, dass dies unauffällig bleibt. Die Häkelnadel in das vordere Maschenglied der nächsten Masche einstechen (**3**) und zugleich auch in das vordere Maschenglied der übernächsten Masche (**4**). Faden holen und in einem Zug durch die ersten beiden Schlingen ziehen. Wieder Faden holen und durch die verbliebenen beiden Schlingen auf der Nadel ziehen (**5**).

NORMALE ABNAHME FESTER MASCHEN

Bei einigen Projekten in diesem Buch, beispielsweise bei Gretas Kapuzenjacke, wird eine normale Abnahme fester Maschen verwendet, die genauso gearbeitet wird, wie die unsichtbare Abnahme, nur wird die Häkelnadel in beide Maschenglieder der Maschen eingestochen.

FARBE WECHSELN

Um zu einer anderen Farbe zu wechseln, solltest du die neue Farbe bereits während des letzten Schritts bei der Masche in der vorherigen Farbe ansetzen. Das heißt, wenn die letzten beiden Schlingen einer Masche auf der Nadel sind (**1**), solltest du den Faden in der neuen Farbe mit der Häkelnadel holen (**2**) und durch die letzten beiden Schlingen ziehen. So bleibt die neue Farbe auf der Nadel (**3**), bereit für das Häkeln der nächsten Masche in dieser Farbe (**4**).

Bei Teilen, die später ausgestopft werden, schneide ich das Garn der alten Farbe ab und knote es innen in dem Teil an das Garn der neuen Farbe, um beide Fadenenden zu sichern. Dies ist natürlich nur bei dreidimensionalen Teilen möglich, weil diese Knoten innen in der Puppe bleiben und nicht zu sehen sind. Bei flachen Teilen mit einer rechten und einer linken Seite, müssen die Fadenenden zwischen den Maschen auf der linken Seite vernäht werden.

UNSICHTBARES VERNÄHEN

Diese Methode vermeidet den kleinen Knubbel, der unschön aussehen kann, wenn der Faden durch die letzte Masche gezogen wird. Wenn die letzte Schlinge auf der Nadel ist und die Masche fertig gehäkelt ist, den Faden abschneiden, den Faden über die Nadel legen und komplett durch die letzte Schlinge ziehen. Den Faden festziehen, wodurch ein kleiner Knoten entsteht. Das Fadenende in die Sticknadel einfädeln und die Nadel von hinten unter dem oberen V der zweiten Masche entlang des Randes durchstechen (**5**). Den Faden komplett durchziehen. Die Nadeln von vorne unter dem oberen V der letzten Masche durchstechen und den Faden komplett durchziehen (**6**). So hast du eine Masche »imitiert«, die den kleinen Knoten abdeckt und die Runde ordentlich abschließt.

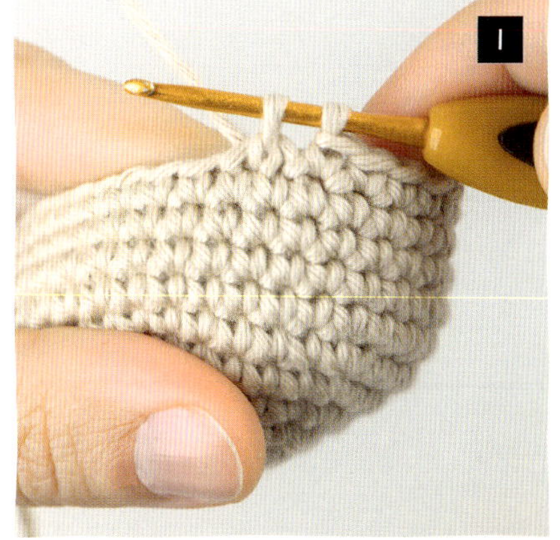
1

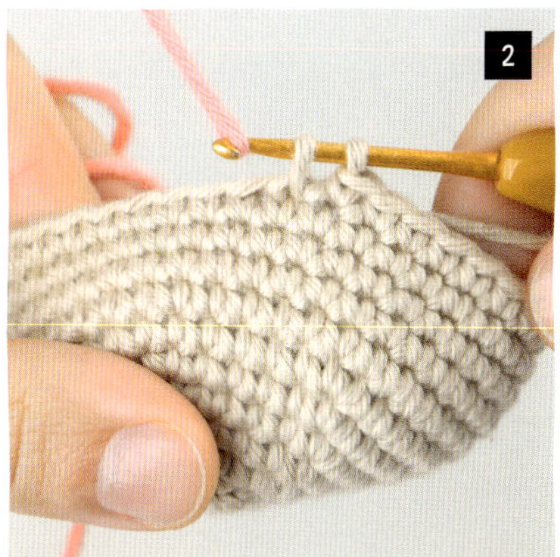
2

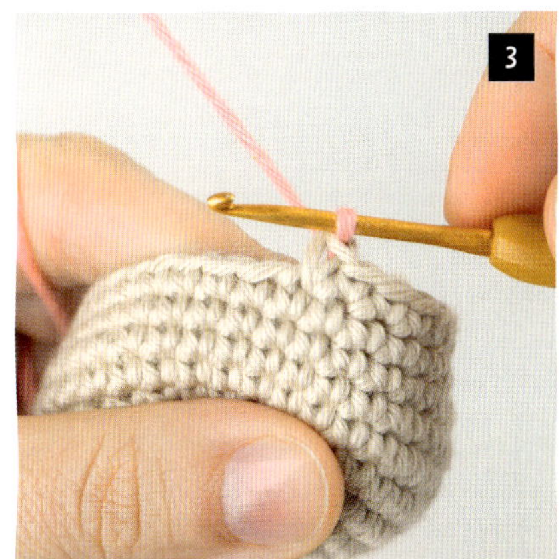
3

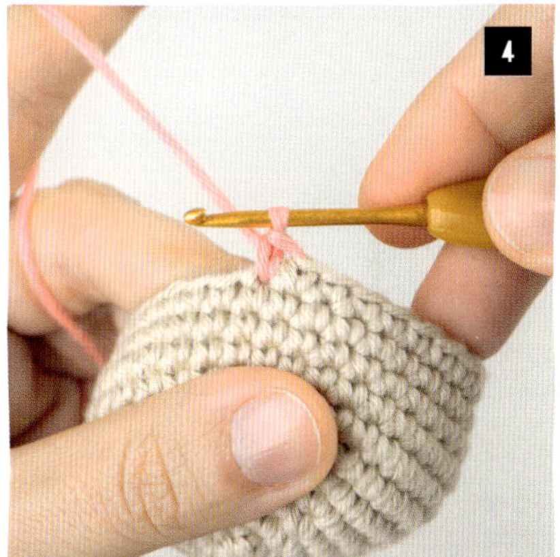
4

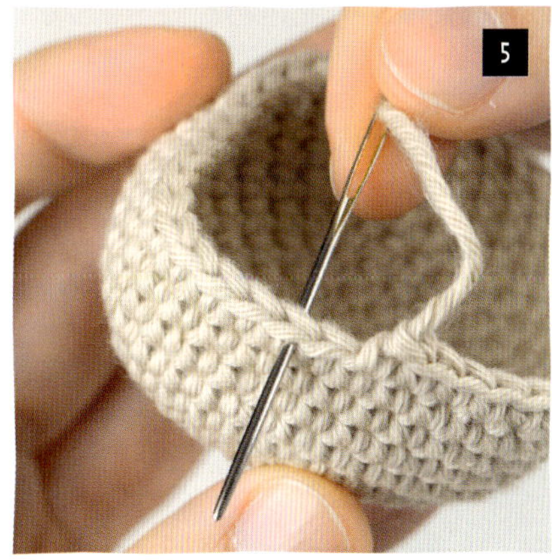
5

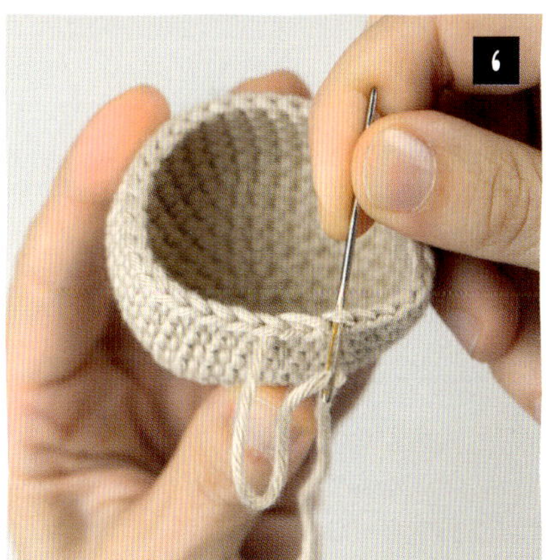
6

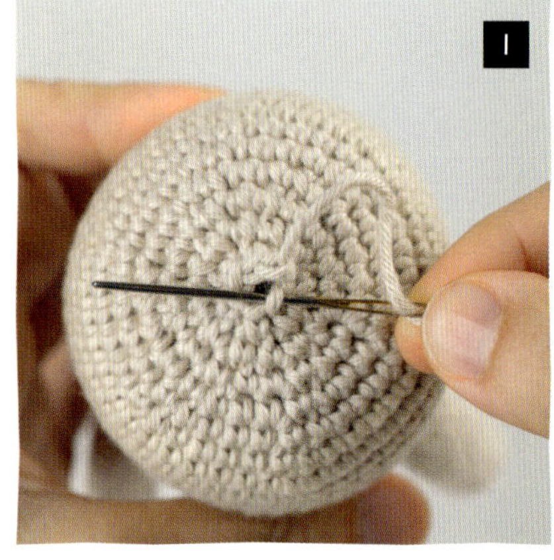

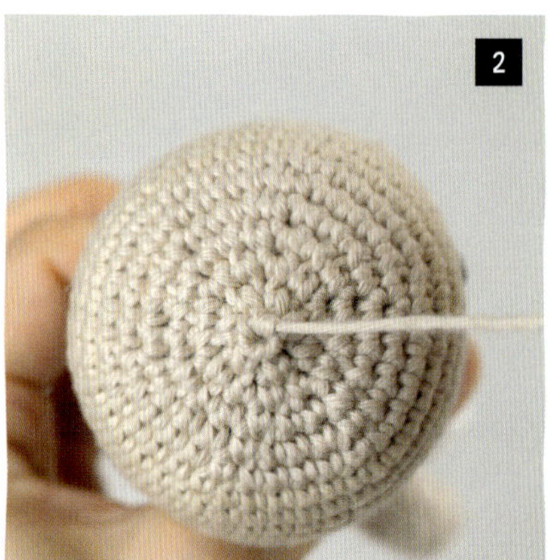

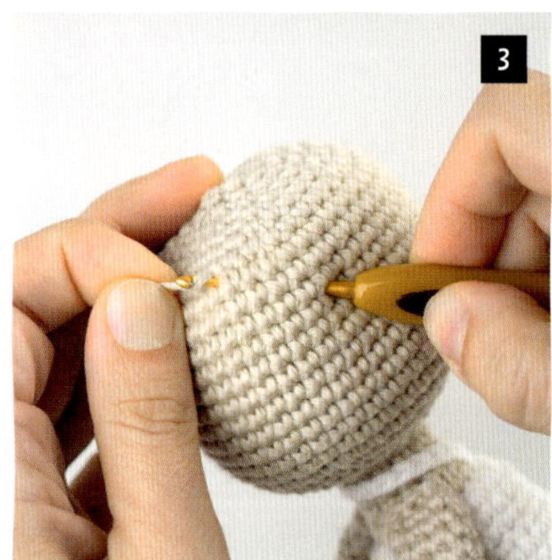

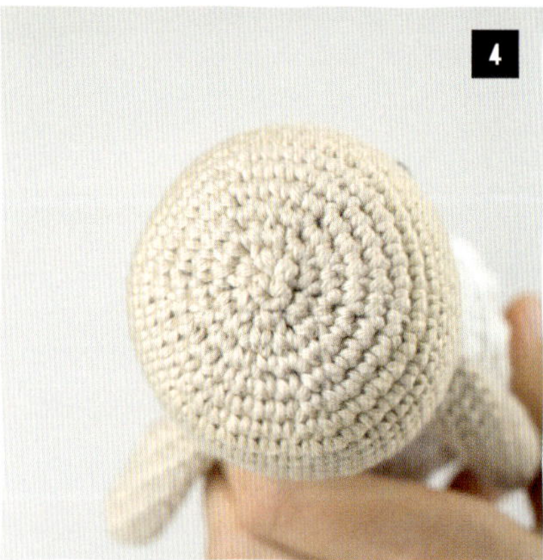

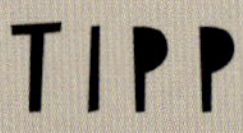

TIPP

Alle Puppen werden in einer fortlaufenden Spirale in Runden gehäkelt, daher ist es wichtig, einen Maschenmarkierer zu verwenden, der den Beginn jeder Runde zu erkennen hilft. Mit fortschreitender Arbeit wird der Maschenmarkierer nach oben versetzt.

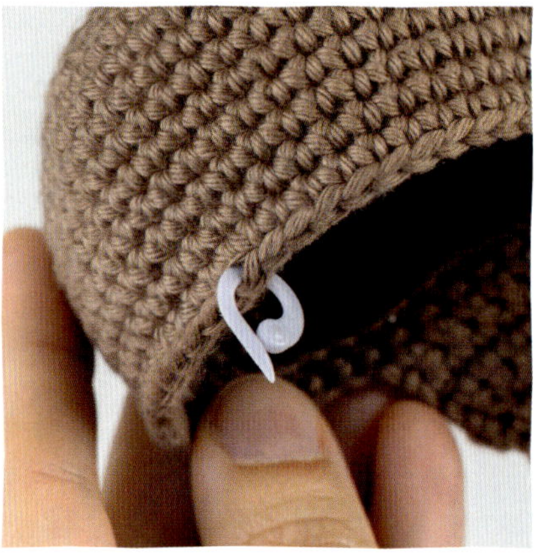

RESTLICHE MASCHEN DURCH DIE VORDEREN MASCHENGLIEDER SCHLIEßEN

Nach der letzten Runde folgt eventuell die Anweisung, die restlichen Maschen durch die vorderen Maschenglieder zu schließen. Hierzu nach der letzten Masche den Faden abschneiden, durch die letzte Masche ziehen und in eine stumpfe Sticknadel einfädeln. Die Nadel durch jedes sichtbare Maschenglied der letzten Maschenrunde stechen (nur durch ein Maschenglied der Masche) (**1**). Am Ende angekommen, vorsichtig an dem Faden ziehen, um die Lücke zu schließen (**2**). Den Faden mit wenigen Stichen vernähen und die Enden in der Puppe verstecken.

FADENENDEN IN DER PUPPE VERSCHWINDEN LASSEN

Die Häkelnadel zwischen den Maschen, wenige Zentimeter von dem Fadenende entfernt, das versteckt werden soll, in die Puppe einstechen, dann die Nadel zwischen den Maschen, die sehr nah an dem Fadenende sind, wieder aus der Puppe herausführen (**3**). Den Faden mit der Nadel holen und durch die Puppe ziehen, beim Herausziehen der Nadel kommt der Faden mit. Den Faden für einen sauberen Abschluss nah an der Puppe abschneiden (**4**).

IN REIHEN ARBEITEN

Flache Teile werden in Reihen gearbeitet, beginnend mit einer Luftmaschenkette. Es ist wichtig, diese Kette nicht zu verdrehen, du solltest sie daher am besten in der Nähe der Häkelnadel gut festhalten.

IN RUNDEN ARBEITEN

Alle Puppen in diesem Buch haben denselben Körperaufbau und werden in Runden in einer fortlaufenden Spirale gearbeitet. Es ist nicht nötig, jede einzelne Runde, die fertig gehäkelt wurde, zu schließen. Ein Maschenmarkierer ist daher unverzichtbar. Es ist wichtig, den Beginn jeder Runde mit dem Maschenmarkierer zu kennzeichnen und diesen mit fortschreitender Arbeit nach oben zu versetzen.

FADENRING (MAGIC RING)
Runde Teile beginnen immer mit einem Fadenring (Magic Ring), weil dieser, wenn er zusammengezogen wird, in der Mitte keine Löcher aufweist, durch die das Füllmaterial herausschauen könnte. Um einen Fadenring herzustellen, beginnst du genauso wie bei einem Laufknoten (Anfangsschlaufe), indem du mit dem Fadenende eine Schlinge bildest. Die Häkelnadel in die Schlinge führen und eine weitere Schlinge durchziehen. An dem Fadenende wird jedoch nicht gezogen. Neben der Schlinge auf der Häkelnadel, hast du eine weitere große Schlinge unter der Häkelnadel mit einem verdrehten Garnstück (**1**). Wichtig ist, dass du bei der ersten Runde in die Mitte der Schlinge arbeitest und auch, dass du über das verdrehte Garnstück arbeitest (**2**). Sobald du die erste Runde fertiggehäkelt hast, kannst du an dem Fadenende ziehen, um das Loch zu schließen (**3**).

DIE BEINE MITEINANDER VERBINDEN
In diesem Buch beginnst du das Häkeln jeder Puppe mit den Beinen, die miteinander verbunden werden müssen, damit anschließend mit dem Körper bis hinauf zum Kopf weitergehäkelt werden kann.

Zuerst wird ein Bein gehäkelt, beiseitegelegt, dann das zweite Bein gehäkelt. Dann, mit dem zweiten Bein noch auf der Häkelnadel, werden 3 Luftmaschen gehäkelt, um es mit einer festen Masche mit dem ersten Bein zu verbinden (**4**).

Das ist der Beginn der folgenden Runden, daher ist es wichtig, hier einen Maschenmarkierer anzubringen. Nun werden weitere 11 feste Maschen entlang des ersten Beins gehäkelt, dann 3 feste Maschen in eine Seite der 3 Luftmaschen (**5**). Es folgen 12 feste Maschen entlang des zweiten Beins (**6**), bis schließlich 3 feste Maschen in die andere Seite der 3 Luftmaschen gehäkelt werden können (**7**). Zum Schluss hast du eine Runde mit 30 Maschen, hier beginnt der Körper der Puppe.

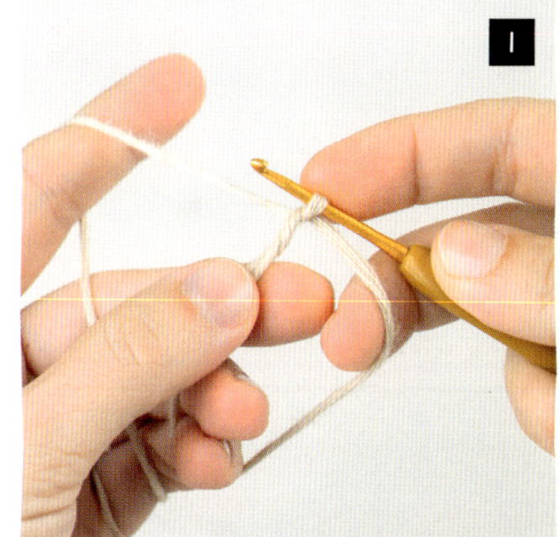
1

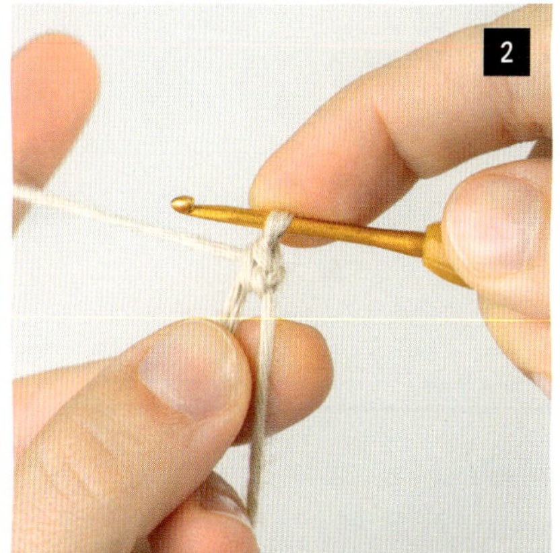
2

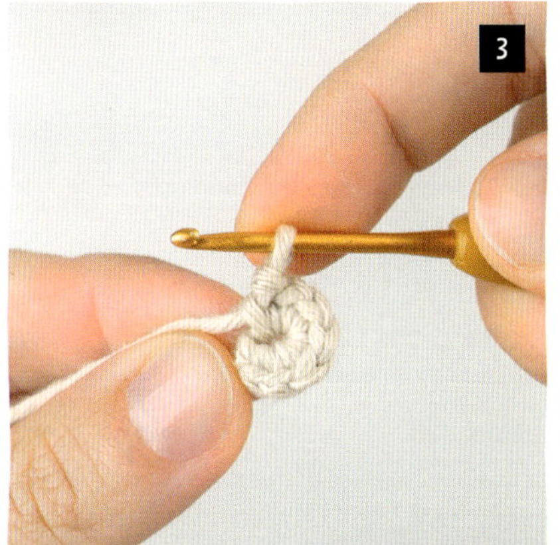
3

TIPP

Möglicherweise musst du den Fadenring (Magic Ring) ein paar Mal üben, bevor du dich wirklich wohl mit dieser Technik fühlst. Wenn du jedoch beharrlich bist und ihn beherrschst, wird der Beginn deiner Häkelarbeit wirklich ordentlich aussehen.

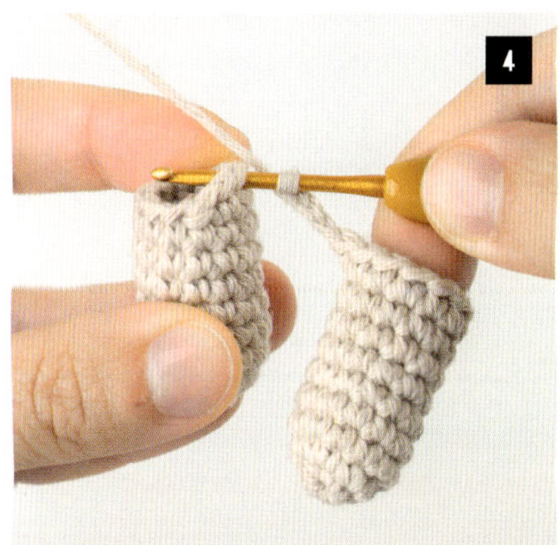
4

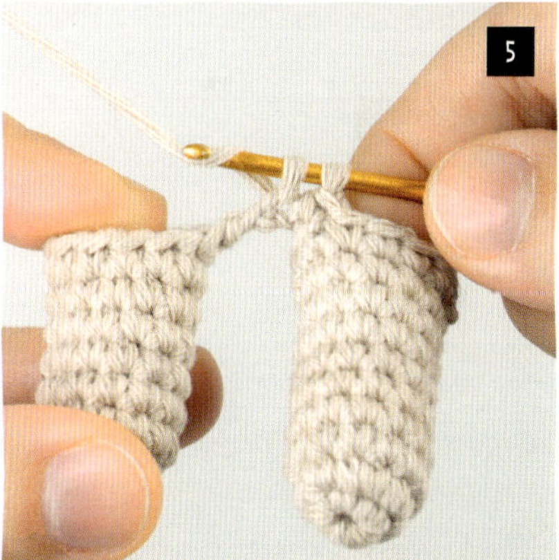
5

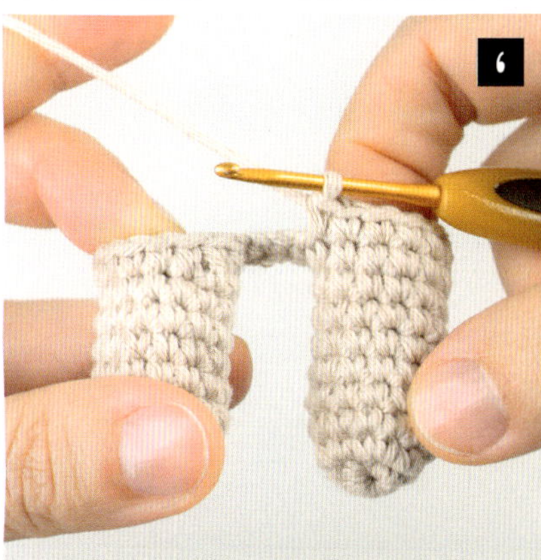
6

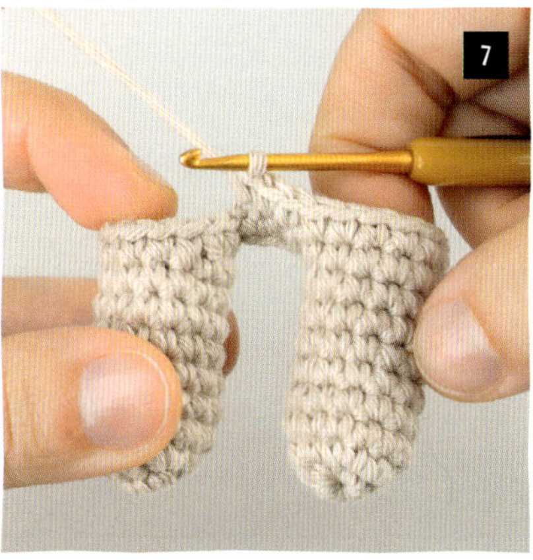
7

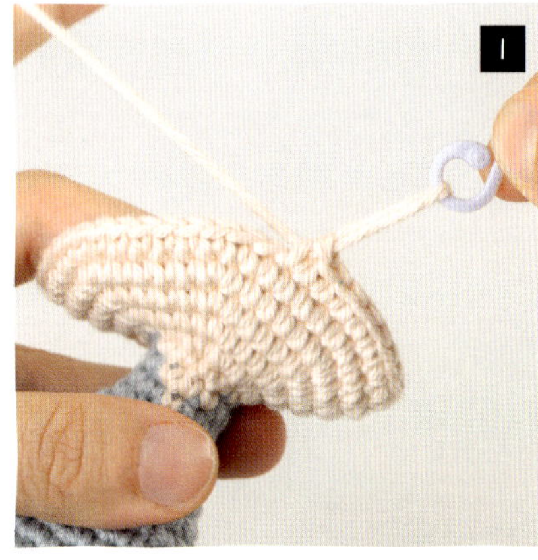

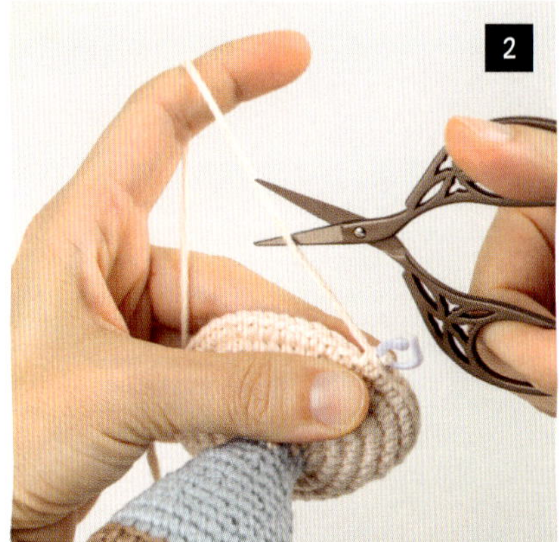

TIPP

Aus Sicherheitsgründen solltest du bei einer Puppe, die für ein Kleinkind bestimmt ist, die Augen mit einem **schwarzen** *oder* **dunkelbraunen** *Garnrest aufsticken, statt Sicherheitsaugen zu verwenden.*

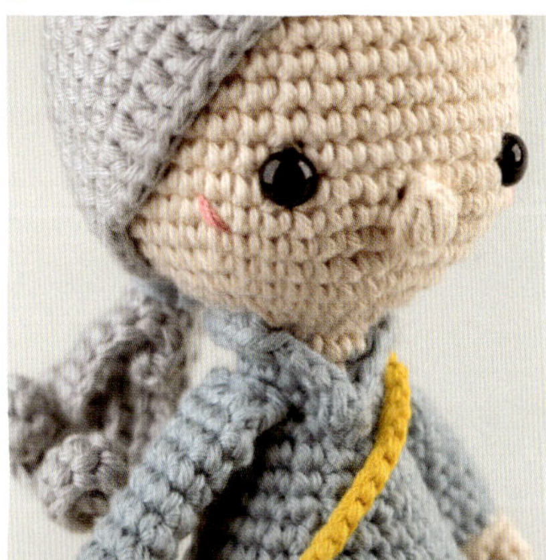

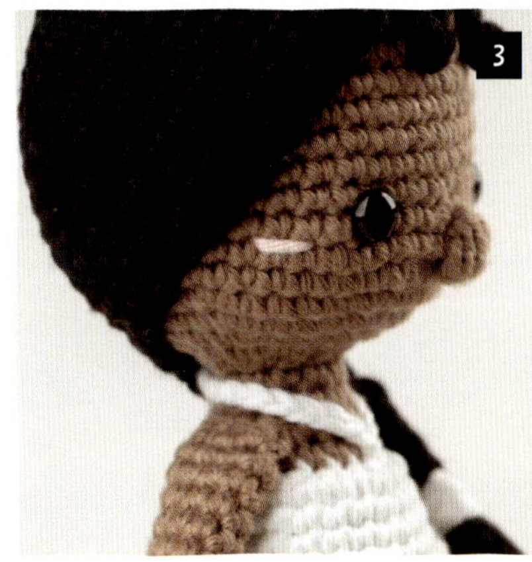

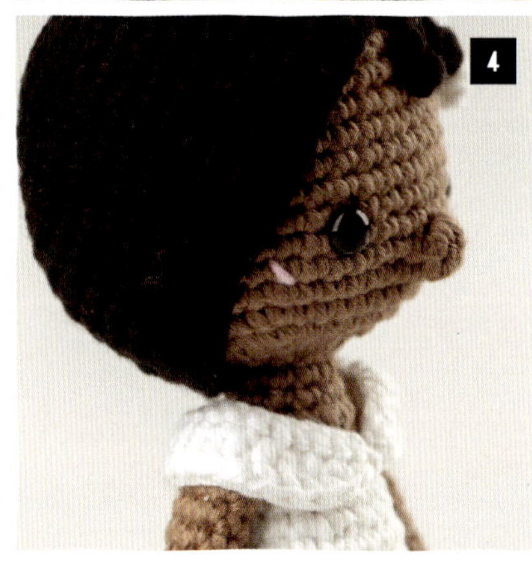

DIE ARBEIT UNTERBRECHEN

Gelegentlich empfehle ich, die Arbeit am Kopf zu unterbrechen und zuerst einen Mantel oder Kragen zu häkeln, ohne dass der ausgestopfte Kopf die Bewegungen der Hände stört. Hierzu kannst du einen Maschenmarkierer an der Schlinge auf der Nadel anbringen, damit sich die Maschen nicht auftrennen (**1**). Dann kann der Faden abgeschnitten werden (**2**). Wenn du mit der Zwischenarbeit fertig bist, kannst du das Garn wieder ansetzen wie bei einem Farbwechsel.

DIE AUGEN ANBRINGEN

Sicherheitsaugen bestehen aus zwei Teilen: der Vorderseite mit einem geraden oder mit Gewinde versehenen Stift und einer Unterlegscheibe im Spielzeug. Richtig befestigt, ist es praktisch unmöglich, sie wieder zu entfernen. Achtung jedoch, wenn die Puppe für ein Kleinkind bestimmt ist. In diesem Fall solltest du die Augen sicherheitshalber mit schwarzen oder dunkelbraunen Garnresten aufsticken.

DIE WANGEN AUFSTICKEN

Dies erfolgt während der Kopf in Arbeit ist und nachdem die Sicherheitsaugen angebracht wurden. Ein kurzes Stück rosa Garn in eine stumpfe Sticknadel einfädeln. Von innen aus dem Kopf arbeiten, auf einer Höhe mit dem unteren Augenrand und ein paar Maschen von diesem entfernt, wird ein kleiner Heft- oder Vorstich über ein oder zwei Maschen gestickt, entweder gerade (**3**) oder diagonal (**4**), dabei wird die Nadel nach innen in den Kopf zurückgeführt. Die Enden vernähen.

EINEN V-AUSSCHNITT (KRAGEN) HÄKELN

Einen Maschenmarkierer in der Schlinge auf der Häkelnadel anbringen, um sie zu sichern. Das Garn 2 Runden unter der Spitze des hautfarbenen Dreiecks ansetzen (**1**). In die Zwischenräume zwischen den Maschen arbeiten und 2 oberflächliche feste Maschen häkeln, die bis zur Spitze des hautfarbenen Dreiecks reichen werden. Nun der Diagonale des Dreiecks folgen, zuerst die rechte Seite arbeiten. 1 oberflächliche feste Masche zwischen jede Runde häkeln, dabei die Häkelnadel in die Zwischenräume zwischen den Runden einstechen, bis du zu der Runde kommst, wo sich die vorderen Maschenglieder am Hals zeigen (**2**). Nun 2 feste Maschen in jedes vordere Maschenglied der Bluse häkeln, die an den Hals der Puppe grenzt, bis du den Rand des Dreiecks auf der anderen Seite erreichst. 5 oberflächliche feste Maschen zwischen die Runden häkeln, dabei der Diagonale des Dreiecks zur Anfangsmasche folgen, 1 Kettmasche in die Anfangsmasche häkeln (**3**). Den Faden abschneiden, durch die letzte Masche ziehen und vernähen (**4**).

FÄDEN VERNÄHEN

Die linke Seite der Arbeit liegt oben. Das Fadenende in eine stumpfe Sticknadel einfädeln und die Nadel unter den Schligen von drei oder vier Maschen durchstechen (**5**). Den Faden durchziehen und nah am Gehäkelten abschneiden (**6**). Falls du es erforderlich findest, kannst du den Vorgang wiederholen, indem du die Nadel durch dieselben Maschen zurückführst: die erste Masche auslassen, dann die Nadel unter ein paar der folgenden Maschen durchstechen. Den Faden durchziehen und nah am Gehäkelten abschneiden.

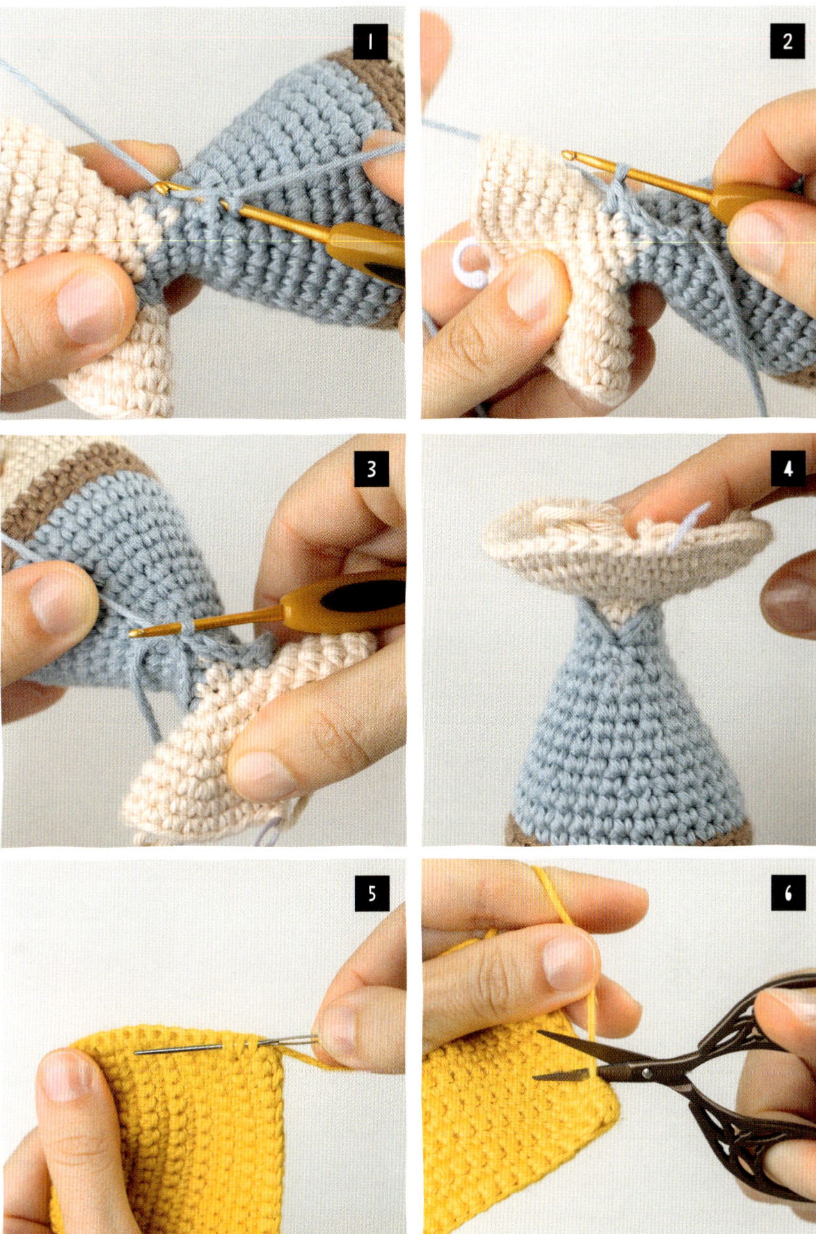

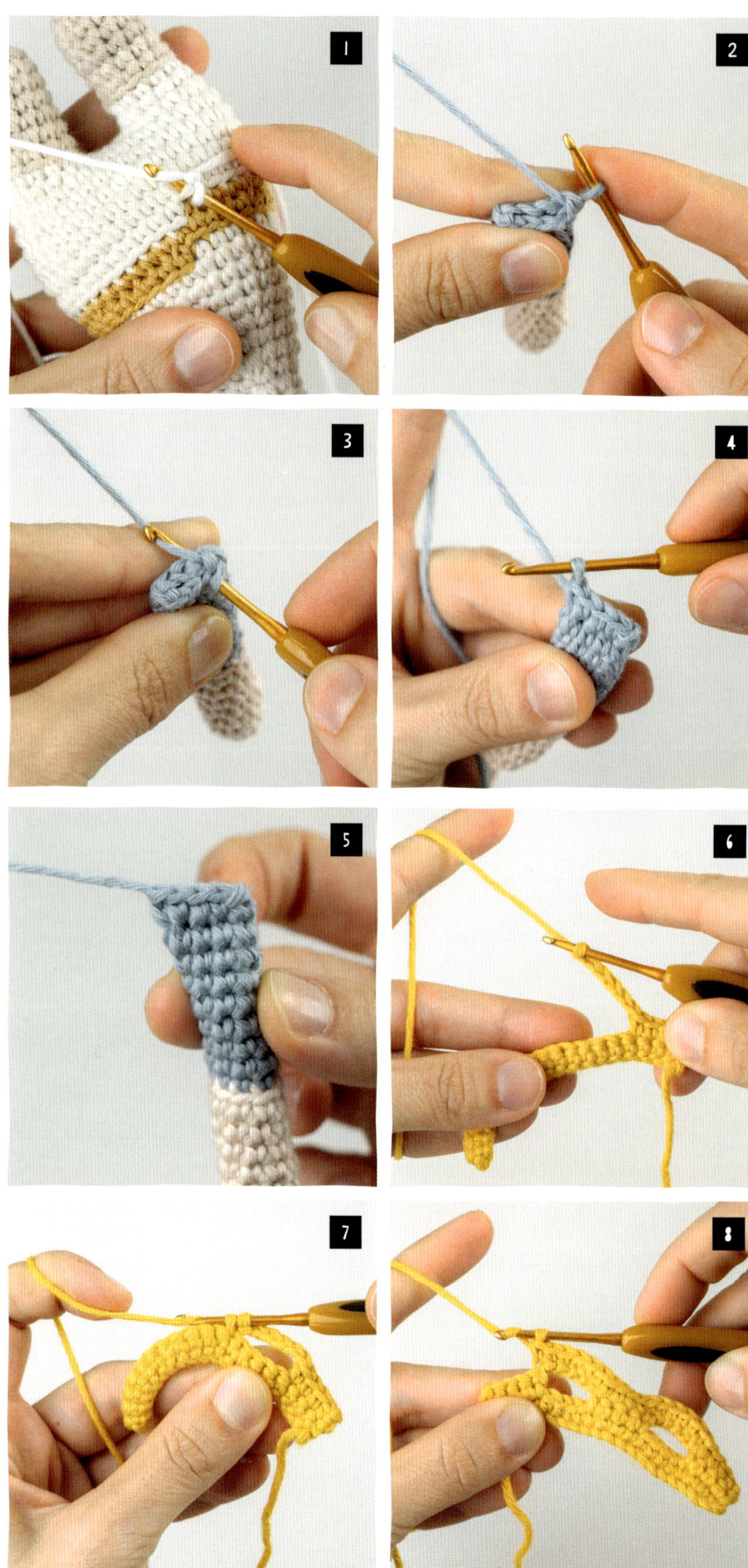

GARN ANSETZEN, UM MIT DEM HÄKELN EINES ROCKS ZU BEGINNEN

Einige Einzelteile der Garderobe wie beispielsweise Röcke, werden direkt an den Körper der Puppe gehäkelt und können nicht ausgezogen werden. Du wirst feststellen, dass die Anleitung zu diesem Zweck immer eine besondere Runde verlangt, in der in die verbliebenen vorderen Maschenglieder am Körper der Puppe gehäkelt wird.

Um das Garn zum Häkeln eines Rocks, T-Shirts, Mantels oder Kragens anzusetzen, musst du die Puppe immer mit dem Kopf nach unten halten (auch wenn der Kopf noch nicht ganz fertig ist) und das verbliebene vordere Maschenglied genau in der Rückenmitte der Puppe suchen. Normalerweise nehme ich das letzte vordere Maschenglied der Runde (das sich neben dem ersten vorderen Maschenglied der Runde befindet), setze das Garn direkt hier an und häkle nach links (**1**).

DIE ARME SCHLIESSEN

Die Arme der Puppen sehen aus wie gehäkelte Röhren und müssen nicht mit Füllwatte ausgestopft werden. In der letzten Runde wirst du aufgefordert, die Röhre zu schließen, indem du die Öffnung flach drückst, so dass 4 Maschen der oberen Lage genau auf 4 Maschen der unteren Lage liegen (**2**). Anschließend werden beide Lagen miteinander verbunden, indem du 1 feste Masche in jedes Maschenpaar häkelst (**3**). Du bekommst also 4 feste Maschen (**4**). Den Faden lang abschneiden und durch die letzte Masche ziehen. Das Fadenende muss lang genug sein, um den Arm damit an den Körper zu nähen (**5**).

ARMLÖCHER IN EINER WESTE ARBEITEN

Armlöcher werden über zwei Reihen gearbeitet, vollständige Anleitungen dazu findest du bei jeder Puppenweste. In der ersten Reihe häkelst du eine Luftmaschenkette (**6**) und lässt dann so viele Maschen aus wie angegeben, bevor du die nächste feste Masche häkelst (**7**). Auf diese Weise entsteht eine Luftmaschenschlaufe, die die Öffnung des Armlochs bildet.
In der nächsten Reihe häkelst du dann feste Maschen in die Luftmaschen dieser Kette (**8**), und das Armloch ist fertig.

UMRANDEN VON FLACHEN TEILEN
Viele flache Teile bekommen für einen ordentlichen Abschluss einen gehäkelten Rand. Hierzu werden so viele Maschen gehäkelt, wie in der Anleitung angegeben. Dabei wird entweder am Rand entlang gearbeitet, wobei die Häkelnadel in die Zwischenräume zwischen den Reihen eingestochen wird (**1**), oder in die Maschen selbst (**2**), je nachdem, an welchem Rand gearbeitet wird.

DIE ARME ANNÄHEN
Einen Faden in eine stumpfe Sticknadel einfädeln und den Arm an die eine Körperseite halten. Wenn die Position stimmt, die Nadel durch eine Masche am Körper stechen (**3**) und den Faden durchziehen. Die Nadel oben durch die nächste Masche am Arm stechen (**4**) und den Faden durchziehen. Diesen Vorgang wiederholen, bis der Arm fertig angenäht ist (**5**). Den Faden mit wenigen Stichen vernähen und der Anleitung für das Verschwindenlassen von Fäden in der Puppe folgen.

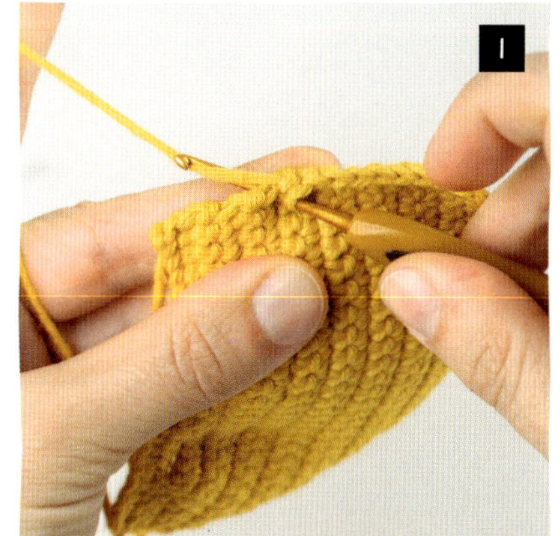
1

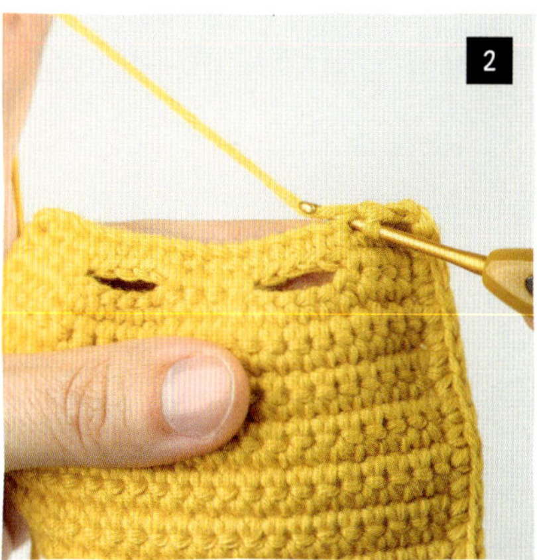
2

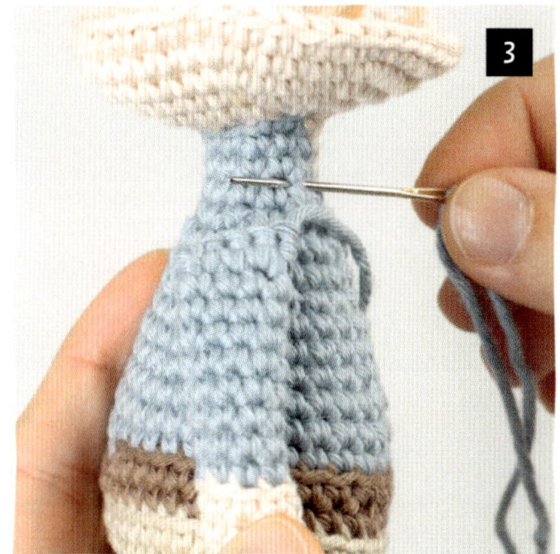
3

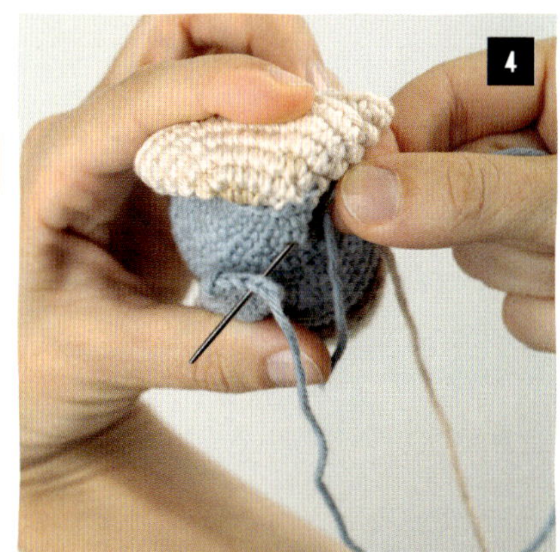
4

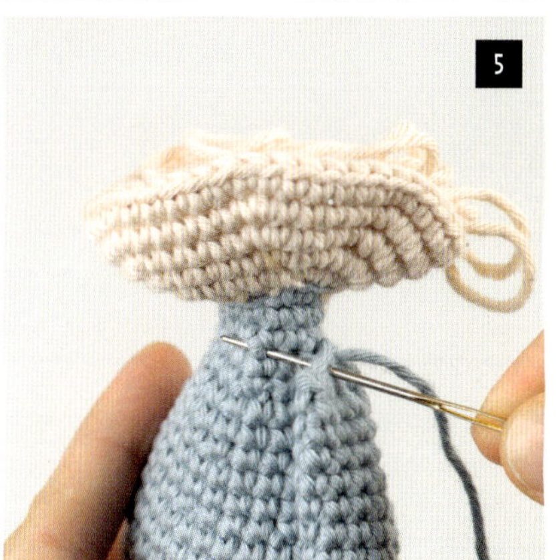
5

TIPP

In der Regel nähe ich die Arme zwischen der 28. und 29. Runde an den Körper, die Entscheidung liegt jedoch bei dir. Bei Puppen mit Kragen nicht vergessen, diesen vor dem Annähen anzuheben!

TIPP

Die Locken kringeln sich mit fortschreitender Arbeit eigentlich von selbst. Ist dies nicht der Fall, kannst du mit den Fingern nachhelfen und sie in eine Korkenzieherform drehen.

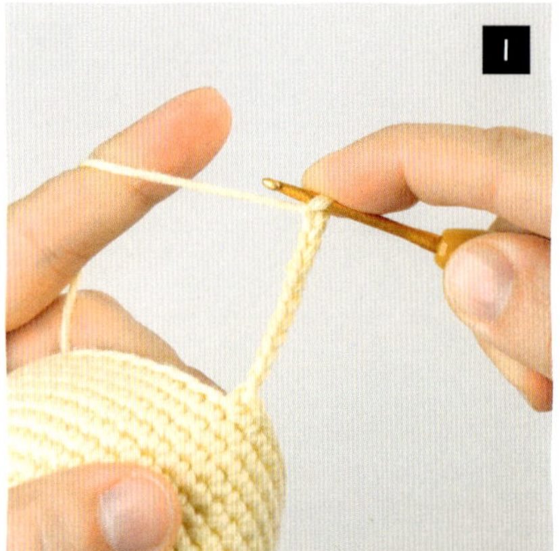

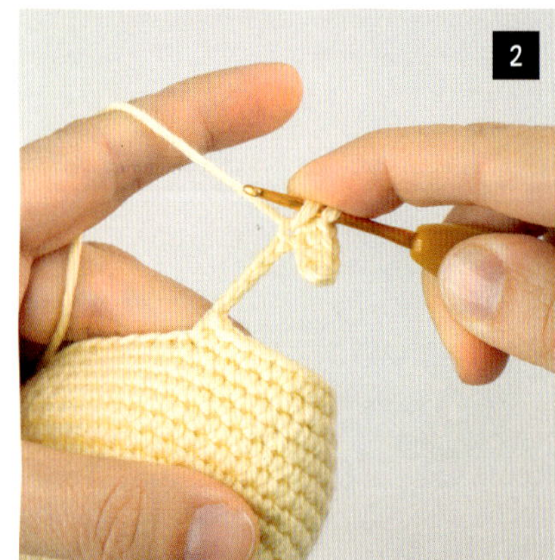

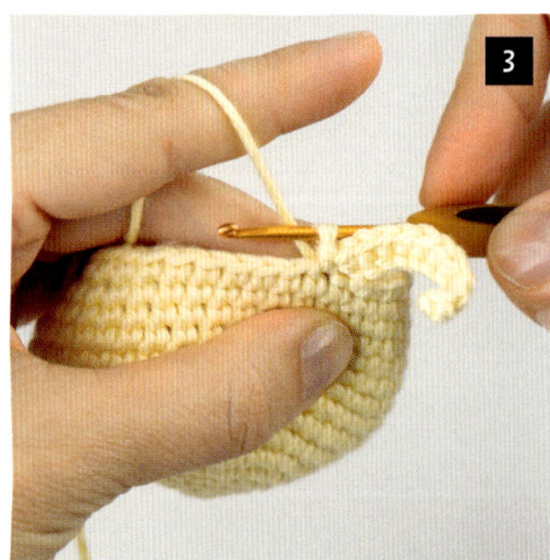

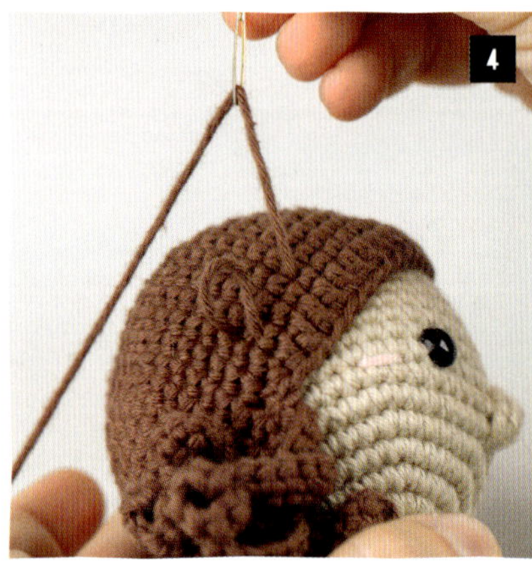

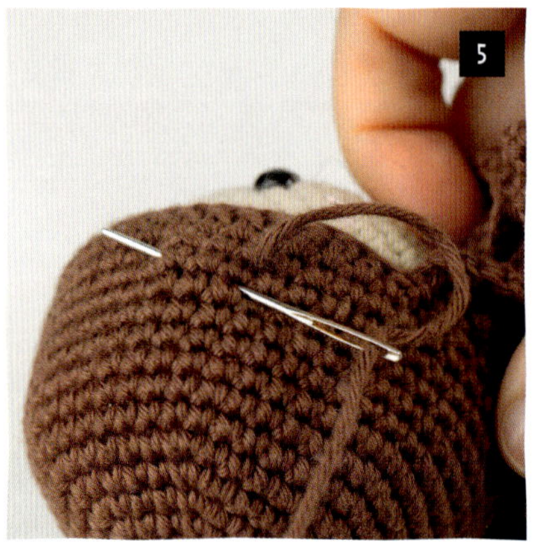

LOCKEN HÄKELN

Viele Puppen in diesem Buch haben Locken, bei einigen sind diese kurz, wie bei Queen Elizabeth und Florence Nightingale, bei anderen länger, wie bei Malala. Bei allen Locken wird mit dem Anschlagen einer Luftmaschenkette begonnen (deren Länge in der jeweiligen Anleitung angegeben ist). Begonnen wird an der fertig gehäkelten Haarkappe (**1**), anschließend wird jeweils 1 feste Masche in das hintere Maschenglied jeder Luftmasche der Kette gehäkelt (**2**), bis du wieder am Rand des Haarteils angekommen bist (**3**). In die dritten Schlaufen der Luftmaschenkette nur einstechen, wenn dies so verlangt wird. Diese Locken kringeln sich eigentlich von selbst, sollte dies nicht der Fall sein, kann nachgeholfen werden, indem sie mit den Fingern in Form gedreht werden.

DAS HAAR ANNÄHEN

Das Haar wird mit kleinen geraden Stichen an den Kopf genäht, dabei wird über die festen Maschen des Haarteils gearbeitet (**4**), wobei darauf zu achten ist, auch durch die Maschen des Kopfes zu stechen, um das Haar sicher zu befestigen. Es ist okay, Abstände zwischen den Stichen zu lassen, es muss nicht jede Masche angenäht werden (**5**). Das Garn beim Nähen nicht zu fest anziehen, sonst könnte der Kopf durch die Stiche verformt werden. Farblich passendes Garn verwenden, damit die Stiche nicht zu sehen sind.

LOSE TEILE ANNÄHEN

Falls angegeben, das Teil vor dem Annähen ausstopfen. Den Faden in eine stumpfe Sticknadel einfädeln und das Teil an die gewählte Stelle halten und mit Sicherheitsnadeln fixieren. Gefällt es dir so? Dann los! Nähe das Teil im Steppstich an, die Nadel wird dabei unter beiden Maschenglieder der letzten Runde durchgeführt.

BLUMEN HÄKELN

Die erste Runde mit 5 festen Maschen werden in einen Fadenring (Magic Ring) gehäkelt, wie in der jeweiligen Anleitung angegeben.

Eine Kettmasche in die nächste Masche, 2 Luftmaschen (**1**).

Faden holen, die Nadel in dieselbe Masche einstechen, Faden holen und durch die Masche ziehen (**2**).

Faden holen, Faden durch zwei Schlingen auf der Nadel ziehen (**3**).

Faden holen, die Nadel in dieselbe Masche einstechen, Faden holen und durch die Masche ziehen (**4**).

Faden holen, Faden durch die ersten beiden Schlingen auf der Nadel ziehen (**5**).

Faden holen, Faden durch die 3 verbliebenen Maschen auf der Nadel ziehen, 2 Luftmaschen (**6**).

1 Kettmasche in dieselbe Masche häkeln (**7**).

Die Schritte 1–7 werden 4 Mal wiederholt, um 5 Blütenblätter zu häkeln. Enden mit einer Kettmasche in die nächste Masche. So viele Blumen häkeln wie angegeben (**8**).

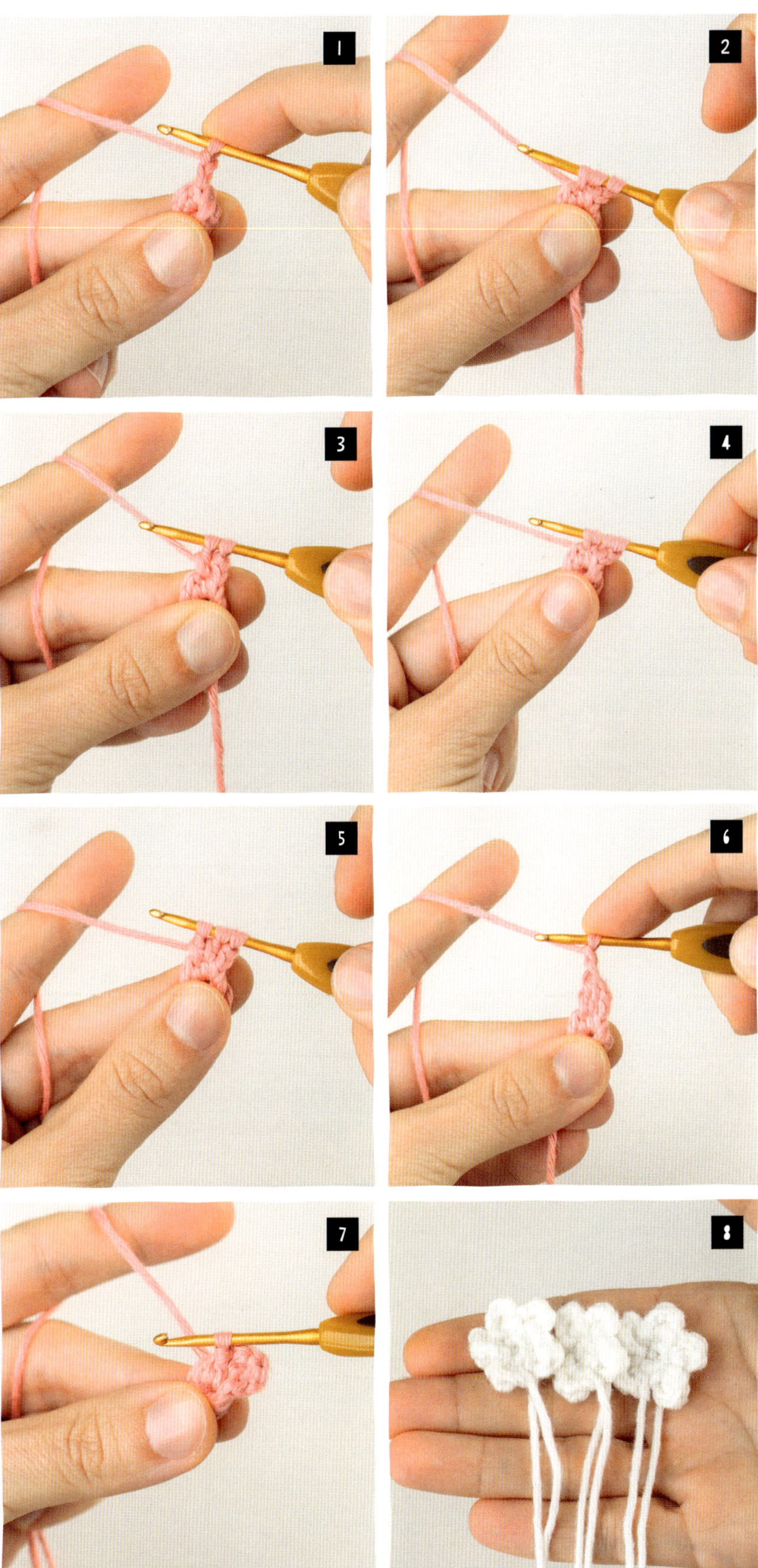

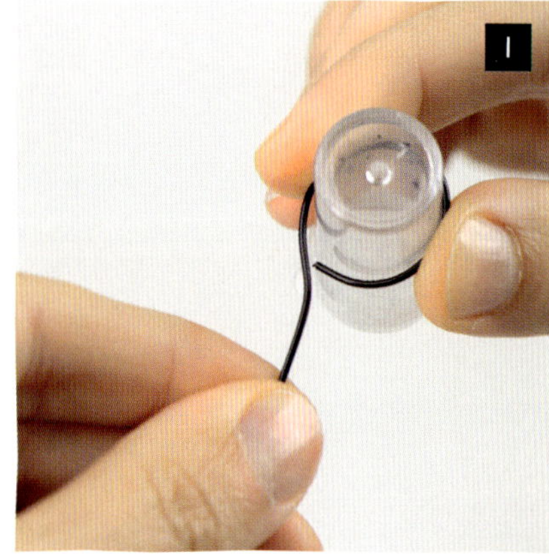

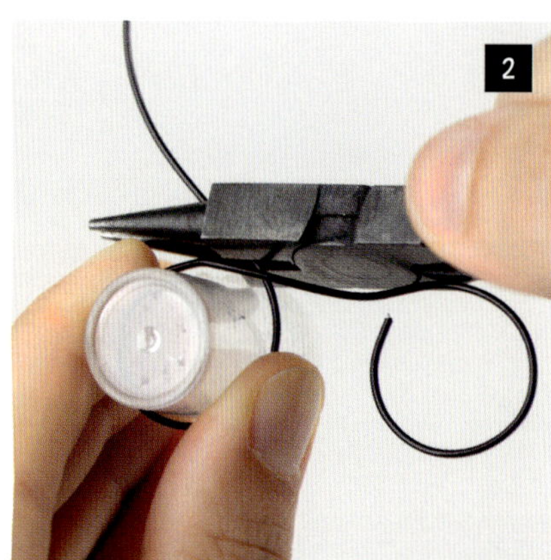

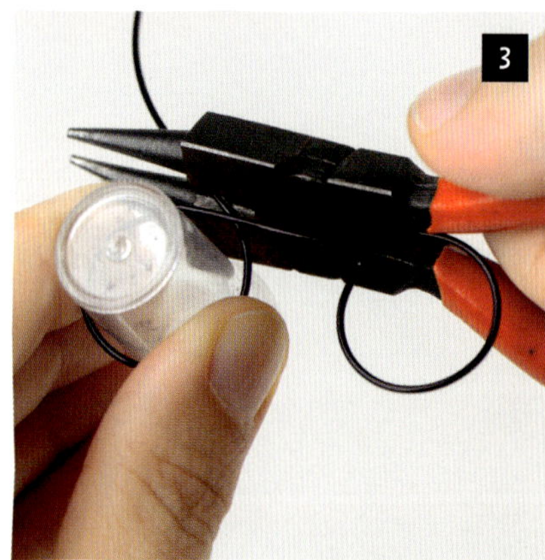

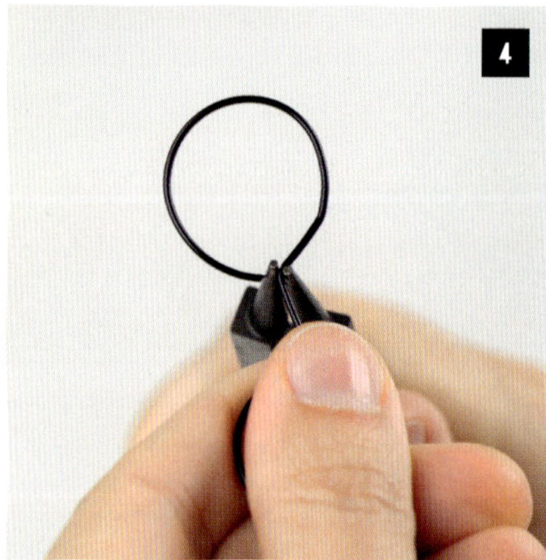

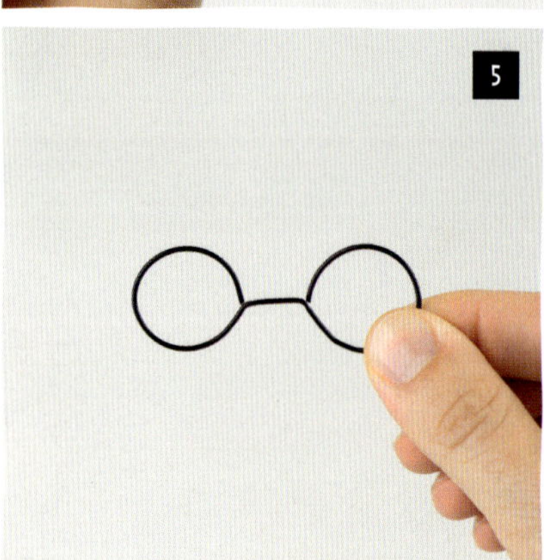

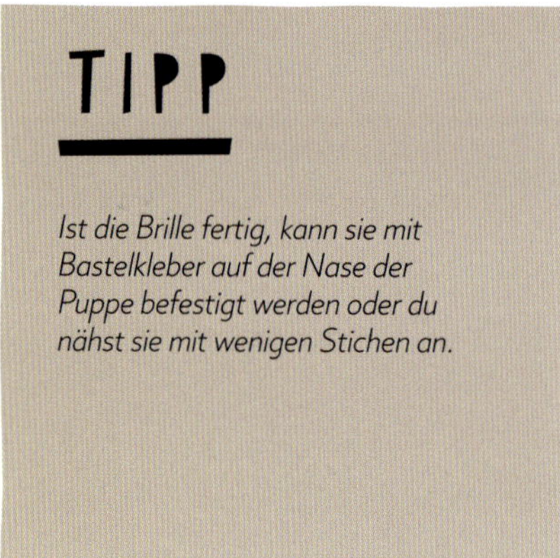

TIPP

Ist die Brille fertig, kann sie mit Bastelkleber auf der Nase der Puppe befestigt werden oder du nähst sie mit wenigen Stichen an.

EINE BRILLE ANFERTIGEN

Einige Puppen tragen eine Brille und hier folgt die Anleitung, wie diese am besten angefertigt wird.

Zuerst nimmst du einen kleinen Deckel oder ein Röhrchen aus Kunststoff mit ca. 1 cm Durchmesser. Wickle den Draht vollständig um das Röhrchen, um das erste Brillenglas zu formen und biege den Draht dort, wo er auf den Anfang trifft, leicht von dem Röhrchen weg, um den Nasenbügel zu formen (**1**).

Lasse ca. 1 cm Draht für den Nasenbügel gerade und wickle den Draht dann wieder um den Deckel oder das Röhrchen, um das zweite Brillenglas zu formen (**2**).

Den Draht abschneiden, wo das zweite Glas fertig geformt ist (**3**).

Mit der Zange die Lücken, wo die Drahtenden zusammentreffen, so weit wie möglich schließen und die Brille fertigstellen (**4** und **5**).

EINIGE ZUSÄTZLICHE ANGABEN

Die Körper der Puppen und die meisten Haarteile und Accessoires werden in Runden gehäkelt. Nicht vergessen, den Beginn jeder Runde mit einem Maschenmarkierer zu kennzeichnen. Es ist aber nicht nötig, jede Runde mit einer Kettmasche zu beenden.

Bei einem Farbwechsel kommt es immer zu einem »Absatz« in der Arbeit: Ja, schön ist das nicht. Da es aber keine Möglichkeit gibt, dies zu vermeiden, akzeptiere es und versuche, diesen Wechsel auf der Rückseite der Puppe zu platzieren.

Normalerweise verwende ich etwas **rosa** Garn, um die Wangen bei den Puppen aufzusticken. Du kannst dafür aber auch Stoff-Malfarbe verwenden.

Können die Puppen gewaschen werden? Ja! Wenn nur ein kleiner Fleck entfernt werden soll, diesen Bereich einfach mit einem angefeuchteten Tuch und etwas Seife reinigen. Soll die ganze Puppe gewaschen werden, gibst du sie im Schonwaschgang und mit niedriger Schleuderstufe in die Waschmaschine. Achtung: Einige Farben könnten etwas ausfärben.

ENTWERFE DEINE EIGENEN SUPERFRAUEN

Hoffentlich konnte ich dich dazu anregen, selbst kreativ zu werden und deine eigene gehäkelte Superfrau anzufertigen. Du kannst dafür die Outfits mischen, die Locken länger oder kürzer machen und die Farben oder Hauttöne verändern.

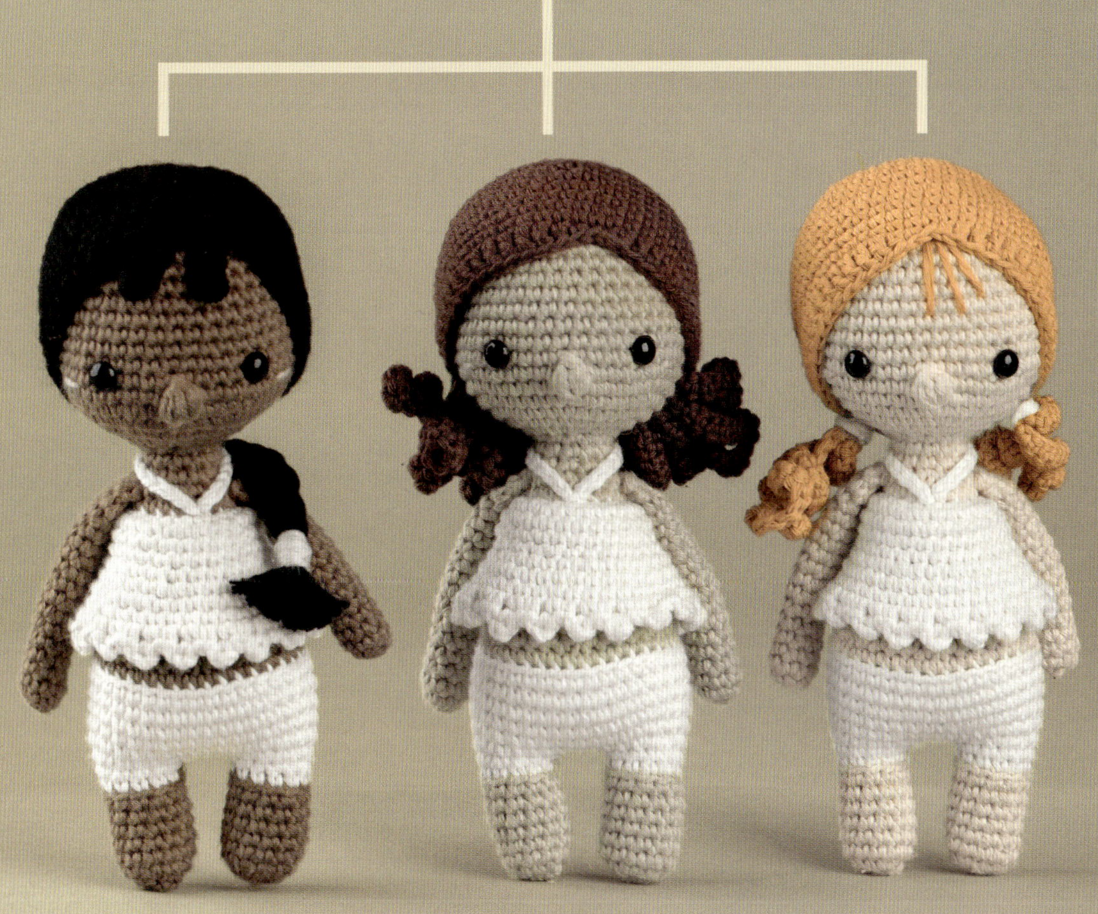

ÜBER DIE AUTORIN

Hallo! Ich bin Carla und lebe in Buenos Aires, in Argentinien.

Sicher überrascht es dich nicht zu hören, dass ich Puppen liebe. Das war schon immer so, und noch immer kaufe ich mir Puppen, obgleich ich in den Vierzigern bin! Als ich das Häkeln gelernt habe und mir Puppen selbst anfertigen konnte, war dies ein Wendepunkt in meinem Leben. Ich habe schon immer gerne gebastelt, aber nichts verschafft mir soviel Freude und Befriedigung wie das Häkeln. Es ist für mich die bestmögliche Therapie.

Es ist auch meine geheime Kraft. Denn in meinem beruflichen Alltag bin ich Journalistin und Produzentin einer politischen TV-Talkshow – an meinem Arbeitsplatz weiß kaum jemand von meiner heimlichen Identität als Puppendesignerin.

Zudem bin ich auch die Mutter von zwei sehr energiegeladenen, spitzbübischen Söhnen – zwei Rotschöpfen –, daher häkle ich vor allem spätabends, wenn es draußen dunkel und drinnen alles ruhig ist. Dann mache ich mir eine Tasse Tee, versinke in meiner Häkelwelt – und los geht's!

DANKSAGUNG

Meinen lieben Freunden und Followern danke ich sehr für die Unterstützung meiner Entwürfe, für eure schönen Kommentare und das tolle Feedback. Dieses Buch ist für euch!

Sarah Callard, du bist meine gute Fee! Vielen Dank, dass du meinen Traum hast wahr werden lassen!

Sam Staddon möchte ich für das wunderschöne Design und Jason Jenkins für die großartigen Fotos in diesem Buch danken, vor allem jedoch werde ich den beiden immer dankbar sein für die fantastischen Tage des Fotoshootings in Tunbridge Wells, Kent. Danke, dass ihr mich spazierengefahren habt, danke für eure unendliche Geduld, für das gute Essen und unsere schönen Gespräche. Euch zu begegnen gehört zu den besten Dingen, die mir dieses Buch geschenkt hat!

Liebe Lynne Rowe, dir danke ich für deine Anleitung und Hilfe. Ohne dich hätte ich es nicht geschafft. Und ich möchte mich auch bei Jessica Cropper, Anna Wade und allen anderen bei David & Charles bedanken: Es war eine einzige Freude.

Meine Mutter hat mich immer ermahnt, wenn ich jemals einen Oscar gewinnen würde, sollte ich mich bei ihr bedanken. Mama, das hier ist mein Oscar. Ich danke dir, dass du meine beste und ehrlichste Kritikerin und Unterstützerin bist und mir unendliche Mengen Füllmaterial für meine Puppen lieferst (wo bekommst du das nur her?). Meinem Vater danke ich dafür, dass er alles, was ich mache, perfekt findet und er mir für jeden Schritt auf meinem Weg Selbstvertrauen gibt. Meinem Bruder und meiner Schwägerin danke ich, dass sie mich in ihrer Wohnung in London aufgenommen haben und die Garnknäuel anhäufen, die ich fast schon zwanghaft online kaufe. Vielen Dank auch für die beiden entzückenden Nichten, die ich durch euch bekommen habe und die ich hoffentlich mit diesen sagenhaften Ikonen inspirieren kann.

Vor allem jedoch danke ich meinem geliebten Ehemann dafür, dass er die Kinder beschäftigt hat, damit ich diese Puppen erschaffen konnte, dass er das Haus mit mir teilt, in dem überall Puppen auftauchen (jep, auch in der Küche) und dass er es erträgt, stundenlang mit mir im Auto zu fahren und kein Wort zu sagen, weil ...ich Maschen zähle. Das alles war nur mit dir möglich.

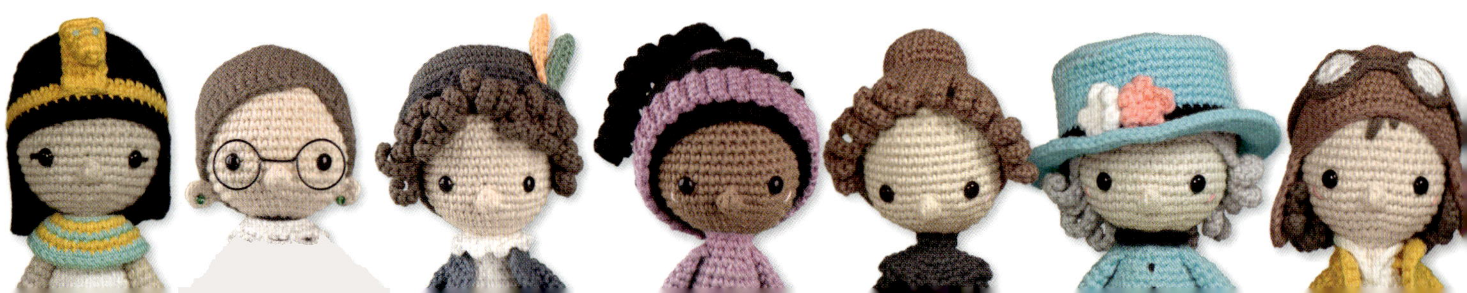

REGISTER

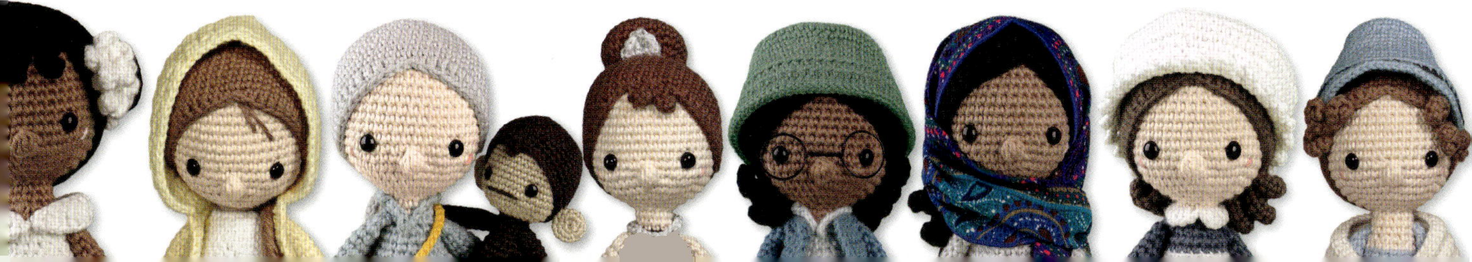

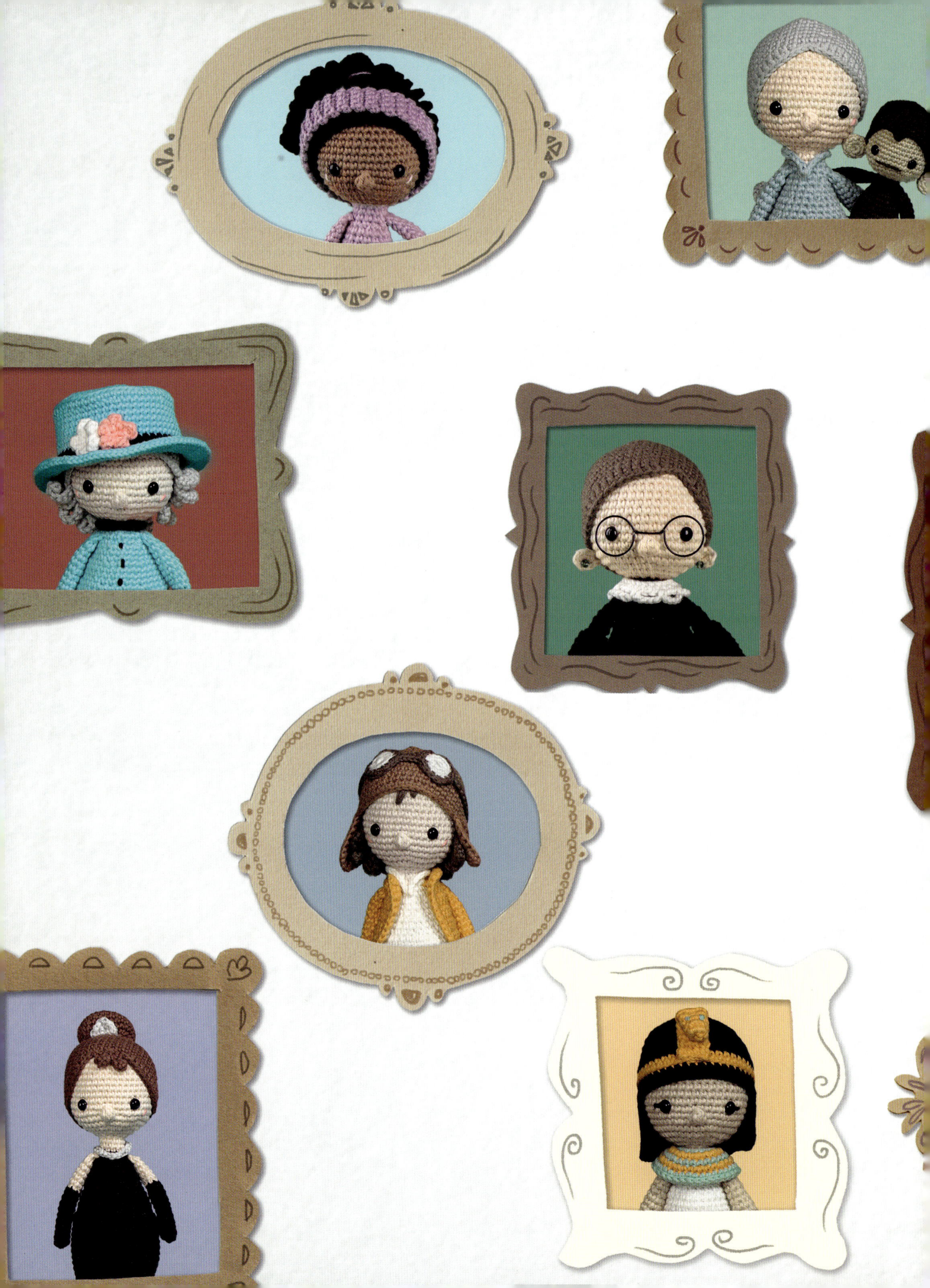

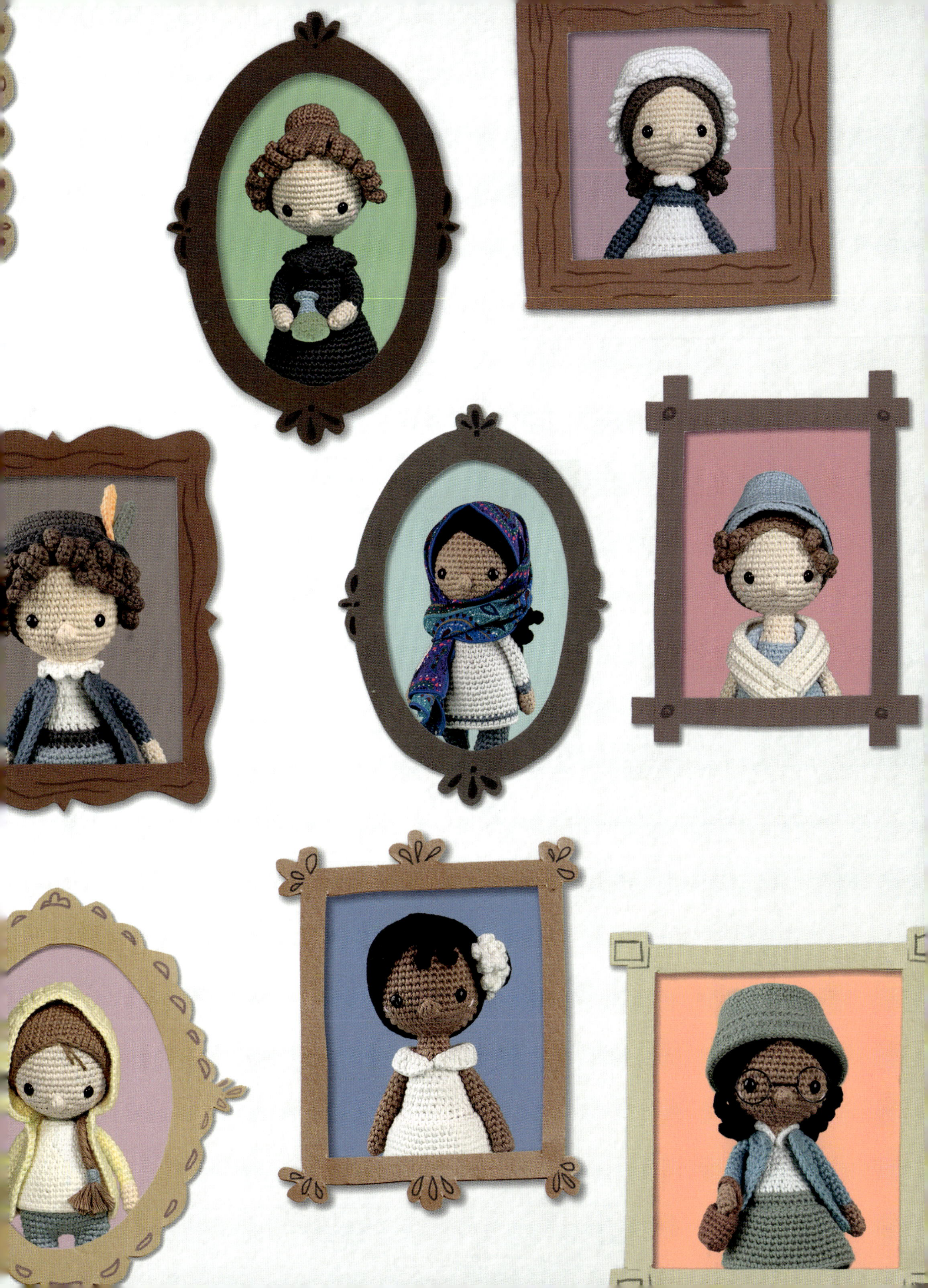

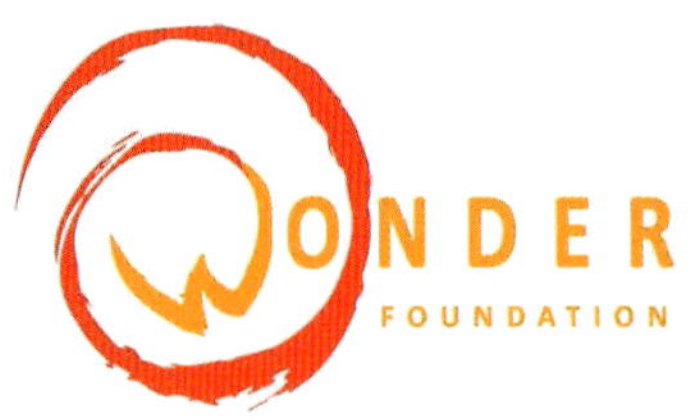

Als Herausgeber wollen wir den Kampf würdigen, den viele der in diesem Buch vorgestellten Frauen führten, indem wir eine Wohltätigkeitsorganisation unterstützen, die sich dafür einsetzt, Mädchen durch Bildung zu fördern.

WONDER (Women's Network for Development and Educational Resources) wurde im Jahr 2012 als Wohltätigkeitsorganisation gegründet, um Frauen in prekärer Situation durch Bildung zu fördern.

Die Vision: WONDER arbeitet an einer Zukunft, in der Frauen und Mädchen befähigt werden, ihr Leben selbstbestimmt in die Hand zu nehmen und will sie auf dem Weg ihrer persönlichen Entwicklung begleiten.

Die Mission: Frauen, Mädchen und deren Gemeinschaft durch den Zugang zu guter Bildung zu stärken, damit sie für immer einen Weg aus der Armut finden.

Weitere Infos unter **www.wonderfoundation.org.uk**

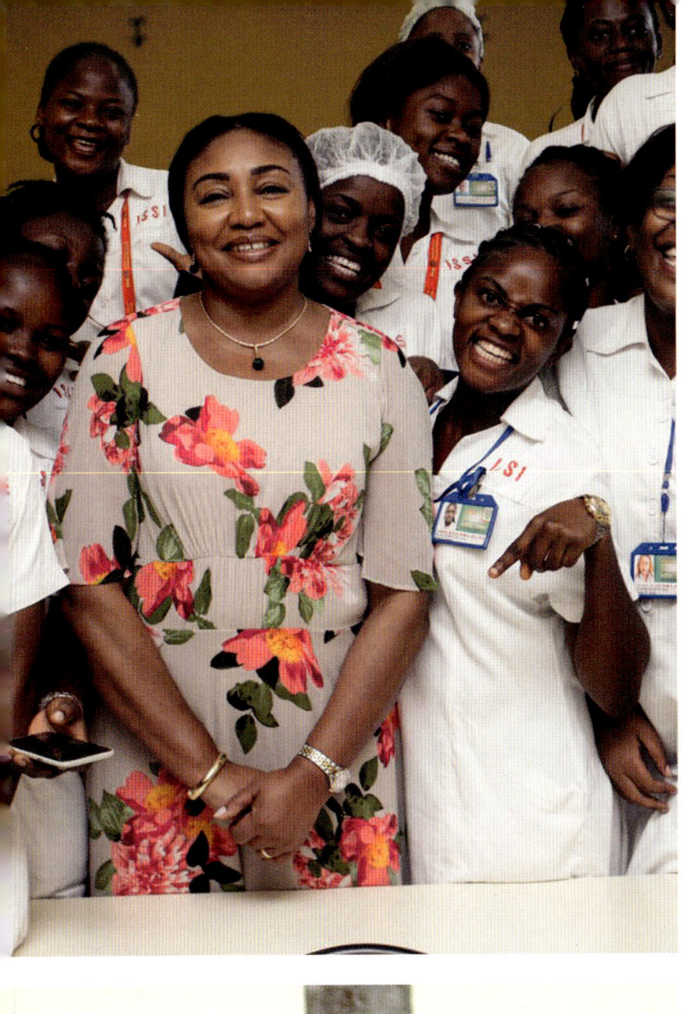
ISI

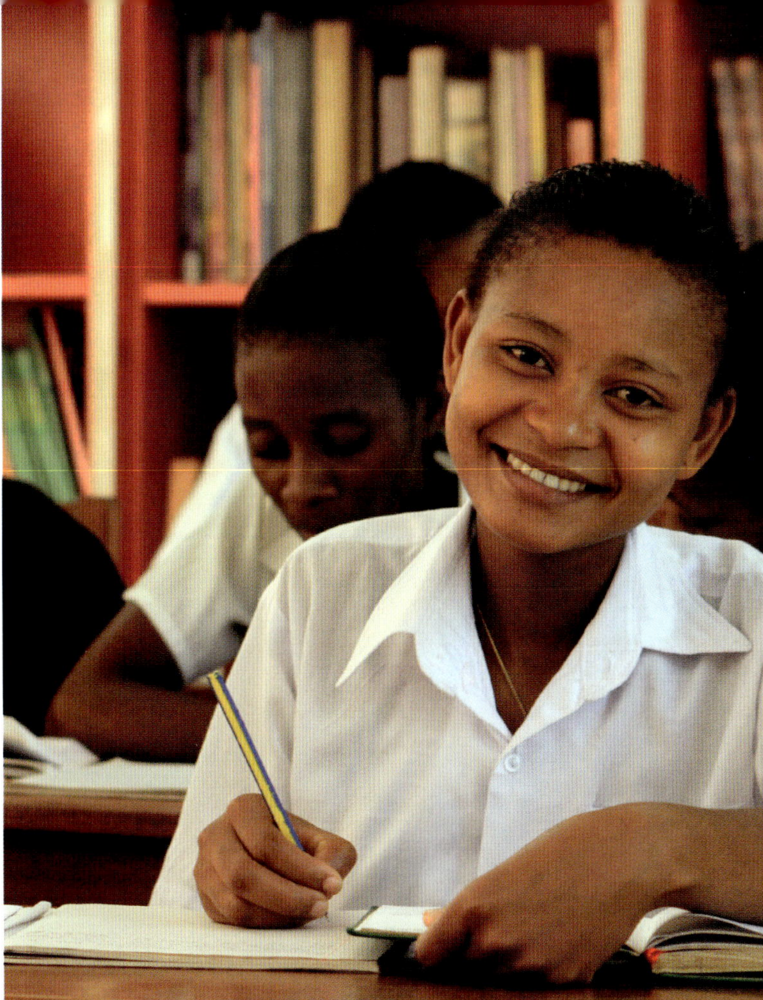

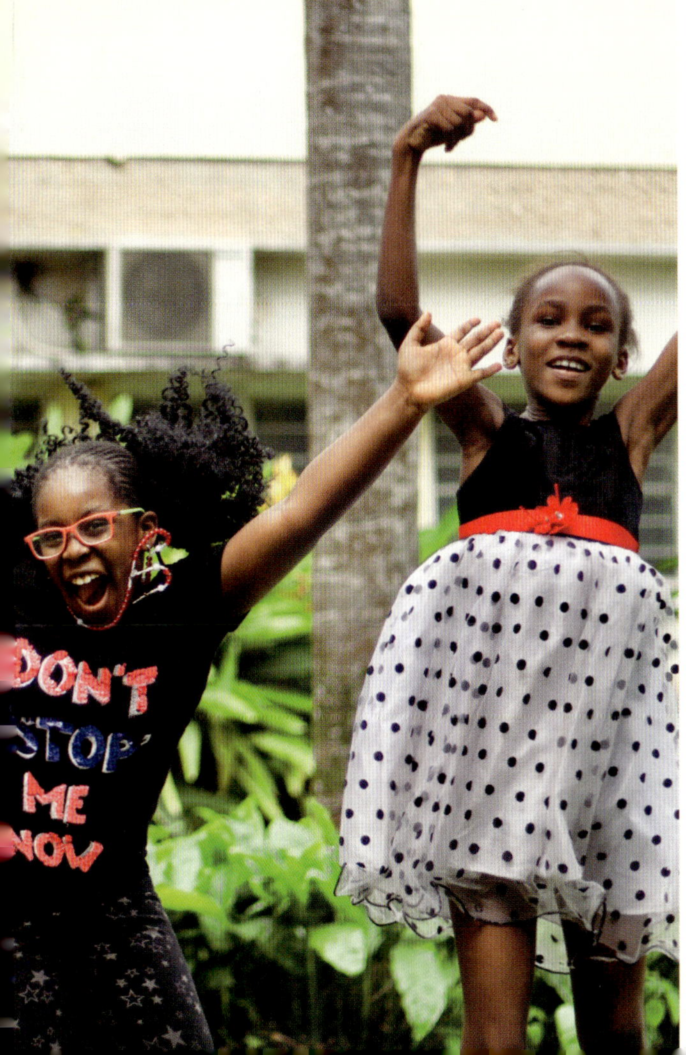
DON'T
STOP
ME
NOW

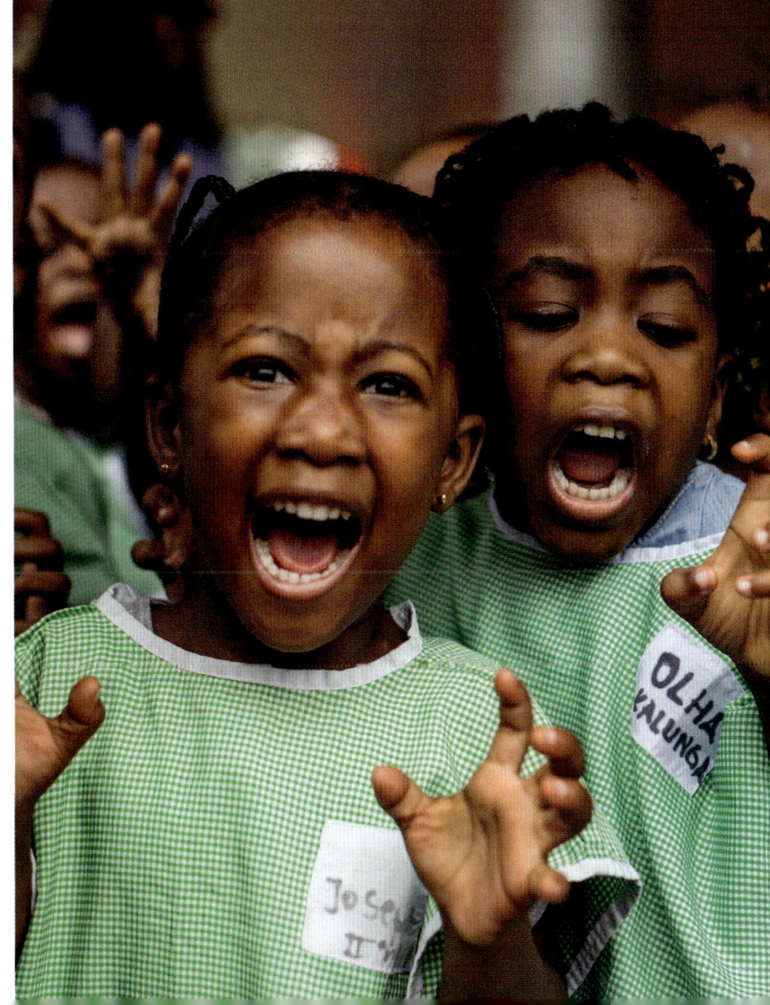
OLHA

First published in the UK and USA in 2020 by David and Charles,
an imprint of David and Charles Ltd, 1 Emperor Way, Exeter Business
Park, Exeter, Devon, EX1 3QS, UK

Titel der Originalausgabe: Crochet Iconic Women. Amigurumi Patterns
for 15 Women Who Changed the World

Bibliografische Information der Deutschen Nationalbibliothek
Die Deutsche Nationalbibliothek verzeich-net diese Publikation in der
Deutschen Nationalbibliografie; detaillierte bibliografische Daten sind
im Internet über http://dnb.d-nb.de abrufbar.

Übersetzung aus dem Englischen: Christa Trautner-Suder

Satz und Redaktion der deutschen Ausgabe:
Verlags- und Redaktionsbüro München, www.vrb-muenchen.de

Wir produzieren unsere Bücher mit großer Sorgfalt und Genauigkeit. Trotzdem lässt es sich nicht ausschließen, dass uns in Einzelfällen Fehler passieren. Unter www.stiebner.com/errata/2101-7.html finden Sie eventuelle Hinweise und Korrekturen zu diesem Titel. Möglicherweise sind die Korrekturen in Ihrer Ausgabe bereits ausgeführt, da wir vor jeder neuen Auflage bekannte Fehler korrigieren. Sollten Sie in diesem Buch einen Fehler finden, so bitten wir um einen Hinweis an verlag@stiebner.com. Für solche Hinweise sind wir sehr dankbar, denn sie helfen uns, unsere Bücher zu verbessern.

ISBN: 978-3-8307-2101-7
Printed in China
www.stiebner.com